乡村振兴视域下农村三产融合
绩效评价、驱动因素及实现路径

——基于九江市的实证

李练军　著

中国农业出版社

北　京

序

　　作为醉心于农业经济管理领域研究的一名学者，李练军教授已经辛勤耕耘了二十六年。随着国家乡村振兴战略的全面实施，他适时地将研究重心转向"乡村产业发展"这一主题。《乡村振兴视域下农村三产融合绩效评价、驱动因素及实现路径——基于九江市的实证》一书，正是他多年持续关注并潜心研究所取得的重要成果。

　　理论源于实践。长期以来，李练军教授扎根于中国大地，尤其是立足江西这片红色土壤，深入乡村一线，走进农户家庭，实地调研考察，积累了大量宝贵的第一手数据。这不仅让他真实地揭示了农业农村经济社会现状与运行规律，也为他后续的科学研究提供了坚实的基础。更为难能可贵的是，他充分抓住组织派遣三次挂职锻炼的机会，不断检验研究成果、弥补自己在科学研究实践上的不足。2012 年，在赣州市兴国县中岭村包村扶贫工作中任组长，他带队深入田间地头，详细了解农业生产与农村经济发展，积极组织并参与农田水利基础设施的提升改造工作；2012—2014 年，在赣州市大余县任副县长分管农业，他经常深入乡镇村庄，与农民面对面交流，真实了解他们的生活状况和需求，对农业农村经济有了更深入的认识；2019—2020 年，在教育厅宣传部任副部长，他有了接近政府运转决策的机会，洞悉政府政策的上传下达机制，对其未来科学研究工作中提出针对性政策建议具有很强的参考价值。正是因为长期的理论研究加上不断的实践探索，李练军教授的研究工作不断深入，成果也更加丰富。

　　改革开放以来，党和政府始终高度重视农村经济社会发展。在 20 世纪 80 年代就发布了 5 个中央 1 号文件，聚焦解决农业农村农民问题。

21世纪以来，党中央又连续发布20个中央1号文件，凸显了"三农"问题在中国特色社会主义现代化进程当中"重中之重"的地位，也彰显了党中央解决"三农"问题的坚定决心。但是，"三农"问题依然严峻，农村发展乏力、农业生产低效、农民收入偏低，以"老人农业、空心农村和失地农民"为主要特征的"新三农"问题依然突出。面对新问题，要有新办法。党的十九大提出实施乡村振兴战略，2018年中央1号文件对乡村振兴战略进行了全面部署，农村"三产融合"成为乡村振兴的重要内容。产业兴旺是乡村振兴的经济基础，三产融合是实现产业兴旺的关键路径。推动农村三产融合发展，成为实现乡村振兴的重要抓手，也是根本解决"三农"问题的重要出路。

响应国家乡村振兴的号召，开展农村三产融合多层面多方位多视角研究，围绕推进农村三产融合发展建言献策，为政府部门政策设计提供科学依据，是学术界义不容辞的共同责任。李练军教授带领他的研究团队，在社会各界的关心、支持下，历时两年，走遍九江市各个县市区，调查走访了400多个农村三产融合经营主体，全面考察、了解了九江市农村三产融合的现状，形成了一系列有特色、有价值、有影响的学术论文、政策报告和理论成果。这一系列的研究成果，不仅为九江市农村三产融合发展提供了决策参考，而且对国内外学者开展相关研究也具有重要的借鉴意义。

作为一本专著，《乡村振兴视域下农村三产融合绩效评价、驱动因素及实现路径——基于九江市的实证》的价值在于其创新性。这本书的亮点主要体现在以下四个方面：首先，选题视角较为新颖。在乡村振兴战略背景下，选择九江市作为研究区域，对农村三产融合发展进行系统研究，具有鲜明的时代特征与区域特征。这样选题不仅突出了地域特点，还为农村发展提供了切实可行的思路和方向。其次，研究内容相对丰富。该书不仅从数量上评估了九江市农村三产融合的水平，还从质量上深入分析了其融合效率。在研究驱动因素的同时，也深入探讨了实现路径。此外，书中还扩展了关于数字技术赋能农村三产融合及利益联结作用机理的研究。这种全面而深入的研究，无疑为读者提供了更为丰富的理论支撑和实践指导。再次，方法应用比较得当。书中除了定性分析方法外，还运用了计量经济模型进行实证研究。这使得研究结果更为科学、客观。综合指标体系的构建和深度访谈方法的运用，都使得研究成果更具说服力和可信度。最后，研究成果应用前景明确。政策建议的提出不但考虑政府政策、技术赋能、市场需求、主体利益等驱动因素的影响，而且充分结合经营主体农村三产融合模式与路径的实际情况，具有很强的针对性，能为政府部门决策提供重要参考、为拓展工作思路提供有力支持。

总体来看，作为一项地方政府科技与人才项目共同资助的科学研究成果，《乡村振兴视域下农村三产融合绩效评价、驱动因素及实现路径——基于九江市的实证》一书系统完整、逻辑严密、结论可靠，政策操作性强，紧跟学术前沿热点，具有很强的理论意义和现实价值。在高等学校人才培养、科学研究、社会服务、文化传承创新和国际交流合作的五大职能中，服务社会、促进地方经济发展显得尤为迫切。我们期待这本书的出版，能进一步推动农村三产融合的研究，繁荣农经学科，培育农经人才，为地方经济的发展和乡村产业的繁荣作出更大的贡献。

江西农业大学党委副书记、教授、博导

2024 年 1 月

前　言

党的十九大提出实施乡村振兴战略，是继中国新农村建设战略后着眼于农业农村优先发展和着力解决中国"三农"问题的又一重大战略。党的二十大报告也进一步指出，要坚持农业农村优先发展，加快建设农业强国，全面推进乡村振兴。早在 2018 年中央 1 号文件就对乡村振兴战略进行了全面部署，并指出产业兴旺是乡村振兴的经济基础，三产融合是实现产业兴旺的关键路径，有助于推进新型农业经营体系构建、农业供给侧结构性改革和城乡一体化发展，最终促进农民持续增收。此后连续 5 年的中央 1 号文件均强调要延长产业链、提升价值链、完善利益链，让农民更多分享产业增值收益，推进农村一、二、三产业融合发展。然而，我国农村三产融合普遍存在诸如产业融合发展层次较低、要素瓶颈约束、主体带动能力较弱、管理体制和政策障碍、基础设施建设滞后等一系列问题。作为中部省份的一个地级市，九江市农村三产融合发展更为缓慢。因此，深入考察农村三产融合绩效评价、驱动因素及实现路径，对提升九江市农村三产融合水平，促进产业兴旺，实现乡村振兴，最终增加农民收入水平具有重要的现实意义。

本书以中部地区农业大省江西的一个地级市——九江市为案例区，采用深入访谈和问卷调查所获得的实地调研数据，运用产业分工理论与产业融合理论，沿着"绩效评价-驱动因素-实现路径"的研究思路，揭示九江市农村三产融合的发展水平和融合效率，论证其驱动因素及其影响程度，探究实现路径并进行优化设计，最终形成可操作性的政策建议。首先，在理论分析与文献综述的基础上，通过计量经济模型，从农民收入与农业劳动生产率的视角，实证考察了农村三产融合在九江乡村振兴中的作用；其次，结合农村三产融合本质属性，构建测量指标体系，从宏观与微观两个层面考察九江市农村三产融合发展水平与融合效率；第三，运用扎根理论构建农村三产融合驱动因素理论模型，并利用计量分析方法，实证评价九江市农村三产融合的影响因素及其作用大小；第四，构建农村三产融合实现路径理论分析框架，运用计量经济模型，实证检验九江市农村三产融合实现路径形成过程及其影响因素；第五，通过建立理论分析框架，深入分析了农村三产融合的利益联结机制，全面探讨了数字技术赋能农村三产融合及利益联结的作用机理；最后，结合两个典型案例分析，提出了促进九江市农村三产融合发展的政策思路及对策建议。预期研究成果旨在为政府与经营主体推进九江市农村三产融合发展提供决策参考。

本书的主要研究结论如下：

（1）分析了农村三产融合的理论基础与文献综述。分析表明，农村三产融合相关理论大多起源于西方发达国家，从工业领域研究开始，然后才慢慢延伸到农业领域；各理论之间密切关联，一脉相承，对农村三产融合发展都具有重要的指导意义；现有关于农村三产融合研究成果能为本研究提供坚实的理论基础和文献支持，但依然有较大的拓展空间。本研究将有助于促进九江市农村三产融合发展，也能为江西乃至全国提供经验借鉴。

（2）分析了九江市农村三产融合促进农民增收与提升农业劳动生产率的作用。分析表明，2010—2021年，九江市农村产业融合水平稳步提升；农村三产融合对九江市农民收入增长具有显著的正向影响，但主要是提升了农民工资性收入、经营性收入和转移净收入，对财产性收入影响不显著；农村三产融合通过优化、提升农业产业结构及农村劳动力转移促进了农民增收；九江市农村三产融合与农业劳动生产率之间存在长期稳定的均衡关系，农村三产融合对农业劳动生产率的提高有显著的促进作用；在短期内，九江市农业劳动生产率受到农村三产融合水平冲击较强，且其影响效应呈现连续增长态势。

（3）分析了九江市农村三产融合的宏观融合水平与融合效率。分析表明，九江市宏观农村三产融合水平总体偏低且发展缓慢；融合行为对融合水平的贡献度高于融合效果，但融合行为呈下降趋势而融合效果则保持上升态势；农业产业链延伸对融合水平的贡献度最大，对农业服务业作用最小；从宏观融合效率来看，在江西省各地级市中，尽管九江市农村三产融合纯技术效率达到 1.000，但综合技术效率和规模效率最低，仅为 0.637，说明没有形成规模效应是影响九江市农村三产融合综合技术效率的主要因素。

（4）分析了九江市农村三产融合的微观融合水平与融合效率。分析表明，九江市农村三产融合微观绩效总体水平相对较低，存在融合模式单一、融合资源不足、融合主体素质不高、融合环境不优等困境；在九江市农村三产融合发展水平各项指标中，融合效应高于融合行为，经济效应最高，农业多功能拓展和农业产业链延伸发展较差，社会效应最低；九江市农村三产融合微观融合效率处中等偏下水平，综合技术效率和规模效率偏低，分别为 0.674 和 0.742，而纯技术效率较高，达到 0.921，因此规模效率依然是影响其综合技术效率的主要因素。

（5）分析了九江市农村三产融合驱动因素及主体分类。分析表明，九江市农村三产融合发展的驱动因素主要包括政策支持、主体特征、发展成长、市场需求和融合认知因素，内外部因素相互影响，共同推动融合发展；九江市农村三产融合受到"政府支持力""自身资源力""风险承担力""融合意愿力""位置影响力"等五个结构因素的影响，其中政府支持力影响最大；根据驱动力差异可以将经营主体分为卓越能动型、资源匮乏型、意愿驱动型、弱驱动型等四种类型，对不同类型经营主体要采取不同措施来促进其农村三产融合发展。

（6）分析了九江市农村三产融合模式与契约方式选择影响因素。分析表明，九江市农业经营主体选择的农村三产融合模式依次是种养结合模式、产业链延伸模式、农村产业集聚模式、先进技术渗透模式、多功能拓展模式；个体特征、资源禀赋、认知因素、外部条件对融合模式的选择都产生了显著影响，其中职业技能、互联网资源、价值认知、融合意愿、农业科技人员、先进设备投入等因素对融合模式选择的影响较大；九江市农业经营主体选择的农村三产融合契约方式依次是商品契约、要素契约、服务契约；个体特征、资源禀赋、认知因素、外部条件对契约方式的选择都产生了显著影响，其中文化程度、资金资源、价值认知、政府财政补贴、地理位置等因素对契约方式选择的影响较大。

（7）分析了农村三产融合利益联结的主要模式与实现机理。分析表明，农村三产融合利益联结典型模式包括契约型、合作型和股权型利益联结模式，存在着机会主义诱发契约型利益联结机制崩溃、股权型利益联结模式不利于保障农户利益、利益联结构建中政府与市场的职能尚未有效厘清等问题，要构建以股份合作社联社为枢纽的利益联结机制驱动农村三产深度融合发展；合理契约安排有利于产业分工内化和交易费用节约，产业分工深化与交易成本节约促使联结利益产生，合理契约方式选择保证利益合理分配降低联结风险，最终实现农村三产融合利益稳定联结；农业产业化联合体中的家庭农场、农民合作社、农业企业依据各自的资源优势进行密切分工，通过分工内化降低交易成本，通过紧密型契约保证主体之间的利益合理分配，规避利益风险，实现主体间利益共享；主体之间依然存在分工地位不平等、要素供给不足、利益分配不均、风险约束不对等困境。

（8）分析了数字技术赋能农村三产融合及利益联结的作用机理。分析表明，通过数字技术赋能产业链延伸、多功能拓展、生产智能化、新型主体培育、农业产业化经营，可以促进农村三产融合发展，完善产业体系、生产体系、经营体系，推动产业兴旺，最终实现乡村振兴；利益联结机制包括利益产生机制、利益分配机制和利益保障机制，经营主体之间不同利益联结方式下利益联结机制运行过程亦不相同；分工内化能提高劳动生产率降低交易成本促进利益产生，契约安排能实现利益共享促进利益合理分配，制度约束能防范联结风险保障利益实现；可以通过数字技术赋能破解资金约束、促进主体素质提升、适度规模经营，助推利益产生，通过数字技术赋能要素价格决定机制、平等议价决策机制，促进利益合理分配；通过数字技术赋能自然风险防范、道德风险防范，保障利益实现，最终实现利益共享，推进农村三产融合发展，助力乡村振兴。

（9）分析了九江市农村三产融合的驱动因素及实现路径的典型案

例。分析表明，瑞昌山药产业三产融合以农民专业合作社为主的新型经营主体为第一行动集团，政府为第二行动集团，要充分发挥两个集团同频共振共同作用，大力推进瑞昌山药产业三产融合发展；农村三产融合发展由内部和外部因素共同驱动，要挖掘农产品产业链内相关的生态化种植、标准化加工、品牌化营销、豆文化传播"四化一体"的内部驱动力，注重农产品产业链外的党委政府促动、龙头企业带动、科技创新推动、创业大众联动"四轮驱动"的外部驱动力，以延伸产业链，拓展多功能，实现农业价值增值，推动农村三产融合发展。

（10）分析了九江市农村三产融合发展的思路和对策。分析表明，既要从政府政策、技术赋能、市场需求、主体利益等驱动因素入手，提出促进九江市农村三产融合发展的对策，又要从新型经营主体在农村三产融合发展过程中具体的融合模式与合适的实现路径入手，找到提高融合水平与效率的途径。为此，首先要加强农业数字技术建设，拓展数字技术赋能农村三产融合应用；其次要优化外部发展环境，加大政府政策支持力度；第三要加强农业品牌建设，扩大农产品市场需求；第四要加强经营主体分工协作，完善利益联结机制；最后要创新农村三产融合模式，拓宽实现路径。

2024 年 6 月于赣江新区南湖之滨

目　录

第 1 章
导　言

1.1　研究背景与意义

1.1.1　研究背景

党的十九大报告提出实施乡村振兴战略，是继中国新农村建设战略后着眼于农业农村优先发展和着力解决中国"三农"问题的又一重大战略（黄祖辉，2018）。2018 年中央 1 号文件对乡村振兴战略进行了全面部署，并指出产业兴旺是乡村振兴的经济基础，三产融合是实现产业兴旺的关键路径（罗必良，2017；陈学云等，2018）。农村三产融合以农业为基本依托，以产业化经营组织为引领，以利益联结机制为纽带，通过产业联动、要素集聚、技术渗透、体制创新，促进农村一、二、三产业以及各环节的有机结合，实现产业链的延伸、价值链的跃升、多功能的拓展和多主体的共赢，让农民参与二、三产业并分享增值收益（马晓河，2015）。这是农村经济转型升级的必然要求，有助于推进新型农业经营体系构建、农业供给侧结构性改革和城乡一体化发展，最终促进农民持续增收（王乐君等，2017；韩俊，2017）。然而，我国农村三产融合还存在诸如产业融合发展层次较低、要素瓶颈约束、主体带动能力较弱、管理体制和政策障碍、基础设施建设滞后等一系列问题（国家发展改革委宏观院和农经司课题组，2016）。农村发展乏力、农业生产低效、农民收入偏低（韩长赋，2017），以"老人农业、空心农村和失地农民"为主要特征的"新三农"问题日渐突出（李俏等，2020），早在 2014 年

12月中央农村工作会议就提出要促进一、二、三产业融合互动，2015年中央1号文件首次明确要推进农村三产融合发展，专门出台了《关于推进农村一、二、三产业融合发展的指导意见》，此后连续5年对此作出了具体部署。2020年中央1号文件和"十四五"规划进一步指出，支持各地立足资源优势打造各具特色的农业全产业链，建立健全农民分享产业链增值收益机制，形成有竞争力的产业集群，丰富乡村经济业态，拓展农民增收空间，推动农村一、二、三产业融合发展。无疑，农村三产融合是实现产业兴旺的关键路径，且已经成为当前乡村振兴、农业农村优先发展的重要支撑点。

从理论上来看，农村三产融合源于产业融合理论，而产业融合的思想最早来自美国学者卢森伯格在对美国机械工具演化研究中所提出的技术融合（Rosenberg，1963），是先进技术与知识在不同产业之间的分享过程（Nicholas，1978；Athre 等，2000；Nicholas 等，2014）。最初国外学者对产业融合理论与实证的研究很少涉及农业与相关产业，农村产业融合的研究最早可以追溯到日本学者今村奈良臣（1996）关于"第六产业"的观点（芦千文，2016）。2015年中央关于"农村三产融合"文件发布之后，国内学术界从必然性、内涵概念、动因机制、国外经验等理论方面和模式路径、存在问题、政策建议等现实方面进行了多角度研究，但目前仍处于起步阶段（李治等，2018）。2016年9月，江西省人民政府办公厅发布了《关于推进农村一、二、三产业融合发展的实施意见》，学者们也对江西农村三产融合进行了探索（余华阳，2019；肖丽，2020）。总体来看，国内外学者围绕农村三产融合的研究取得了系列成果，为本研究的开展提供了坚实的理论基础和文献支持。但纵观现有文献，我们也发现对江西农村三产融合的相关研究较少，更缺乏对于九江市农村三产融合的研究；现有农村三产融合影响因素研究主要集中于理论层面，定量研究缺乏，仅有的少量实证分析也是在宏观方面，鲜有微观层面的计量研究；国内有关农村三产融合的模式研究成果显著，但有关农村三产融合路径的研究还处于早期阶段，路径形成机理与影响因素的研究成果相对较少，需要不断丰富与深化。

1.1.2 研究意义

本研究以九江市为研究区间，以农村三产融合为研究目标，运用产业分工理论和产业融合理论，将理论与实证相结合，着力研究九江市农村三产融合绩效评价、驱动因素与实现路径，并从国家和新型经营主体层面提出政策建议。通过本研究，可以深入分析九江市农村三产融合的现状及存在的问题，精确测量其发展水平与融合效率，准确把握其主要驱动因素，有效探索其融合发展实现路径。本研究将尝试提出相关政策建议，可以为政府部门进一步制定与落实农村三产融合的具体政策提供决策参考，将有利于增加政策的针对性和有效性，提高政策的激励效应，切实延长产业链，提升价值链，完善利益链，更好地促进农村三产融合发展；同时能够为九江市农村三产融合经营主体农村三产融合发展途径和方式提供实际建议，助力其取得更好的经营绩效，并最终促进其自身及其他参与农户增加收入。

1.1.2.1 学术价值

本研究的学术价值体现在：一方面，开展对农村三产融合效率、驱动力与实现路径的全面分析，可以为政府推行农村三产融合这一重要决策提供理论阐释与理论支撑；另一方面，基于产业融合、契约选择等理论对农村三产融合开展理论与实证研究，将进一步丰富农村三产融合理论，拓展研究空间，同时能够为学者相关研究提供学术借鉴。

本研究完成学术论文 18 篇，其中已发表 7 篇；形成最终研究报告，已通过评审并提交九江市相关政府部门；在此基础上进行补充完善拟出版专著 1 部；将对研究成果进行进一步提炼，申报社科研究成果奖 1 项；根据学术成果论文，向 2023 年全国数字经济学术研讨会提交学术论文，并开展学术报告《产业数字化：基于以农业高质量发展视角》《数字技术赋能农村三产融合发展：不同视角的比较研究》《人文社科学术研究的思路与方法》3 场，培养硕士研究生 4 名。通过本研究，不但能扩大九江农村三产融合发展在全省乃至全国的影响力，而且能为国内外学者进行相关研究提供学术借鉴。

1.1.2.2 应用价值

本研究的应用价值体现在：从政府政策层面来看，本研究在深入探索九江市农村三产融合效率、驱动力与实现路径的基础上，将尝试提出相关政策建议，可以为九江市政府部门进一步制定与落实农村三产融合具体政策提供决策参考，将有利于增加政策的针对性和有效性，提高政策的激励效应，更好地促进九江市农村三产融合发展。从经营主体层面来看，全面考察农村三产融合的驱动机理与实现路径，能够为九江市农业企业、合作社、家庭农场等新型经营主体发展农村三产融合的途径和方式提供实际建议，有助于切实延长产业链，提升价值链，完善利益链，取得更好经营绩效，并最终促进农户增加收入。

具体来说：

（1）通过提炼研究成果，形成工作总结报告，撰写提交政策内参，为政府部门提供决策依据。更有效的决策将有力地提升农村三产融合的政策实施效果，催生农业产业化联合体、共享农庄、田园综合体等新型组织形式，提高农村三产融合经营主体的成长绩效，增加经济效益，进而推动九江市农村三产融合的总体水平，促进产业发展与乡村振兴。

（2）在科研项目实施过程中或科研项目完成后，以总结出的成功经验为依据，具体指导农业企业、农民合作社、家庭农场、农业大户等新型经营主体在生产过程中的长远发展战略、具体管理方法、有效成长路径等，推动和帮助各类新型经营主体提高经营水平和经营绩效。

（3）通过促进农村三产融合，延长产业链，提升价值链，完善利益链，带动更多农户以订单农业、合作农业、股份农业等形式参与到农村三产融合的产业链中来，提高农户就业水平与资产增值机会，分享农村三产融合发展的经济成果，较大程度上能促进农户增收。

（4）本研究依托于江西农业大学南昌商学院农商经济和小微企业研究中心这一科研平台来开展研究，项目组成员有一半以上为中心研究员，充分利用了研究中心的研究专长和学科优势，密切结合九江市产业发展特点，通过本项目的实施来建设培育一支符合九江市产业发展的科研团队，也能为今后持续深入开展创新创业科研工作，大力服务九江市经济社会发展奠定基础。

（5）本项目的实施过程中，在项目负责人所指导的 10 余位在读研究生中，推选了 4 位研究生参与本项目的研究，后期又有 4 名研究生加入，充分吸纳了硕士研究生参与项目调查研究、撰写学术论文和研究报告，完成硕士论文，培养适应本地区产业发展的本科生、硕士研究生等高层次人才，鼓励他们毕业之后留九江市工作，为九江市现代农业发展、乡村振兴建设培养储备人才。

（6）通过本项目的实施，深入九江市相关主导产业开展调研，与九江市武宁北湾半岛、瑞昌山药产业、湖口县流芳乡农业企业等企业形成长期稳定的合作关系，并为这些企业发展提供决策咨询。同时，今后将结合项目组的理论积淀与研究专长，开展企业管理人才包括乡村振兴人才的技术培训，提升企业管理人员特别是高级管理人才的战略水平与管理能力，促进地方经济社会全面发展。

1.2　研究目标

1.2.1　总体研究目标

本项目的总体研究目标是：运用产业分工理论与产业融合理论，沿着"绩效评价-驱动因素-实现路径"的研究思路，揭示九江市农村三产融合的发展水平和融合效率，论证九江市农村三产融合的驱动因素及其影响程度，探究其实现路径并进行优化设计，最终形成可操作性的政策建议，为九江市农村三产融合经营主体提供实际指导，为政府部门完善与落实三产融合政策，进一步推动农村三产融合发展提供决策参考。

1.2.2　具体研究目标

具体而言，本项目拟达到如下八大目标：①通过实证方法验证农村三产融合在乡村振兴中的作用。②通过实证方法测算九江市农村三产融合宏观发展水平与融合效率。③通过实证方法测算九江市农村三产融合微观发展水平与融合效率。④通过实证方法揭示九江市农村三产融合发展的影响因素及其作用大小。⑤通过理论与实证方法构建农村三产融合实现路径理论分析框架，并从融合模式选择与契约方式选择两个方面，揭示九江市农村三产融合实现路径形成过程。⑥通过理论分析方法考察农村三产融合利益联结机制的模式及机制构建。⑦通过理论分析方法考察数字技术赋能农村三产融合及利益联结的作用机制。⑧探索九江市农村三产融合优化路径，提出相关政策建议。

1.3　研究思路与研究方法

1.3.1　研究思路

本项目的研究思路是：一是，从农民收入和劳动生产率的视角，运用 VAR 自回归模型和格兰杰因果检验分析方法，实证分析了九江市农村三产融合对乡村振兴的作用；二是，结合农村三产融合本质属性，构建测量指标体系，从宏观与微观两个方面运用层次分析法、包络分析法考察九江市农村三产融合发展水平与融合效率；三是，在运用扎根理论构建农村三产融合驱动因素理论模型的基础上，利用因子分析、聚类分析、单因子分析等方法实证评价九江市农村三产融合的影响因素及其作用大小；四是，构建农村三产融合实现路径理论分析框架，运用多元 Logit 模型实证检验九江市农村三产融合实现路径形成过程；五是，通过构建理论分析框架，规范分析了农村三产融合利益联结机制的主要模式与作用机理，并考察了数字技术赋能农村三产融合发展及利益联结的过程与机理；六是，结合两个典型案例分析，进一步探索九江市农村三产融合驱动因素、发展模式与路径优化，从不同层面进行机制设计，提出相关政策建议。

1.3.2 研究方法

本项目将综合采用文献研究、实地调查（包括参与式观察、个别访谈、焦点小组讨论、座谈会、小型会议等）、案例研究、描述性统计分析、计量经济模型分析、经济理论分析等方法来进行研究。具体研究方法见表 1-1。

表 1-1 研究方法

研究内容	分析方法
农村三产融合发展：理论基础与文献综述	文献资料分析、经济理论分析
农村三产融合的作用：劳动生产率与农民收入视角	VAR 自回归模型、格兰杰因果检验
农村三产融合宏观绩效评价：融合水平与融合效率	问卷调查、层次分析法、包络分析法
农村三产融合微观绩效评价：融合特征与绩效水平	问卷调查、层次分析法、包络分析法
农村三产融合的驱动因素：扎根理论与因子分析	扎根理论、因子分析
农村三产融合实现路径：模式与行为视角	描述性统计、多元 Logit 模型
农村三产融合利益联结机制：主要模式与机制构建	文献资料分析、理论模型分析
农村三产融合数字技术赋能：作用机制与利益联结	文献资料分析、理论模型分析
农村三产融合典型案例：以瑞昌和湖口为例	问卷调查、案例访谈、案例分析
农村三产融合发展：研究结论与政策建议	制度经济学、管理经济学理论分析

1.3.3 技术路线

本项目按照"绩效评价-驱动因素-实现路径"的设计思路开展九江市农村三产融合的理论与实证研究。具体技术路线如图 1-1。

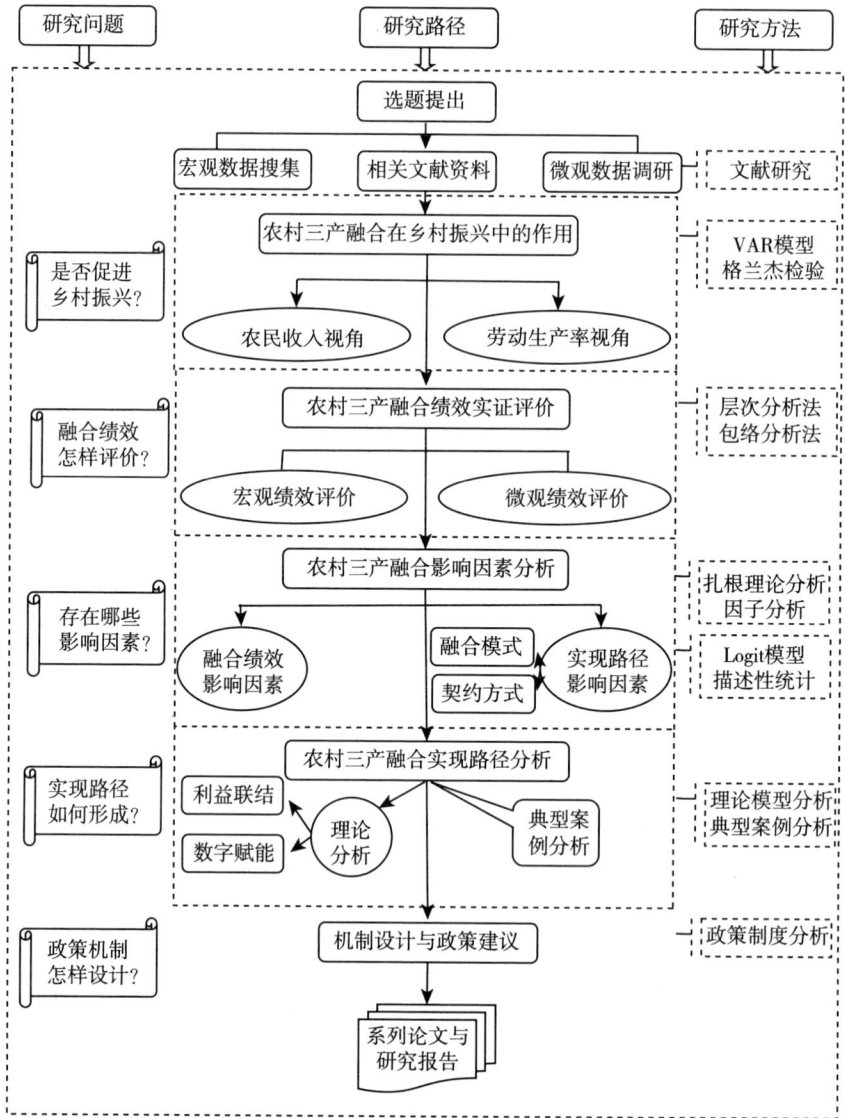

图 1-1　本研究的技术路线图

1.3.4　研究方案

本项目分 3 年 5 个阶段开展研究：

第一阶段（2021 年 1 月—2021 年 6 月）：在现有资料准备的基础

上，进一步梳理相关文献，并将重要的论文摘要汇编成册，作为基础资料；组织项目开题会议，对具体方案进行研讨，优化项目结构，完善分析框架和研究思路；细化研究方案，落实任务分工，界定研究重点和核心问题；同时，开展九江市农村三产融合发展宏观数据搜集，完成理论基础与文献综述研究，提交论文 2 篇。

第二阶段（2021 年 7 月—2021 年 12 月）：对项目组成员进行座谈及培训，开展实地预调研，获取相关数据，完善调查问卷；组织 1 次小型研讨会，对调查问卷、预调研情况进行分析研判，完善调研方案；组织调研小组全面开展调研，搜集项目所需要的相关数据；同时，开展对农村三产融合驱动因素模型与实现路径框架的理论研究，开展农村三产融合在乡村振兴中的作用研究及九江市农村三产融合宏观绩效评价研究，提交论文 4 篇。

第三阶段（2022 年 1 月—2022 年 6 月）：对搜集和调研得到的数据进行整理与分析，运用科学的研究方法开展实证研究；完成九江市农村三产融合微观绩效评价、驱动因素与实现路径的实证分析；召开中期考核研讨会，对项目组完成的理论与实证研究核心结论进行深入分析，论证研究结果的有效性；组织参加学术交流会议 1 次，拟提交公开发表论文 6 篇。

第四阶段（2022 年 7 月—2022 年 12 月）：借鉴研究成果，组织开展案例分析；深入典型样本进行调研，形成案例分析结论；开展农村三产融合利益联结机制及数字技术赋能理论研究。根据以上所有研究结果，提出相关政策建议，撰写完成九江市农村三产融合发展总报告；召开总结研讨会议，修改完善最终报告，提交有关政府部门；组织参加学术交流会议 1 次，拟提交公开发表论文 6 篇。

第五阶段（2023 年 1 月—2023 年 12 月）：对研究成果进一步进行补充完善，按照专著的要求认真打磨，统一行文格式规范，联系出版社，提交出版。

1.4 研究内容与结构

1.4.1 研究内容

本项目首先对农村三产融合理论基础与相关研究文献进行了回顾与评述，探讨了其对农村三产融合的启示（第2章）；其次通过构建VAR自回归模型和格兰杰因果检验，从农民收入与劳动生产率视角实证分析了农村三产融合对乡村振兴的作用（第3章）；第三，通过建立指标测量体系，运用层次分析法、包络分析法等计量方法，实证测量了农村三产融合的宏观绩效与微观绩效（第4、5章）；第四，运用扎根理论与因子分析方法，考察了农村三产融合的驱动因素，使用多元Logit模型，从模式与行为的视角，实证分析了农村三产融合实现路径影响因素（第6、7章）；第五，通过构建理论分析框架，规范分析了农村三产融合利益联结机制的主要模式与作用机理，并考察了数字技术赋能农村三产融合发展及利益联结的过程与机理（第8、9章）；最后，结合农村三产融合发展的两个典型案例分析，在归纳总结前文研究结论的基础上，提出了促进农村三产融合发展的基本思路和相关对策建议（第10、11章）。

1.4.2 研究结构

本书共分为11章，结构如下：

第1章 导言。本章首先分析了九江市农村三产融合的研究背景和意义，然后阐述了本研究的研究目标、研究思路、方法、研究方案，同时分析了研究内容和结构，最后总结了本研究的可能创新及不足之处。

第2章 本研究的理论基础与文献综述。本章首先对农村三产融合的理论基础即产业融合理论、产业分工理论、农业多功能理论、产业链理论、交易成本理论及产业集聚理论等相关理论进行了整理与评述，并分析了主要启示，然后对农村三产融合的相关研究现状进行了梳理与评述。

第 3 章 农村三产融合在乡村振兴中的作用：农民收入与农业劳动生产率视角。本章通过搜集宏观数据，首先从农民收入的视角，构建VAR 自回归模型，实证分析了九江市农村三产融合对乡村振兴的作用；然后从农业劳动生产率的视角，运用格兰杰因果检验分析方法，实证分析了九江市农村三产融合对乡村振兴的作用。

第 4 章 农村三产融合宏观绩效评价：融合水平与融合效率。本章通过搜集宏观数据，首先构建了农村三产融合宏观绩效的测量指标体系，运用层次分析法实证分析了九江市农村三产融合发展水平；然后构建了农村三产融合投入产出指标体系，运用包络分析法分析了九江市农村三产融合效率。

第 5 章 农村三产融合微观绩效评价：融合特征与绩效水平。本章通过实地调查微观数据，首先运用统计分析方法，从融合绩效、融合模式、融合认知等方面考察了九江市农村三产融合特征；然后构建了农村三产融合宏观绩效的测量指标体系，运用层次分析法实证分析了九江市农村三产融合发展水平，构建了农村三产融合投入产出指标体系，运用包络分析法分析了九江市农村三产融合效率。

第 6 章 农村三产融合的驱动因素：扎根理论与因子分析。本章通过实地调查微观数据，首先构建农村三产融合驱动因素理论模型，运用扎根理论分析方法，考察了九江市农村三产融合的驱动因素，然后利用因子分析、聚类分析、单因子分析等方法，实证评价九江市农村三产融合的影响因素及主体类型结构。

第 7 章 农村三产融合实现路径：模式与行为视角。本章通过实地调查微观数据，首先构建农村三产融合实现路径理论分析框架，然后运用 Logit 模型实证检验九江市农村三产融合模式与契约选择影响因素。

第 8 章 农村三产融合利益联结机制：主要模式与机制构建。本章首先分析了农村三产融合的主要利益联结模式、存在的主要问题及利益联结模式构建；然后从"分工-交易-契约"的视角，通过建立农村三产融合利益联结机制，考察了经营主体之间农村三产融合的分工协作及主要困境。

第9章　农村三产融合数字技术赋能：作用机制与利益联结。本章首先分析了数字技术赋能农村三产融合的作用机理，并提出了实现路径；然后构建了数字技术赋能农村三产融合利益联结机制的理论研究框架，并进一步考察了数字技术赋能农村三产融合利益联结机制的作用机理。

第10章　农村三产融合发展典型案例：以瑞昌和湖口为例。本章基于两个九江市农村三产融合典型案例，从制度变迁理论和"四＋四"驱动模式视角，考察了农村三产融合动力机制与实现路径。

第11章　研究结论与政策建议。本章首先归纳总结了实证与理论研究结论，然后提出了促进九江市农村三产融合发展的基本思路，最后基于政府政策、技术赋能、市场需求、主体利益、融合模式与路径的视角提出促进九江市农村三产融合发展的具体对策。

1.5　本书创新与不足

1.5.1　创新之处

（1）选题视角的新颖性。党的十九大报告提出实施乡村振兴战略，2018 年中央 1 号文件对乡村振兴战略进行了全面部署。产业兴旺是乡村振兴的经济基础，而三产融合是实现产业兴旺的关键路径。国内学者对农村三产融合的研究方兴未艾，但检索现有文献，关于九江市农村三产融合的研究极少，更缺乏系统探索。因此，本项目对九江市农村三产融合发展开展系统研究具有鲜明的时代特征与区域特征，在选题视角上具有新颖性。

（2）研究内容的创新性。现有关于农村三产融合驱动因素和实现路径的理论研究较多，定量研究较缺乏，本项目研究内容的创新主要体现在：一是构建测量指标体系，从量与质两个方面对九江市农村三产融合水平与融合效率进行实证分析；二是在对农村三产融合驱动因素进行理论分析的基础上，实证考察九江市农村三产融合的影响因素；三是构建九江市农村三产融合实现路径理论分析框架，并从融合模式与契约选择机制两个方面实证检验九江市农村三产融合实现路径形成过程；四是构建理论模型考察数字技术赋能农村三产融合及利益联结的作用机理，拓展了农村三产融合的理论研究深度。

（3）方法运用的先进性。本项目采用大量的宏观统计与微观调查数据，综合运用国内外比较先进的层次分析法、包络分析法、二元 Logit 模型、熵权 TOPSIS 法、VAR 自回归模型、格兰杰因果检验、因子分析、聚类分析、典型案例与扎根理论等方法开展实证研究。研究手段既注重计量分析，又注重经典案例的经验分析，将逻辑思辨和模型推理相结合，在研究方法应用上具有一定的先进性。

1.5.2　不足之处

本项目不仅涉及大量的数据调查，而且需要较为扎实的理论基础与计量模型技术，虽然有较多的创新之处、学术价值和实际意义，但由于受研究时间、研究精力和研究能力等客观条件的限制，也存在一些不足之处。主要体现在以下几个方面：

首先，资料搜集上的不足。虽然我们设计了较为合理的调查问卷，但设计问卷相关变量主要是借鉴其他学者的设置方法，并不一定完全恰当，还可以进一步完善。而在农村三产融合宏观绩效测算方面，由于九江市各县市区的数据相对较难获得，有些指标必须舍弃，从而可能影响测算结果的精确性。

其次，研究对象的局限性。本研究主要考察的是九江市农村三产融合的发展现状、驱动因素等，相对于江西乃至于全国来说，不具有完全代表作用。

最后，对策建议的尝试性。本研究虽然从政府政策、技术赋能、市场需求、主体利益、融合模式与路径的视角提出促进九江市农村三产融合发展的对策建议，但阐述还不够深入，实际应用性依然有待检验，特别是真正适合九江市农村三产融合发展的特色路径需要进一步研究，这也许是今后需要继续开展的工作。

第2章
本研究的理论基础与文献综述

任何实践必须以理论为指导。农村三产融合的理论基础主要包括产业融合理论、产业分工理论、农业多功能理论、产业链理论、交易成本理论及产业集聚理论。本章在分析农村三产融合理论的基础上，从绩效评价、驱动因素、融合模式及实现路径等方面对现有相关文献进行梳理，并给予理论与文献评述，为后续研究提供学术理论依据。

2.1 理论基础

2.1.1 产业融合理论

产业融合是指通过技术创新参与、模式创造、价值链重造等方式使相关产业更加协调，行业之间交流日益顺畅，边界线逐渐模糊，各产业之间进行经验共享的动态过程。其主要融合方式包括产业渗透、产业交叉、产业重组，其中产业渗透是指高端技术向低端产业进军，改变低端产业简单模式，进而带动周边产业链发展；产业交叉是指先发展高端产业，带动低端产业发展，进而带动三产融合发展；产业重组则是产业内之间关系较近产业链重组，更换创造新的模式进行融合。随着实践不断深入，产业融合从低端价值链开始向高端价值链延伸、从单一产业链向多个产业链蔓延，在不同层次上、不同的链网进行交流、渗透、融合形成新业态。学术界最早对于产业融合的研究源于 Rosenberg（1963），随后欧洲委员会"绿皮书"明确了产业融合的含义，而学者 Khanna（1997）认为产业融合就是为了顺应产业发展而出现界限不断模糊、缩小，甚至消逝的过程。我国学者马健（2002）则认为，产业融合是因为技术进步和放松管制，在产业边界与交织的地方，发生了技术融合，改变了原有产业的产品特性与市场需求，使各行业内企业间的竞争与合作关系发生变化，进而使产业边界模糊，乃至重新划定的动态过程。

农村三产融合是在产业融合理论不断发展创新过程中产生的，产业融合理论也是农村三产融合发展的重要依据。农村三产融合是以农业现代化为根基，以培育和发展新型经营主体为引领，以利益联结、多元化业态调整为纽带，通过产业联动、技术渗透等方式，将资源要素进行跨界集约化配置，将农业生产、加工、销售等构建成一个有机整体，从而推动各产业实现协同发展，挖掘农民增收潜力，显著增强农村活力，实现农村繁荣（罗艺，2022）。农村三产融合理念来源于"六次产业"的概念，最早由日本今村奈良臣（1998）提出。他认为农业生产向第二和第三产业的延伸，使第一、第二和第三产业之间相互拓展和融合，形成一个集生产、加工、销售和服务为一体的产业链，将第一、第二和第三产业相加（1＋2＋3）或相乘（1×2×3），正好都等于6，因此称之为第六产业（姜长云，2015）。农村三产融合本质是农村产业之间进行技术渗透，从多个方向进行融合，使产业之间黏性增强，增加三产之间互通性，提高产业转化效率。农村三产融合依托当地的资源禀赋，融合与农村特色资源关联的产业，从而催生出休闲农业、生态农业、循环农业、观光旅游采摘一体化农业、信息化农业等新业态，进而推动当地经济发展，进一步促进农民增收。农村产业融合发展通过农业第一、第二和第三产业间模糊界限、交叉融合和重组产生新兴农业产业业态，也是先进技术向第一、第二和第三产业渗透的过程，从而提升农产品附加价值，缩减中间交易成本，提高生产效率。农村三产融合使传统产业在技术支持和市场推动下，组织架构和发展方式得以改变，进而形成全新的产业，带来新的发展契机，提高农产品的经济效益，为消费者提供更多优质产品，促进农村经济的增长。

2.1.2　农业多功能理论

农业多功能的概念最早于 20 世纪 80 年代末至 90 年代初在日本的"稻米文化"中首次被提出。日本学者们认识到，日本文化与水稻种植密切相关，并提出水稻种植具有文化等多方面的功能。我国则在 2007 年中央 1 号文件中首次提出要开发农业多功能，认为农业不仅具有食品保障功能，而且具有原料供给、就业增收、生态保护、观光休闲、文化传承等功能，要发展现代农业，必须重视其多功能开发。农业多功能是指农业在不同经济、生态、社会和文化等方面的功能，这些功能相互依赖、相互促进、相互制约，形成和谐的系统。具体来说，其经济功能主要表现为以货币价值的形式，向社会提供农产品和农副产品，通过粮食使农民的生活得到满足，获得收入，推动农村经济发展，这是农业的基本功能；其社会功能主要表现在吸纳农村剩余劳动力，缓解农村就业压力，为农村地区解决基本的就业保障，对社会发展产生积极影响；其生态功能包括对生态环境的支持和改善，减少环境污染，提高农村资源利用率，通过对产业结构的调整，合理优化配置农业资源，有效控制化肥使用，合理处理排放物；其文化功能体现在维护民风民俗文化多样性，打造独具地域特色的品牌，提供教育和娱乐，促进人与自然和谐共处，提高当地居民的获得感。

农业多功能性对社会各个领域都具有重要作用，推动农业功能的多元化发展，能够有效利用长期以来运转低效和无效的生态、文化等功能资源，促进了农业与其他产业的深度融合，为农村产业融合提供具体路径。农村三产融合过程中产生的休闲农业、观光农业、都市农业等新型产业业态，都体现了农业的多功能性。农业多功能性是促进农村三产融合的关键要素：一方面，充分利用农业在粮食生产、经济、社会、生态和文化等方面的多种功能，有助于满足消费者市场在食品安全、休闲旅游、农事体验等方面的各种需求，为建立新业态提供产业基础，改善农村生态环境和文化资源；另一方面，坚持综合开发农业多功能性有助于确保农村地区更多的利益留在当地，实现农民的就业和增收，避免了过去农业被视为原材料供应领域的单一情况（李治等，2017）。

2.1.3　产业分工理论

古希腊时代柏拉图在《理想国》一书中首先提出社会分工的思想，在他看来，社会分工主要是职业的分工，每个人必须专注自己的职业，如果一个人专注于生产某一种产品，那么生产数量必定会更多且质量更好。首先是农民、牧羊人和各种手工业者之间进行分工，后来随着经济生活的发展出现了商人，他们共同为整个社会提供物质生活资料和履行国家的经济职能。亚当·斯密最早提出了分工理论，在当时起到了很重要的作用，他以扣针的制造为例，将这项工作分为若干部门，不同的工作由不同的员工担任，各自独立工作，可以有效提高生产效率。马克思在亚当·斯密研究的基础上，进一步拓展了分工理论，他认为劳动分工是一种"专业划分的合作方式"，不同的任务不是由一个人单独完成的，而是由几个工人完成的，不过长期从事单调的劳动工作，劳动者难以进行积极思考，不利于智力发展，易引起人与人之间的分化（魏丽华，2016）。

社会分工理论是产业分工与融合发展的基础，在社会分工后，工作效率得到了极大的提升，分工是为了更好的协作，分工发展到一定程度必然带来融合，分工与协作二者密不可分，是社会发展的必然趋势。产业分工是指每个人做不同的工作，而专业化是指一个人专门做一种工作，是分工另外一种意思的表达。分工的细化使各个产业之间的界限更明晰，且随着经济社会的发展，为了节约交易成本，各个产业之间又会寻找合作的机会，为产业融合奠定了基础。而对于农业而言，社会分工推动了农业生产的专业化，随着专业化的进步，农业产业间的界限将更加清晰，形成了农业第一、第二、第三产业。为了寻求更高的效率，更低的交易成本，在农业分工的基础上，农业协作也随之出现，农业生产与加工、销售等产业不断融合，各种资源要素在农业产业间不断渗透融合，便实现了农业内部的三产融合，这也是现代农业发展的必然结果。

2.1.4 产业链理论

产业链理论的思想渊源可追溯到亚当·斯密提出的产业分工理论，认为产业链是在企业内部整合自身内部资源的成果，随后赫希曼用"关联效应"论述了产业链的相关概念，同时重点提出产业链对企业间前向后向关联关系及其对经济发展的意义，然后马歇尔对产业链的内涵进一步丰富和扩充，认为产业分工还存在于不同企业之间，企业间的分工协作是产业链形成的重要原因之一。产业链是以一定的逻辑关系和时空布局为基础，各行业在一定的技术经济关系基础上形成的链条关系。产业链的形成是社会分工和生产力进一步发展的产物。随着技术的发展和生产水平的提高，各个产业因为产业链的联结，将形成产业间协同发展的局面，形成一个利益共同体。产业链同时是一种网络结构，由价值链、企业链、供需链、空间链等组成，将产品生产、加工、运输、销售等环节连接起来，能降低企业经营风险，减免中间交易成本，便于实现利益收入最大化，全产业链发展下的产业利润会高于分割开来的独立产业加起来的利润总和。

产业链理论是在工业产业中应运而生的，在农业领域的运用相对较晚，且在发达国家的农业产业中的发展较为迅速和成熟。农业产业链最初出现在美国，随后被快速地介绍到西欧和日本，并在此过程中展现出其对农业发展的积极影响。农业产业链是指与农业初级产品加工生产有着产业关联度的相关农业产业网络结构系统。农业产业链不仅具有纵向延展的拓展形式，更有横向扩展的趋势，其中横向扩展更加显著地推动了农业产业融合的形成。因此，农村三产融合的本质仍属于产业融合，农村三产融合具有横向及纵向融合的双重发展实践模式，农村三产融合是农业产业链横纵发展的进一步深化过程。农业产业链的延伸，是实现农业三产融合发展的重要手段之一。产业链在农业产业中应用形成的根本原因在于产业链纵向延长和横向拓宽过程中能够产生更多的增值价值，包括农产品价格的维持、农民收入的增加、农村产业结构的调整，等等，这些红利与国家为实现农业农村现代化和可持续发展所设定的目标完全契合，对农村三产融合发展具有重要意义。通过现代农业与第二、第三产业之间融合，延伸产业链，提高生产效率，降低农业生产成本与交易成本，使农民参与到产业链的过程中，带动农民增加收入，促进农业进一步发展。

2.1.5　交易成本理论

交易成本理论又称为交易费用理论，是经济学中一个重要基础理论，最早由罗纳德·科斯提出，他认为市场和企业是两种不同的组织劳动分工方式，企业产生的原因是企业组织劳动分工的交易费用低于市场组织劳动分工的费用。威廉姆森系统研究了交易成本理论，该理论认为企业和市场是两种可替代的资源分配机制，由于有限理性、机会主义、不确定性，市场交易成本较高，为了节省交易成本，企业成为取代市场的新业务形式。交易成本决定着企业的存在，采用不同组织方法的最终目标也是节省交易成本，选择合理合适的合作关系可以减少交易成本，提高资源的优化配置。

交易成本理论也能够用来诠释农村三产融合的发展问题，农村三产融合的本质是降低农业交易成本。在农村三产融合过程中，由于农产品自身的时效、新鲜性等特性，农业产品生产、加工、运输、销售都会产生巨大的交易成本。因此，从交易成本的角度出发，改变单一的农产品种植养殖模式，逐步将农业生产、加工、销售等环节构建成一个有机整体，加强企业与企业之间的合作，减少不必要的交易环节，从而达到节约交易成本，优化资源配置的目的，最终达到农业增产、农民增收，加快农村经济发展的速度，从而实现乡村振兴。具体来说，交易成本的减少可以通过以下三个方面实现：一是通过建立利益联结机制来减少因为交易不确定性等原因而带来的交易费用；二是可以通过分工合作，形成长期稳定的合作关系，提高交易次数，在一定程度上降低交易费用；三是提高竞争力和谈判能力，激发产业内在动力，降低监督成本，从而降低交易成本。总之，农村三产融合通过减少生产、物流、交易等流程的冗余环节，有效提升供需对接效率，重塑农业产业链，降低交易成本，使农民增收空间得以充分挖掘。

2.1.6　产业集群理论

产业集群是指某一产业内具有共性和互补性的企业和机构在特定区域内集中而形成的产业空间组织。西方国家比较早研究集群理论，亚当·斯密是最早研究集群理论的经济学家，他认为集群是一些进行分工之后的企业为了完成一些特殊产品的生产而形成联合的群体，后来马歇尔在"产业区"的研究中也提到产业集群相关概念，而1909年德国学者韦伯在其《工业区位论》中将产业集群作为影响工业选址的主要因素。代表性的产业集群概念由美国学者迈克尔·波特在1990年的经典代表作《国家竞争优势》中提出，认为产业集群是指在一些特殊的产业领域中或者一些特别的区域里，一些相互关联的公司、产业以及相关的其他组织部门或机构在空间地理上集中在一起的现象，产业集群的方式还可以用来推理研究一些国家或者地区的竞争力优势。产业集群形成的原因也引起了学者的关注，马歇尔认为自然条件、民族性格和社会政治制度、偶然事件以及商业上的便利是产业集群形成的四个重要原因；迈克尔·波特认为产业集群主要是因为企业希望能够在这种外部效应中提高企业的生产效率，减少企业或者机构的交易成本，共享一些公共的基础设施，降低一些信息与知识技术获取的成本。

产业集群不仅仅只针对工业，Davis 等（1957）提出了农业关联产业，认为农业关联产业是指农业生产资料供应业、农产品加工业、农产品销售业以及涉农信贷和保险产业等。农业产业集群是指农户、农业流通企业以及农产品加工企业在特定区域高度集中的现象。农业在特定区域内集中，可以让农业生产主体和农业生产资料集聚，从而降低交易费用，实现规模经济（尹成杰，2006）。农业集群也是实现农村三产融合的一种重要方式，产业集群能够提高农业生产效率，同时降低农产品交易成本，实现农业经营效益的规模经济，实现农业利润的快速增加。农业经营主体的集中，使农业生产的产前、产中、产后环节发生在特定区域，有利于推动农村特色小镇、田园综合体、农业产业园的发展，催生农业新业态，促进农村一、二、三产业融合发展。

2.1.7　理论评述

从现有农村三产融合的理论基础来看，其理论来源非常丰富。事实上，除了本章重点阐述的产业融合理论、产业分工理论、农业多功能理论、产业链理论、交易成本理论及产业集群理论等，还有城乡融合理论、产业结构理论、产业发展理论、规模经济理论、产业关联理论等都能为农村三产融合发展提供理论指导。通过理论梳理也可以发现：第一，以上理论研究大多起源于西方发达国家，随着中国经济的发展及中国经济研究水平不断提高，中国学者对这些理论的研究也日益增多并逐渐深入；第二，以上理论研究大多是从工业领域研究开始，然后才慢慢延伸到农业领域，指导农业发展；第三，以上理论对农村三产融合发展都具有重要的指导意义，农村三产融合本质上就是产业的融合，而产业的融合前提是产业之间存在着产业分工，产业分工之所以又会走向融合，就是为了进一步延长产业链，拓展多功能，降低交易成本，实现规模经济，产业集聚将有利于使这些目标得到更深层次的实现；第四，以上理论研究虽然都能分别对农村三产融合提供指导，但它们相互之间也是密切关联的，承前启后，一脉相承，共同为农村三产融合发展提供理论依据。

2.2　文献综述

如前所述，农村三产融合源于产业融合理论，而产业融合的思想最早来自美国学者 Rosenberg（1963）对美国机械设备业演化的研究，学术界真正开始对产业融合的讨论始于麻省理工学院（MIT）Nicholas Negroponte（1978）关于数字技术的出现导致产业间交叉的开创性思想（赵霞等，2017）。最初国外学者对产业融合理论与实证的研究很少涉及农业与相关产业，农村产业融合的研究最早可以追溯到日本学者金村奈良臣关于"第六产业"的观点（赵红梅，2016）。2015 年中央关于"农村三产融合"文件发布之后，国内学术界从必然性、内涵概念、动因机制、国外经验等理论方面和模式路径、存在问题、政策建议等现实方面进行了多角度研究，但目前仍处于起步阶段（李治等，2017）。根据研究的需要，本项目主要从农村三产融合测度、驱动因素、融合模式与实现路径四个方面来进行文献梳理。

2.2.1　农村三产融合程度测量

农村三产融合程度测量方法借鉴主要来源于产业融合测量及农业产业化与现代化测量两个方面。产业融合通常采用专利相关系数法、赫芬达尔指数法（Herfindahl Index）、产业关联度法等方法来进行测量（Gambardella 等，1998；Fair 等，2001），但这些用于非农产业融合的测量方法在测度农业产业融合上有一定的局限性。相对来说，农业产业化和农业现代化评价采用的耦合协调度模型、熵值法、数据包络法、层次分析法、主成分分析法等方法（李治等，2018）能为农村三产融合的测量提供更多借鉴。

总体来看，依据研究视角和使用方法的不同，研究者们测度农业产业融合程度主要采用三种思路：一是运用不同指标体系和测度方法测量农村三产融合水平。如苏毅清等（2016）构建程度、方式和目的等三类指标运用案例分析法，陈林生等（2019）、王鑫玥等（2022）构建农业与关联产业互动、金融保险支持和社会经济效应等三类指标运用熵值法和灰色关联分析法，程莉等（2020）构建农业内部整合、农业产业链延伸、农业功能拓展、先进技术对农业渗透等四类指标运用耦合协调度模型和熵值法，黄庆华等（2020）构建农业产业链延伸、多功能性发挥、与第三产业融合、要素发展、城乡融合发展等五类指标运用权重赋值法，李芸等（2017）、姜峥（2018）、陈国生（2019）、吴佩君等（2019）构建农业与关联产业融合行为和社会经济效果等二类指标运用层次分析法，分别对我国不同层面的农村三产融合发展水平进行了评估。二是运用投入产出指标和数据包络分析法（DEA）测量农村产业融合效率。如李玲玲等（2018）、马亚飞等（2019）根据农村产业融合发展的投入产出指标数据，利用数据包络分析法（DEA），分别对全国和甘肃省农村产业融合效率进行了综合评价。三是运用不同测度方法与模型测量农业与二、三产业融合水平。如王乐君等（2017）采用产值贡献度法和主成分分析法，对四川农业和服务业的融合度进行了测算；梁树广等（2017）利用灰色关联度分析了我国农业与 18 个相关产业之间的关联度；曹祎遐等（2018）通过构建灰靶决策模型考察了上海都市农业与二、三产业融合结构；陈学云等（2018）运用熵权法和系统耦合模型分析了我国农业与二、三产业融合水平。

2.2.2 农村三产融合的驱动因素

借鉴国内外有关产业融合影响因素的研究成果（Yoffie，1997；Lei，2000；马健，2002；姚星等，2019），国内学者对我国农村三产融合驱动因素进行了研究，但主要集中在理论研究方面，实证研究相对较少。大多数理论研究发现，技术创新、主体利益、市场需求、政府政策或管制放松（苏毅清等，2016；赵霞等，2017；李洁，2018）、基础设施与基本公共服务均等化、区位与资源优势（李莉等，2019）、农业多功能综合开发（李治等，2017）、降低贸易成本或交易成本最小化（梁立华，2016；谭明交，2016）、工商资本大量进入（张义博，2015）、农业经营主体优势（包乌兰托亚等，2019）是推动农村三产融合的重要驱动因素。技术创新是农村三产融合的第一驱动力，制度创新是农村三产融合的重要保证，交易成本降低和产业分工协作则是农村三产融合动因的本质内容，二者相互依赖、相互促进（李治等，2017）。叶云等

（2018）还考察了信息技术产业与农村一、二、三产业融合的驱动力，发现技术向传统农业渗透、新农人快速崛起、消费者消费行为升级、产业融合政策宽松是四种主要影响因素。只有极少数学者对农村三产融合的影响因素进行实证分析。程莉等（2020）构建面板计量经济模型实证检验长江上游地区农村产业融合发展影响因素，发现消费需求、土地流转、技术进步、基础设施、环境质量、人力资本、金融发展等因素都从不同程度作用于农村产业融合发展，各因素因为模式不同而呈现出不同的作用。李冰（2019）基于江西、福建调研数据，通过结构方程验证了农村社群关系、农业技术扩散、过程创新对农村三产融合的显著正向影响作用。

除宏观上分析农村三产融合的驱动因素之外，微观经营主体参与农村三产融合的行为或意愿影响因素也是学术界研究的一个重要方面。理论研究发现，新科技广泛应用、农产品消费结构升级、主体营利增收、支持政策创新是新型农业经营主体带动农村三产融合发展的主要动因（姜涛，2019），农业多功能开发、小农户与现代农业衔接、经济良性循环、跨界经营需求为合作社带动农村产业融合提供了现实动力（李俏等，2020）。一些学者对微观主体参与农村三产融合的影响因素进行了实证分析。赵玲蓉等（2019）运用扎根理论分析了农民专业合作社发展农村三产融合的影响因素，结果表明影响因素主要分为发展、特征、认知等内在环境因素和制度、技术、市场、社会环境等外在环境因素。刘斐等（2019）运用二元 Logit 回归模型探讨了农户参与农村三产融合行为的影响因素，研究发现农户价值认知、融合意愿直接影响其融合行为，政策认知与风险认知通过融合意愿间接影响融合行为。杨久栋等（2019）通过构建似不相关回归模型，从经营状况、技术创新水平、标准化生产情况等方面，考察新型农业经营主体从事融合型产业的主要影响因素。姜卓简等（2018）运用 Logit 模型，从资源禀赋差异、感知行为控制、利益联结紧密度和对其他利益主体满意度四个维度，分析吉林省集安市人参产业融合过程中农户参与意愿及其影响因素。

2.2.3 农村三产融合的模式

农村三产融合的实现路径是学术界关注的热点问题，学者们主要从模式与路径两个方面进行研究，不过二者并不完全相同，既有联系又有区别，但在不少学者研究中并未将二者进行很好的区分与融合，也缺乏实证检验。

农村三产融合的模式可以从不同维度进行不同的分类，既可以从产业链维度、主体维度和利益分享机制维度等三个维度进行分类（王乐君等，2017），也可以从融合方式维度和经营主体维度等两个维度进行分类（汤洪俊等，2017），还可以从融合方向维度和融合结果维度来判断产业融合类型（苏毅清等，2016）。目前最常见的分类方法是从产业链维度对农村三产融合模式进行分类，但具体类型也各不相同。研究者一般认为，农村三产融合发展模式主要有农业内部交叉融合、农业产业链延伸融合、农业功能拓展融合、先进要素渗透融合等四种类型（赵霞等，2017；肖卫东等，2019），但有学者认为种养重组的循环经济型融合实际上是农村第一产业内部不同行业之间的融合，不应列为农村三产融合发展的内容（姜长云，2016）。除了以上四种类型之外，农村三产融合还应该包括多元复合型或农业产业化集群型（国家发展改革委宏观院和农经司课题组，2016；姜长云，2016）、产城融合型（王乐君等，2017）、服务业引领型（姜长云，2016）、经营主体主导型（乌兰托亚等，2019）等融合模式。从延伸产业数量来看，农村三产融合发展模式呈现出二元产业融合和三元产业融合两种形态（万宝瑞，2019）；而从产业延伸方向来看，则可以分为第一产业后延、第二产业前伸、第二产业后延、第三产业前伸、第二产业前后延伸等五类（姜涛，2019）。在产业链维度分类的模式中，农业内部融合、产业链延伸、休闲农业和乡村旅游发展模式属于传统农村三产融合模式，而智慧农场、特色小镇、电商平台、田园综合体属于新型农村三产融合模式（孙学立，2018）。还有学者基于城乡互动的视角，从提升农村主体地位和打通城乡互动渠道出发，将农村三产融合发展模式分为提升农业主体地位的融合（包括农村产业链延伸融合、农业功能拓展融合）、打通城乡互动渠道的融合（包括城乡产业转移融合与优势产业空间集聚融合）及信息技术全面融合等三类（李莉等，2019）。

部分学者从新型经营主体维度对农村三产融合的模式进行了分类，认为农村三产融合典型模式主要包括农户主导型、农民合作社主导型、龙头企业主导型三类（汤洪俊等，2017），也有学者认为还应该包括工商资本引领型（吕岩威等，2017）和农业服务企业带动型模式（王兴国，2016），而企业集群型、农业产业化联合体型（王乐君等，2017）以及"互联网＋X"型模式（赵海，2015）被认为是由多个企业或者多个主体共同主导的农村三产融合模式。从利益分享机制维度来对农村三产融合模式进行分类的相对较少，一般可以将农村三产融合的模式分为订单农业型、合作型、股份合作型、服务带动型、反租倒包再就业型等（王乐君等，2017；国家发展改革委宏观院和农经司课题组，2016）。

2.2.4　农村三产融合的实现路径

农村三产融合沿着什么样的路径进行？部分学者对此进行了探讨。苏毅清等（2016）认为农村产业融合必须以产业公地形成为前提，以技术进步和管制放松为条件，经过技术融合、产品与业务融合及市场融合，最终形成新技术、新业态和新商业模式，才是真正地实现了过程完整的产业融合。与之相类似，叶云等（2018）认为信息技术产业与农村三产融合的演进过程也应遵循"技术融合→产品与业务融合→市场融合"的逻辑路径。陈学云等（2018）发现农村三产融合存在两条实现路径：一是通过加法效应实现"工序性融合"，使高附加值产品和低附加值产品都增加，并且高附加值产品比低附加值产品增加更多；二是乘法效应实现"结构性融合"，高附加值产品大大增加，而低附加值产品产出可能会减少。周立等（2020）提出了农村三产融合"合纵连横"三条价值增值的路径：注重发挥农业多功能性的"起始型-休闲型"横向路径，发展紧密纵向协作的"起始型-专业型"纵向路径，以及纵横兼顾的"起始型-理想型"路径。李洁（2018）认为农村产业融合通过三种不同的路径实现农业多元价值：一是以新技术扩散带来农业生产经营方式变革，从而产生新产业和产品的技术渗透型产业融合路径；二是以产地化营销打造优质农产品和以高效营销渠道实现农业产加销服一体化，从而形成多功能大农业的产业延伸型产业融合路径；三是以技术渗透模糊不同产业边界的交融，使产业交叉重合处产生全新产业和产品的交叉重组型产业融合路径。周芳等（2021）探索性构建农村一、二、三产业融合发展的 SRM－W 动态演进模式，发现农村三产融合开发需经历产业公地分析、资源分析、市场分析以及工作分工四阶段才能得以实现。刘建生等（2022）通过深入探究中西部地区三产融合样态及发展路径表明，外部政策资本驱动、内部人力资本驱动资源获取与"政企民"共融共治是产业融合的三条发展路径。

2.2.5　文献评述

总体来看，国内外学者围绕农村三产融合取得了系列研究成果，为本研究开展提供了坚实的理论基础和文献支持。但纵观现有文献，我们也发现江西农村三产融合的相关研究较少，更缺乏对于九江市农村三产融合的研究；现有农村三产融合影响因素研究主要集中于理论层面，定量研究缺乏，仅有的少量实证分析也是在宏观方面，鲜有微观层面的计量研究；国内有关农村三产融合的模式研究成果显著，但有关农村三产融合的路径研究还处于早期阶段，路径形成机理与影响因素的研究成果相对较少，需要不断丰富与深化。因此，本研究以九江市为研究区间，以农村三产融合为研究目标，运用产业分工理论和产业融合理论，将理论与实证相结合，着力研究九江市农村三产融合绩效评价、驱动因素与实现路径，并提出有针对性的政策建议，将有助于促进九江市农村三产融合发展，也能为江西乃至全国提供经验借鉴。

2.3　结论

本章首先从产业融合、产业分工、农业多功能、产业链、交易成本及产业集聚等六个方面分析了农村三产融合的理论基础，然后从绩效评价、驱动因素、融合模式及实现路径等四个方面对农村三产融合现有文献进行了梳理，最后进行了简要评述。

研究发现：①农村三产融合相关理论大多起源于西方发达国家，从工业领域研究开始，然后才慢慢延伸到农业领域；各理论之间密切关联，一脉相承，对农村三产融合发展都具有重要的指导意义。②现有关于农村三产融合研究成果为本研究提供了坚实的理论基础和文献支持，但依然有较大的拓展空间，本研究将有助于促进九江市农村三产融合发展，也能为江西乃至全国提供经验借鉴。

第3章
农村三产融合在乡村振兴中的作用：
农民收入与农业劳动生产率视角

农村三产融合对农业农村经济发展具有重要的促进作用，是挖掘乡村多重价值、实现农民收入增长的重要方式，是解决"三农"问题的重要突破口。相关研究也进一步证明，农村三产融合是改造传统农业、加速农业现代化进程、提高农业效益并使农民分享成果的一种创新生产方式（孙江超，2019），能够引领生产要素在农村聚集，通过提高农村资源配置效率，实现农业健康可持续发展（张首魁，2016），具有延长农业产业链、拓展农业多种功能、提高农村资源优化配置、培育农村经济增长点、拓展农村新业态等优势，并通过这些优势促进农村经济的发展（韩晓莹，2017），充分认识农业多功能，有利于拓宽资源开发利用渠道，提高农村经济效益（高林英等，2008）；通过延长农业产业链，不仅可以提高农业的比较效益与农民的市场地位，还可以为农民提供更多就业岗位，实现农民收入增长（唐超等，2016），农业与相关产业广泛关联、融合创新，向精品加工、文化创意、乡村旅游等方面延伸，农业农村新业态迅速发展，大大增加了农业收入（李治等，2019）。同时，实证分析也证明，农村产业融合显著提升了农民创业积极性，进而推动农村创业创新（李晓龙等，2019），对农村经济增长具有较强的正向效应（王丽纳等，2019），能通过促进农村经济增长以及加速城镇化，缩小城乡收入差距（李晓龙等，2019），有效提升乡村振兴水平（程莉等，2018）。

那么，农村三产融合对农业农村现代化的作用如何？是否能够提高农民收入？是否能够提升农业劳动生产率？进而促进产业发展，最终实现乡村振兴？因此本章以乡村振兴为背景，以九江市为案例区，通过搜集宏观经济数据，运用计量经济模型，考察农村三产融合对农民收入与农业劳动生产率的影响，以验证农村三产融合在乡村振兴中的积极作用。

3.1 农村三产融合对农民收入的影响

近些年来，学者就农村三产融合对农民收入影响开展了相关研究。大多数学者研究发现，农村产业融合增强农业多功能性，通过加法效应和乘法效应催生农业新业态，促进农民增收（周立等，2018；齐文浩等，2021），与传统农业单一发展模式相比，从事农村三产融合的农户收入增长了 59%（李云新等，2017），参与农村三产融合使农户家庭人均经营性收入显著提升 164.7%（李姣媛等，2020），农村三产融合促进农民收入增长可以通过多种路径来实现（李乾等，2018），可以通过经营收入和工资性收入水平来提高农民收入（张林等，2020），农村产业融合推动了农业产业结构的合理化和高级化，从而促进了农民收入的增长（曹菲等，2021），农村产业融合在提高农民收入的同时，也缩小了城乡差距（李晓光等，2019）。可以看出，农村三产融合促进农民增收的作用得到了普遍的证实，但除了直接作用之外，农村三产融合促进农民收入作用机理如何？因此本节基于 2010—2021 年九江市数据，在构建农村三产融合指标体系，采用熵值法测算九江市农村三产融合水平的基础上，利用基准回归模型和中介效应模型，以农业产业结构升级和农业劳动转移作为中介变量，考察农村三产融合对农民增收的直接效应与作用机理。

3.1.1 理论分析与研究假说

3.1.1.1 农村三产融合对农民增收的直接影响

现有研究发现，农村三产融合能显著地提高农民收入（齐文浩等，

2021）。农村三产融合不但可以通过农村不同产业之间、不同环节之间的协同合作与整合优化资源配置、提高生产效率、创新管理模式、实现各个产业的有机结合，而且可以通过多产业协同合作，使农民获得多元化的经济来源（李云新等，2017）。农村三产融合提升了农产品的附加值，通过深加工和品牌推广，使农产品获得更高的销售价格，会使农户经营性收入显著提升（李姣媛等，2020）。此外，农村三产融合通过加法效应和乘法效应催生农业新业态，促进农民增收（周立等，2018）。因此，我们提出如下假设：

假说1：农村三产融合对农民增收具有显著的直接促进效应。

3.1.1.2 农村产业融合对农民增收的间接影响

（1）农村三产融合、产业结构升级与农民增收。一般来说，农业产业结构升级可以通过农业产业合理化和高级化两个维度来体现（曹菲等，2011）。一方面，农村三产融合可以整合农业相关主体，拓展产业链，调整农业结构，提升产业合理性；打破单一模式，推动商业化和多元化，优化农业产业结构；通过农业资金支持，改善条件，提高效率，实现整体农业产业结构合理化。另一方面，农业产业结构高级化是农业产业结构合理化提升的质量标志，通过农村三产融合不仅能够加速农业科技的渗透，也能引入大数据、人工智能、计算机等现代信息技术，从而提升农业生产的专业化和分工程度，进一步优化了生产、运输、销售等环节的衔接模式，加强农业与其他产业的交流互动，提升生产效益，实现农业产业结构高级化演进。此外，产业结构的优化显然有利于提高农业劳动生产率，增加农民收入。因此，农业产业间的交叉融合能有效降低成本、促进产业结构优化，进而提高农民收入。基于此，我们提出如下假设：

假说2：农村三产融合能够通过促进农业产业结构合理化提高农民收入。

假说3：农村三产融合能够通过促进农业产业结构高级化提高农民收入。

（2）农村三产融合、农业劳动力转移与农民增收。农村三产融合通过产业链延伸、多功能拓展、先进技术渗透、土地规模经营等机制，使农业生产劳动力向非农领域转移。首先，农村三产融合通过产业链延伸，将第一产业向加工业、服务业拓展，促进农产品加工和休闲农业发展，使直接从事农业生产的劳动力减少，更多的农业劳动力向加工业、服务业等非农领域转移。其次，农村三产融合要求进行规模经营，推进土地流转，而土地流转出去的劳动力往往转移到非农业领域就业。最后，农村三产融合过程中的先进技术渗透，使农村电商迅速崛起，吸引大量农民到直播、物流等新型服务领域就业。相对于农业生产高风险低收益，在加工业、服务业、电商行业等领域就业将会带来更多的收入。因此，农村三产融合在一定程度上会促进劳动力向非农领域转移，进而提高农民收入。基于此，我们提出如下假设：

假说4：农村三产融合能够通过促进农业劳动力转移提高农民收入。

3.1.2　研究设计

3.1.2.1　数据来源

本部分九江市2010—2021年时间序列数据主要来自《九江市统计年鉴》（2011—2022）、《江西省统计年鉴》（2011—2022）以及相关政府统计公报等。

3.1.2.2　模型设定

（1）基准回归模型。借鉴李春楠（2022）、张林（2020）的做法，构建基准回归模型如下：

$$DIC_t = \pi_0 + \pi_1 Ac_t + \sum X_t + \varepsilon_t \qquad 式（3-1）$$

其中，因变量 DIC 为农民收入，以农村居民人均可支配收入为代理变量；核心解释变量 Ac 为农村三产融合水平，通过熵值法计算；控

制变量 X 为地区经济发展水平（gdp）和农村科技发展水平（ind）；t 表示时间，ε 代表随机干扰项。

（2）中介效应模型。为考察以农业产业结构升级和农业劳动力转移为中介变量的农村三产融合影响农民收入的作用机制，借鉴曹菲（2021）等的做法，构建中介效应模型如下：

$$y_t = \theta_1 + ax_t + \sum \beta\,Controls_t + \varepsilon_1 \qquad 式（3-2）$$

$$M_t = \theta_2 + bx_t + \sum \beta\,Controls_t + \varepsilon_2 \qquad 式（3-3）$$

$$y_t = \theta_3 + a'x_t + cM_t + \sum \beta\,Controls_t + \varepsilon_3 \qquad 式（3-4）$$

其中，y 表示因变量农民收入，x 是核心解释变量农村三产融合水平，θ 表示截距项，M 表示中介变量农业产业结构升级和农业劳动力转移，$Controls$ 表示其余控制变量地区经济发展水平和农村科技发展水平，ε 代表随机干扰项，a、b、c、a' 和 β 是相关变量的回归系数。

3.1.2.3　变量说明

（1）因变量：农民收入。借鉴现有研究的经验方法，选用农民人均可支配收入（DIC）作为代理变量。农民人均可支配收入（DIC）分为经营性收入（OIC）、工资性收入（WIC）、财产性收入（PIC）和转移性收入（TIC），因此在考察农村三产融合对农民总收入影响的同时，也考察农村三产融合对经营性收入、工资性收入、财产性收入和转移性收入的影响。

（2）核心解释变量：农村三产融合。使用农村三产融合水平作为核心解释变量，采用熵值法计算 2010—2021 年九江市农村三产融合水平。

①具体指标体系构建。借鉴张林（2020）等的研究，从"农产品延伸、农业多功能性、农业与服务业的融合、农民增收与就业、城乡一体化"构建产业融合指标体系，具体农村三产融合指标体系见表 3-1。

表 3 - 1 九江市宏观农村三产融合水平测量指标体系

一级指标	二级指标	计算公式	符号
产业链延伸	农业劳动生产率（元）	第一产业总产值/农村人口数	正
	人均农副产品加工业总收入	农副产品主营业务收入/农村人口数	正
	第二、三产业增加值比重（%）	第二、三产业增加值占 GDP 比重	正
农业多功能性	人均主要农产品产量（吨）	（粮食＋棉花＋油料＋肉类）总产量/农村人口	正
	农用化肥使用强度（%）	农作物化肥使用量/农作物种植面积	负
	设施农业面积占比（%）	有效灌溉面积/粮食作物耕地面积	正
	星级酒店数量（个）	具体星级酒店数量	正
农业与服务业融合	人均农林牧渔服务业产值（元）	农林牧渔服务业产值/农村人口数	正
	农村信息化水平（台）	农村每百户拥有的电视机、计算机和移动电话数之和	正
农民增收与就业	农村家庭恩格尔系数（%）	食品支出/总消费支出	正
	农村非农就业比例（%）	（乡村就业人数－第一产业就业人数）/乡村就业人数	正
	农民人均可支配收入增长（%）	本年农村人均可支配收入增加量/上年存量	正
城乡一体化	城乡居民人均收入比（%）	城镇居民人均可支配收入/农村居民人均可支配收入	负
	城乡居民人均消费支出比（%）	城镇居民人均消费支出/农村居民人均消费支出	负
	城市化率（%）	城镇人口/总人口	正

②测量方法：熵值法。熵值法能够利用数据的离散程度求得各指标的权重，解决了多指标变量间信息重复的问题，有效降低其他人为因素的干扰，具有较高的可信度，具体计算步骤如下：

第一步，对各项指标的数据标准化处理：

正向指标：

$$y_{ij} = \frac{x_{ij} - \min(x_{ij})}{\max(x_{ij}) - \min(x_{ij})} \qquad 式（3-5）$$

逆向指标：

$$y_{ij} = \frac{\max(x_{ij}) - x_{ij}}{\max(x_{ij}) - \min(x_{ij})} \qquad 式（3-6）$$

第二步，计算第 i 年第 j 项评价指标标准化后的指标数值的比重：

$$P_{ij} = \frac{y_{ij}}{\sum\limits_{i=1}^{n} y_{ij}}$$

第三步，计算年第 j 项评价指标的熵值：

$$E_j = \frac{1}{\ln n} \sum\limits_{i=1}^{n} (P_{ij} \ln P_{ij}) \qquad 式（3-7）$$

第四步，计算第 j 项评价指标的权重：

$$W_j = \frac{E_j}{\sum\limits_{j=1}^{m} E_j} \qquad 式（3-8）$$

第五步，计算各评价指标的综合分值：

$$S_j = \sum\limits_{i=1}^{m} W_j \times y_{ij} \qquad 式（3-9）$$

③测量结果。表3-2反映了九江市2010—2021年农村产业融合水平及其变化。从表中可以看出，九江农村三产融合水平从0.248上升到0.746，除2015年其他年份都处于上升趋势。但增长速度不均衡，平均增长率为11.2%。

表3-2 九江市农村三产融合水平（2010—2021）

年份	融合水平	增长率	年份	融合水平	增长率
2010	0.248	0.090	2016	0.526	0.031
2011	0.391	0.577	2017	0.540	0.027
2012	0.430	0.100	2018	0.566	0.048
2013	0.437	0.016	2019	0.626	0.106
2014	0.514	0.176	2020	0.673	0.075
2015	0.510	-0.008	2021	0.746	0.108

（3）中介变量。一是农业产业结构升级。包括产业结构合理化（tl）和产业结构高级化（ei），产业结构高级化（ei）采用第三产业与

第二产业的产值之比来衡量，产业结构合理化（*tl*）借鉴干春晖等的（2011）研究，采用泰尔系数衡量法进行测量，具体计算方法如下：

$$tl = \sum_{i=1}^{n}(\frac{y_i}{y})\ln(\frac{y_i/y}{l_i/l}) \qquad 式（3-10）$$

其中，*y* 表示农林牧渔业的总产值，y_i 表示细分产业中的产值，*l* 表示从事农业生产的劳动力总数，l_i 表示各细分产业的劳动力数量，考虑到未统计各细分产业的劳动力数量，用产值所占比例来计算细分产业的劳动力数量。

二是劳动力转移（*lab*）。农村劳动力向非农部门和城镇地区转移，实质上是农业劳动力的减少（李朝顺，2020），因此本研究借鉴李谷成等（2018）的方法采用第一产业劳动人数衡量劳动力转移。

（4）控制变量。一是地区经济发展水平（*GDP*），采用地区经济发展生产总值来衡量；二是农村科技发展水平（*ind*），由于农村机械水平的提高对农产品的产量和质量有重要的促进作用，同时能调整和优化现代农业部门结构，因此采用农村机械化总动力来衡量。

所有变量特征值如表 3-3 所示。

表 3-3　变量特征值

变量类型	变量	mean	sd	min	max
因变量	农民人均可支配收入（DIC）	9.314 3	0.381 6	8.628 4	9.843 6
	工资性收入（WIC）	8.748 9	0.431 1	7.982 7	9.396 2
	经营性收入（OIC）	7.844 4	0.198 3	7.494 4	8.126 0
	财产性收入（PIC）	5.633 4	1.074 6	4.808 9	7.955 9
	转移性收入（TIC）	7.294 5	1.082 3	5.466 3	8.321 3
自变量	农村三产融合水平（Ac）	0.531 0	0.132 5	0.248 1	0.745 7
中介变量	农业产业结构合理化（tl）	0.145 1	0.014 5	0.125 1	0.157 1
	农业产业结构高级化（ei）	0.789 9	0.158 4	0.560 9	0.983 5
	劳动力转移（lab）	4.202 0	0.329 0	3.764 9	4.729 4
控制变量	地区经济发展水平（GDP）	16.863 9	0.406 5	16.149 7	17.436 0
	农村科技发展水平（ind）	11.342 0	0.290 3	5.330 2	14.788 5

3.1.3 实证结果分析

3.1.3.1 基准回归结果分析

利用 Stata16.0 软件对农村三产融合影响农民收入的直接效应进行回归分析，回归结果如表 3-4 所示。

第一，农村三产融合对农民总收入的直接影响。表 3-4 第（1）列是农村三产融合对农民总收入的实证结果，变量的估计结果均符合理论预期。农村三产融合对于农民人均可支配收入在 1% 水平上具有显著的正向作用，即提升 1 个百分点的农村三产融合水平，农民人均可支配收入就增加 1.609 个百分点，九江市在发挥农业优势基础上，与旅游业、电商平台、技术创新、金融服务、教育培训等多个领域融合，打造出一批旅游新产品、数字科技园、物流科技园等，不断提升农产品的内在价值与市场竞争力，从而增加农民的收入。此外，从控制变量来看，地区生产总值对于农民人均可支配收入在 1% 水平上具有显著的正向作用，地区生产总值的提高改善了当地的基础设施和公共服务，有效降低了农民的生活成本，间接提高了农民的可支配收入。农村科技发展水平不显著，即九江市农村科技发展水平的发展对农村居民收入的提升不明显，原因可能是九江市农民收入以外出务工为主，农业种植占比较少。

第二，农村三产融合对不同渠道农民收入的直接影响。农村三产融合发展借助多元渠道提升农民收入，调整农民收入格局。从表 3-4 第（2）、（3）、（5）列来看，农村三产融合显著提升了农民的工资性收入、经营性收入及转移净收入，弹性系数分别为 1.259、3.085、2.391，九江市政府兜底民生就业，积极实施零就业家庭动态清零，新增转移农村劳动力就业人数不断提升，从而提升了工资性收入；在乡村振兴的背景下，政府整合旅游优势资源，推进山江湖城联动，农民通过提供农家乐、特色农产品销售以及农业体验活动等方式参与农村旅游，实现经营性收入的增长；政府通过增加财政投入，加强基础设施建设，实施扶持政策，促进农业转型和提供培训，从而有效提高农民的转移性收入。从表3-4第（4）列来看，农村三产融合没有显著提升农民的财产性收入，可能的原因是，政府的补贴更多是通过项目发放，故财产性收入不显著（张林，2020）。

表3-4 农村三产融合对农民收入实证结果

| 变量 | (1) | (2) | (3) | (4) | (5) |
	DIC	WIC	OIC	PIC	TIC
Ac	1.609***	1.259***	3.085**	−1.541	2.391***
	(4.312)	(3.524)	(2.466)	(−0.179)	(6.619)
GDP	0.938***	2.141***	−1.892 0**	−2.202	1.029***
	(70.683)	(11.908)	(−3.004)	(−0.508)	(3.720)
ind	0.140	0.079***	0.101**	0.305	0.195***
	(2.987)	(8.214)	(3.023)	(1.319)	(17.025)
cons	8.460***	25.797***	36.963***	40.128	3.810***
	(42.595)	(9.310)	(3.808)	(0.601)	(30.188)
N	12	12	12	12	12
adj. R^2	0.985	0.989	0.386	0.010	0.991

注：上述结果由 Stata 软件得出，***、**、*代表在1%、5%、10%的显著性水平上显著。

3.1.3.2 中介效应回归结果分析

以农业产业结构升级及农业劳动力转移作为中介变量，通过中介效应模型回归分析，来考察农村三产融合对农民增收的间接影响，检验结果如表3-5和表3-6所示。

（1）产业结构升级化的中介效应。表3-5是农村三产融合通过农业产业结构升级对农民收入间接影响的回归检验结果。首先，农业产业结构合理化具有显著的中介作用。表中第（2）列表明农村三产融合对于农业产业结构合理化在1%水平上具有显著的正向作用，弹性系数为0.628。表明农村三产融合的过程中调整农林牧渔业生产结构，促进了农业多元化和高级化。表中 panel A 将农村三产融合和产业结构合理化同时纳入模型中，结果显示，农村三产融合水平在5%的水平上显著，系数为1.015；产业结构合理化在1%的水平上显著，系数为0.803；农村三产融合对农民收入的总效应是1.609，引入产业结构合理化，农村三产融合对农民收入的直接效应为1.015，间接效应为0.803×0.623＝0.584，中介效应占总效应的31.31%，验证了假设2。其次，农业产业结构高级化具有显著的中介作用。表中panel B将农村三产融合和产业结构高级化同时纳入模型中，结果显示，农村三产融合水平在5%的水平上显著，系数为0.915；产业结构高级化在1%的水平上显著，系数为1.076。农村三产融合对农民收入的直接效应为0.915，间接效应为0.694，中介效应占总效应的43.12%，验证了假设3。

表 3-5　农业产业结构升级的中介效应回归结果

变量	(1) DIC	panel A		panel B	
		(2) tl	(3) DIC	(4) ei	(5) DIC
Ac	1.609 ***	0.628 ***	1.015 **	0.645 ***	0.915 **
	(4.312)	(3.547)	(3.249)	(3.173)	(2.773)
tl	—	—	0.803 ***	—	—
			(6.043)		
ei	—	—	—	—	1.076 ***
					(3.530)
GDP	0.938 ***	0.041 ***	1.005 ***	0.593 ***	−0.055 *
	(70.683)	(3.683)	(11.001)	(6.796)	(−2.135)
ind	0.140 **	0.005 ***	0.113 ***	0.029 ***	0.115 **
	(2.987)	(8.509)	(2.674)	(4.479)	(2.704)
$cons$	8.460 ***	0.741 ***	9.930 ***	8.818 **	7.591 ***
	(42.595)	(4.296)	(12.831)	(6.570)	(65.413)
N	12	12	12	12	12
adj. R^2	0.985	0.964	0.989	0.934	0.982

注：上述结果由 Stata 软件得出，*** 、 ** 、 * 代表在1%、5%、10%的显著性水平上显著。*panel A* 为将农村三产融合和产业结构合理化同时纳入模型中，*panel B* 为将农村三产融合和产业结构高级化同时纳入模型中。

（2）农业劳动力转移的中介效应。表 3-6 是农村三产融合通过农业劳动力转移对农民收入间接影响的回归检验结果。从表中第（2）列可知，农村三产融合对农业劳动力转移在 1% 的水平上呈现负相关，弹性系数是 -0.722，农村三产融合发展创造了多元化的非农就业岗位，促进了农业劳动力向非农领域的有序转移。在引入劳动力转移的中间变量后，农村三产融合对农民收入的直接效应为 1.377，间接效应为 0.231，中介效应占总效应的 14.38%，验证了假设 4。

表 3-6　农业劳动力转移的中介效应回归结果

变量	(1)	(2)	(3)
	DIC	lab	DIC
Ac	1.609*** (4.312)	-0.722*** (-2.173)	1.377 7*** (4.023)
lab			-0.320 6** (-1.948)
GDP	0.938*** (70.683)	-0.031*** (-3.827)	0.113** (2.674)
ind	0.140** (2.987)	-0.421** (-2.774)	0.003 (0.034)
$cons$	8.460*** (42.595)	11.795*** (5.049)	9.930*** (12.831)
N	12	12	12
adj. R^2	0.985	0.987	0.982

注：上述结果由 Stata 软件得出，***、**、* 代表在 1%、5%、10% 的显著性水平上显著。

3.1.3.3　平稳性检验

为了检验回归结果的平稳性，我们采用 ADF 检验方法来进行检验，检验结果如表 3-7。从表中数据可以看出，各项变量均具有平稳性，通过了检验。

表 3-7　平稳性检验结果

变量	ADF 检验的 P	检验结果	变量	ADF 检验的 P	检验结果
DIC	0.002	平稳	tl	0.000	平稳
Ac	0.000	平稳	ei	0.000	平稳
GDP	0.008	平稳	lab	0.002	平稳
ind	0.000	平稳	—	—	—

3.2 农村三产融合对农业劳动生产率的影响

众所周知，乡村振兴战略的实施是以农业可持续发展为前提的（陈林生等，2019）。问题是如何才能实现农业可持续发展？中国曾在十八届五中全会中提出农业可持续发展必须坚持走现代化农业道路，而现代化农业的本质是劳动生产率的提高（Kuenzer 等，2013）。但是在跨国比较中我国农业劳动生产率发展滞后是一个特征事实（Aspinall，2006）。那么，农村三产融合发展能否提高农业劳动生产率，推动农业可持续发展？如果可以，又有多大影响？厘清这些问题，对促进农业现代化发展、实现乡村振兴具有现实意义。

近年来农村三产融合水平与劳动力转移（陈林生等，2019）以及与城乡收入差距（陈林生等，2019）之间的关系受到学者们的广泛关注，并已取得较为丰富的成果，然而鲜有学者考察农村三产融合水平与农业劳动生产率之间的关系。农村三产融合可以通过促进农村二、三产业发展，实现产业结构向高级化迈进，创造更多非农就业岗位，实现劳动力就近就业，解决劳动力在地域与时空上不匹配问题，提高劳动生产率（陈林生等，2019）。农村三产融合过程中规模化经营、联合经营会增加农民的资本积累（陈林生等，2019），提高农业从业者的整体素质（陈林生等，2019），从而提高农业劳动生产率。农业劳动生产率提高能促进农业内部发展、农业产业链延伸以及农业多功能拓展，从而提高农村三产融合水平。农村三产融合是农村新一轮经济增长的新动力，是提高农业劳动生产率的重要突破口。近些年来九江市在农村三产融合方面取得初步成效，形成了一产供给二产，二产带动三产，三产反哺一产的良性循环模式。因此，本节运用 VAR 向量自回归模型对九江市农村三产融合水平与农业劳动生产率的动态关系进行研究，进一步考察九江市农村三产融合的作用。

3.2.1　变量选取与研究方法

3.2.1.1　变量的选取与处理

（1）因变量：农业劳动生产率。鉴于指标的经济意义和数据的可得到性，农业劳动生产率用投入和产出视角的第一产业实际总产值与第一产业总就业人数之比来表示，以 2010 年为基期计算。

（2）自变量：农村三产融合水平。九江市宏观农村三产融合的测量指标、方法及数据来源与上一节相同。

3.2.1.2　研究方法

为了分析农村三产融合水平与农业劳动生产率的动态关系，构建 VAR 向量自回归模型如下。

$$\begin{pmatrix} y_t^{ALP} \\ y_t^{Ac} \end{pmatrix} = \begin{pmatrix} c_t^1 \\ c_t^2 \end{pmatrix} + \varphi_1 \begin{pmatrix} y_{t-1}^{ALP} \\ y_{t-1}^{Ac} \end{pmatrix} + \varphi_2 \begin{pmatrix} y_{t-2}^{ALP} \\ y_{t-2}^{Ac} \end{pmatrix} + \cdots + \varphi_p \begin{pmatrix} y_{t-p}^{ALP} \\ y_{t-p}^{Ac} \end{pmatrix} + \begin{pmatrix} \varepsilon_t^{ALP} \\ \varepsilon_t^{Ac} \end{pmatrix},$$
$$t = 1, 2, \cdots, T \qquad\qquad 式（3-11）$$

其中，ALP 和 Ac 分别表示农业劳动生产率和农村三产融合水平，Y_t^{ALP}、Y_t^{Ac} 分别表示当期农业劳动生产率和当期农村三产融合水平，C_t^1、C_t^2 是常数向量，$\varphi_1, \varphi_2, \cdots, \varphi_p$ 是待估计量，p 是滞后阶数，ε_t^{ALP}、ε_t^{Ac} 是随机干扰项，T 表示样本量。

3.2.2　实证结果分析

3.2.2.1　农村三产融合水平与农业劳动生产率的长期动态关系

（1）序列平稳性检验。由于对数据取自然对数可以消除时间序列的异方差影响，且不改变原序列的协整关系，因此首先对数据进行取对数处理，分别记为 $\ln ALP$（农业劳动生产率）和 $\ln Ac$（农村三产融合水平）。另外，如果各变量序列不平稳，则会导致最终结果出现伪回归问题，从而失去模型估计的有效性，因此第一步是通过 ADF 检验方法对 $\ln ALP$ 和 $\ln Ac$ 进行单位根检验。ADF 的检验包含三种形式，有趋势项和截距项的模型、仅含截距项模型、既无趋势项又无截距项模型。一般来说 ADF 的检验首先检验有趋势项和截距项的模型，再检验仅含截距项模型，最后检验既无趋势项又无截距项模型。ADF 检验中原假设 H_0 为存在单位根，即序列不平稳。

由表 3-8 可以看出，九江市农村三产融合水平和农业劳动生产率的原序列 ADF 统计值均大于 5％置信水平的临界值，即原序列 $\ln ALP$ 与 $\ln Ac$ 存在单位根，即均不平稳。在对原序列进行一阶差分之后可以看到，两组数据在截距项及截距项和趋势项的情况下不平稳，但是在无截距项和趋势项的情况下，在 1％的显著性水平下拒绝原假设，可以认为两个变量均差分序列平稳，且均为同阶单整序列，说明序列之间存在长期稳定关系，满足进行协整检验的前提条件。

表 3-8　单位根检验

变量	检验形式	ADF 值	P	结论
$\ln Ac$	$(c, t, 0)$	−2.04	0.51	不平稳
	$(c, 0, 0)$	0.53	0.98	不平稳
	$(0, 0, 0)$	−1.14	0.22	不平稳
$\ln ALP$	$(c, t, 0)$	−1.93	0.57	不平稳
	$(c, 0, 0)$	−2.76	0.10	不平稳
	$(0, 0, 0)$	4.29	0.99	不平稳
$\Delta \ln Ac$	$(c, t, 0)$	−3.73	0.08	平稳
	$(c, 0, 0)$	−1.81	0.35	不平稳
	$(0, 0, 0)$	−2.68	0.01	平稳
$\Delta \ln ALP$	$(c, t, 0)$	−2.43	0.34	不平稳
	$(c, 0, 0)$	−1.86	0.33	不平稳
	$(0, 0, 0)$	−0.41	0.00	平稳

注：检测类型中 c、t 分别表示检验模型中含有截距项和时间趋势项，Δ 表示一阶差分。

（2）协整性检验序列。非平稳序列不能直接建立 VAR 模型，由于 $\ln ALP$ 与 $\ln Ac$ 均为一阶单整序列，需要对两组时间序列数据进行 Johansen 协整检验来检验变量中是否存在协整关系。只有当 $\ln ALP$ 与 $\ln Ac$ 序列具有长期稳定的均衡关系时才可以直接建立 VAR 模型。从

表3-9可以看出，在1%的显著性水平上拒绝"0个协整向量"的原假设，但不能拒绝"至多一个协整向量"的原假设，说明九江市农村三产融合水平与农业劳动生产率之间仅存在一个协整关系，即两者之间存在唯一的长期动态均衡关系，进行脉冲响应分析及方差分解是有效的。

表3-9　Johansen协整检验结果

假设	特征值	迹统计量	5%置信水平	P	最大特征值统计量	5%置信水平	P
0个协整向量	0.963	33.56	12.32	0.000***	32.85	11.22	0.000***
至多一个协整向量	0.068	0.71	4.13	0.459	0.71	4.13	0.459

注：*、** 和 *** 分别表示在10%、5% 和 1% 显著性水平上拒绝原假设。

（3）最优滞后阶数确定与因果关系检验。由于VAR模型对滞后阶数敏感，需要对模型的滞后期与自由度进行权衡选择，使它既能够完整地反映VAR模型的动态特征，又可以保证模型的自由度。因此通过LR准则、FPE准则、AIC准则、SC准则和HQ准则等方法进行最优滞后阶数检验。$\ln ALP$ 与 $\ln Ac$ 建立的VAR模型最优滞后阶数为2。协整检验显示，九江市农村三产融合水平与农业劳动生产率存在长期稳定的均衡关系，但这种关系是否为因果关系，以及因果关系的作用方向是怎样，还需进一步构建面板误差修正模型进行格兰杰关系检验（表3-10）。

表3-10　格兰杰检验结果

格兰杰因果性	滞后阶数	F统计量	P	结论
农业劳动生产率不是农村三产融合的Granger原因	2	32.82	0.000***	拒绝
农村三产融合不是农业劳动生产率的Granger原因	2	31.28	0.000**	拒绝

注：*** 表示在1%显著性水平上拒绝原假设。

第一，格兰杰检验。格兰杰检验结果如表3-10所示。从表中可以看出：首先，从农业劳动生产率对于农村三产融合是否有影响来看，在2阶滞后水平上，$\ln ALP$ 不是 $\ln Ac$ 的格兰杰原因的 P 为0.000，小于1%的置信水平，拒绝原假设，即认为九江市农业劳动生产率是农村三产融合上升或者下降的原因。其次，从农村三产融合水平对农业劳动生产率的影响来看，$\ln Ac$ 不是 $\ln ALP$ 的格兰杰原因的 P 为 0.000，小于 1% 置信水平，可以说九江市农村三产融合度也是农业劳动生产率的格兰杰原因，即九江市农村三产融合与农业劳动生产率呈现互为因果的特征，二者相互进步、共同发展。

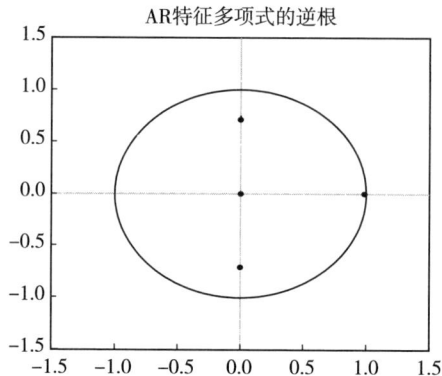

图 3-1　AR 根稳定性检验

第二，稳定性检验。对于 VAR 模型而言，如果模型不稳定，则会影响某些检验结果的有效性，而模型的稳定性又是进行脉冲响应分析的必要条件。因此，必须对模型的稳定性进行检验。如果所有根倒数小于 1，即位于单位圆内，则模型是稳定的。从图 3-1 可以看出，所有根的倒数都小于 1，所建 VAR 模型是稳定的。

3.2.2.2　农村三产融合水平与农业劳动生产率的短期动态关系分析

（1）脉冲响应分析。$\ln ALP$ 与 $\ln Ac$ 之间存在长期稳定的协整关系，但是二者之间如何相互影响、相互作用，有待进一步深入分析。脉冲响应函数能够较好刻画 VAR 模型中变量间的相互影响、相互作用，能够较好描绘出以一个变量对另一个变量冲击所产生的影响。因此，为更深入了解九江市农村三产融合水平和农业劳动生产率之间的影响机理，采用广义脉冲响应函数考察 $\ln ALP$ 与 $\ln Ac$ 的短期动态关系，结果如图 3-2 所示。

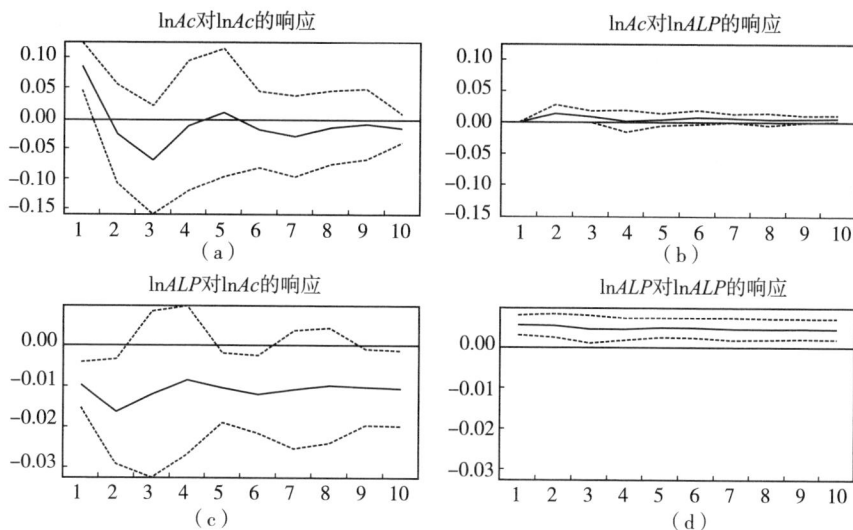

图 3－2　脉冲响应图

首先，考察农村三产融合水平受到其自身和农业劳动生产率冲击方面。一方面，如图3－2（a）所示，农村三产融合水平对其自身的冲击迅速做出反应，这种响应在第1期大约为0.08，之后快速下降到第3期－0.06左右，并在第4期开始上升，直至上升至第5期的0.01后又开始下降，之后保持相对稳定的负冲击状态。另一方面，如图3－2（b）所示，农业劳动生产率对农村三产融合的冲击呈现"提升—降低—平稳"且始终为正的特征，第一期为0，第2期正向影响程度达到最大0.014，之后持续稳定至0.004左右，说明农业劳动生产率对农村三产融合水平具有一定的拉动效应，但影响强度不大。综上，农村三产融合水平同时受到自身内部结构和农业劳动生产率的双重影响，农业劳动生产率对农村三产融合水平的影响为正向效应，但效应较小。

其次，考察农业劳动生产率受到其自身和农村三产融合水平冲击方面。一方面，如图3－2（c）所示，农村三产融合水平对农业劳动生产率的变化响应呈现先降后升再下降后缓慢上升的W形且始终为负的特征，即在当期给九江市农村三产融合水平一个冲击，农业劳动生产率立即产生负向效应，在第 2 期降至低谷后开始上升，在第 4 期达到第二个峰值－0.009，此后响应状态趋于平稳。另一方面，如图 3-2（d）所示，农业劳动生产率对自身信息冲击的响应函数时间路径始终为正，在第 1 期大约为 0.006，并且一直维持稳定不变水平。总体上，农业劳动生产率受其自身冲击影响不大，但受到农村三产融合水平冲击影响较大。

（2）方差分解。方差分解用于进一步分析内生变量对预测变量方差（系统变量动态变化）的相对贡献程度，用来定量测度变量间的影响程度。基于此，对具有 Granger 因果关系的两个变量 lnALP 与 lnAc 的 VAR 模型进行方差分解。

表 3-11　方差分解表

时期	lnALP 的方差分解			lnAc 的方差分解		
	标准差	lnAc（%）	lnALP（%）	标准差	lnAc（%）	lnALP（%）
1	0.011 2	75.30	24.70	0.085 7	100.00	0.00
2	0.020 5	85.66	14.34	0.089 8	97.54	2.46
3	0.024 2	86.18	13.82	0.110 7	97.69	2.31
4	0.026 1	85.03	14.97	0.111 1	97.68	2.32
5	0.028 5	84.53	15.47	0.111 8	97.56	2.44
6	0.031 4	84.82	15.18	0.113 2	97.14	2.86
7	0.033 5	84.85	15.15	0.116 3	96.97	3.03
8	0.035 2	84.65	15.35	0.117 0	96.85	3.15
9	0.037 0	84.54	15.46	0.117 3	96.67	3.33
10	0.038 8	84.56	15.44	0.118 2	96.46	3.54

首先，在农业劳动生产率方差分解方面。如表 3-11 所示，农业劳动生产率对自身的贡献率逐渐降低，在 10 期的贡献率到达 15.44%；农业劳动生产率对农村三产融合水平的冲击强度呈现持续增强的态势，第一期为 75.3%，第 3 期达到最大值 86.18% 后缓慢下降至第 10 期的 84.56%，这说明了农村三产融合水平对农业劳动生产率具有很强的冲击强度。其次，在农村三产融合方差分解方面。农村三产融合对自身的

贡献率第一期达到 100%，随着滞后期增加解释程度逐渐降低，但是前 10 期始终高达 96% 以上，ALP 对 Ac 的贡献度在第一期为 0，随后缓慢上升，到第 10 期总贡献率仅达到 3.54%。可见农村三产融合对农业劳动生产率相对于农业劳动生产率对农村三产融合的影响要大，在农业劳动生产率发展中，农村三产融合扮演着十分重要角色。

3.3　结论

本章基于 2010—2021 年九江市宏观经济数据，首先构建基准回归模型和中介效应模型，考察了农村三产融合对农民收入的直接影响及其作用机理，然后构建 VAR 向量自回归模型，分析了九江市农村三产融合水平与农村劳动生产率之间的长期与短期动态关系。

研究发现：①过去十多年来，九江市农村三产融合水平稳步提升；农村三产融合对九江市农民收入增长具有显著的正向影响，但主要是提升了农民的工资性收入、经营性收入和转移性收入，对财产性收入影响不显著；农业产业结构升级和劳动力转移在农村三产融合与农民收入之间有中介作用，农村三产融合通过提升农业产业结构的合理化和高级化水平及农业劳动力转移促进了农民增收。②协整检验和 Granger 因果检验显示，九江市农村三产融合与农业劳动生产率之间存在长期稳定的均衡关系，且二者互为因果，即农村产业融合的增强会促进农业劳动生产率的提高；同时农业劳动生产率的提高有利于农村三产融合；脉冲响应和方差分解的二者短期动态关系表明，九江市农村三产融合水平受农业劳动生产率的贡献效应推动较弱，受其自身结构冲击的影响较大，而农业劳动生产率受其自身结构冲击影响较小，受到农村三产融合水平冲击较强，且贡献效应呈现连续增长态势，这与九江市农村三产融合水平与农业劳动生产率发展的现实情况相一致。

第4章
农村三产融合宏观绩效评价：
融合水平与融合效率

　　乡村振兴战略下，全国各地纷纷采取措施推进乡村产业发展，而农村三产融合是乡村产业振兴的重要抓手。江西省也不例外，如南昌市2017年便启动实施现代农业产业四年提质增效行动，在2018年布局25个企业田园综合体的基础上，2019年启动了区域性市级示范田园综合体创建，跨界配置农业与现代产业要素深度交叉融合，全面提升乡村产业层次水平。九江市作为江西省的北大门，一直以来都高度重视农业产业发展，并努力推动农村三产融合。统计公报数据显示，截至2020年底，九江市已创建"三品一标"678个，农业合作社达8 115家，农业产业化省级以上龙头企业带动农户34.8万户，带动农户增收12.2亿元，建成各类农业园区143个，"一乡一园"高达70％的覆盖率。

　　在全国农村三产融合发展的大潮中，学术界也对农村三产融合的内涵特征、现状问题、融合水平与融合效率等进行了探讨，但总体上来说江西的相关研究较少，更鲜有九江市的研究。因此，本章首先对农村三产融合的时代内涵与现实表征进行分析，然后构建涵盖2个一级指标、5个二级指标和10个三级指标的农村三产融合绩效评价指标体系，运用AHP分析方法，对九江市宏观农村三产融合水平进行测量，最后构建农村三产融合效率投入产出指标体系，采取数据包络分析法（DEA）下的BCC修正模型，测算九江市宏观农村三产融合效率，并与江西其他地区进行比较分析，以从宏观视角明晰九江市农村三产融合发展现状。

4.1　农村三产融合的时代内涵与现实表征

4.1.1　时代内涵

国内外学者分别从结果论、过程论、目的论、性质论等不同角度对农村三产融合概念进行了界定（姜涛，2019），反映出其内涵的丰富性。综合现有研究成果，我们认为：农村三产融合是以农业为基本依托，以产业化经营组织为引领，以技术创新、市场需求、交易成本内化、政策支持为动力，通过延伸产业链、拓展多功能、提升价值链、完善利益链等方式，形成新技术、新业态、新模式，推动农业土地、劳动力、资本、技术等要素集约重组，促进农村一、二、三产业以及各环节的有机结合，最终实现农民增收。从农村三产融合的内涵来分析，存在以下五个时代特征。

4.1.1.1　农村三产融合基础：农业

农村三产融合必须以农业为基本依托，围绕"土地"这一最基本生产要素进行组合，在"农村"这一特定区域内实现三产融合，才能既提高生产效率，保护农业基础地位，又保证农民增收，将产业融合产生的利益更多地留在农村、留给农民，从而避免由于下游产业具有较高回报水平而出现日本"六次产业化"发展过程中农业劳动力和农业资本都纷纷弃农而去的现象。为此，农村三产融合的类型要更多地以吸收型为主，即农业将第二和第三产业吸纳到农村地区，并围绕农业的基本生产要素进行产业融合。

4.1.1.2　农村三产融合主体：新型产业化经营组织

与以往以工商资本为主体，由第二、三产业向农业渗透，通过整合农业资源来实现产业链条纵向扩张做法不同，农村三产融合要以家庭农场、农民专业合作社、农业生产性服务组织及农业产业化龙头企业等新型农业产业化经营组织为主体。他们具有先进的生产经营理念、资本技术资源整合能力、信息综合利用能力以及市场开拓能力，能够率先在农业生产经营活动中开展规模化、标准化生产，调整农业产业经营结构，大力发展农产品精深加工业、乡村旅游业及农村电商产业，引领农村地区产业融合，带动小农户融入现代农业发展。

4.1.1.3 农村三产融合动力：技术创新、市场需求、交易成本内化、政策支持

技术创新是引擎。通过生物技术、栽培技术、遥感技术、地理信息系统、计算机网络技术等高新技术创新，可以打破农业内部及农业与第二、三产业之间的技术壁垒，逐步消除不同产业间的边界，深化农业与其他产业的融合。市场需求是牵引力。人们对农产品多样化、优质化、健康化等需求趋势，需要更精细的农产品加工与更先进的农产品营销与之相适应，现代人们因缓解生活压力而增加的对农村优美的自然环境、新鲜的空气、舒适放松的生活方式、源远流长的农耕文化服务的需求，也促使了农业与旅游、文化、教育、餐饮、住宿等产业的深度融合。交易成本内化是内在动力。农村一、二、三产分工后的交易必然会产生交易费用，为了节约交易费用，便会出现产业融合，通过产业分工内化获得规模效应和范围经济，降低交易费用，追逐更高的利润，是农村三产融合发生和发展的内在原动力。政策支持是重要保障。根据新制度经济学相关理论，交易费用节约的同时会出现组织成本的增加，只有政府政策配套及时跟上，在法规、财政、税收、人才、农村土地"三权"分置改革等方面给予政策支持，才能减少组织成本节约交易费用，为农村三产融合营造出更加优越的外部环境。

4.1.1.4 农村三产融合方式：延伸产业链、拓展多功能、提升价值链、完善利益链

农村一、二、三产融合主要通过纵向的产业链延伸和横向的多功能拓展方式，形成新技术、新业态、新模式，实现价值链的提升。要将农业第一产业与第二、第三产业融合起来，不但发展农业生产，而且要推进农产品加工，运用先进网络技术促进农产品营销，实现农产品价值增值；不但要继续发展农产品的经济功能，而且要进一步开发农产品的生

态、文化、社会等功能，挖掘农产品多功能价值。同时，在农产品价值增值的过程中，不断完善利益链，使农户与合作社、农业企业等新型经营主体利益联结更加紧密，共同分享农村三产融合带来的利益。

4.1.1.5　农村三产融合目标：农民增收

农村三产融合基本目标是通过相互延伸与融合，实现农村一、二、三产业有机结合，形成生产、加工、销售、服务一体化的完整产业链条。既可以是农村一产向后二、三产延伸，也可以是二产向前后一、三产延伸，还可以是三产向前一、二产延伸，甚至可以实现产业集聚发展。但无论采取哪一种形式，最终目标都是实现农民增收，使农民分享农村三产融合带来的红利。充分利用农户现有的土地、劳动力、房屋、资金等资源要素参与到产业融合中来，在农户与融合主体之间建立合理的利益分享机制，让农民在产业分工中获得更多就业，得到更多产品收益，取得更多要素回报，最终实现收入增加。

4.1.2　现实表征

随着国家在三产融合方面的政策支持力度不断加大，我国农村三产融合水平逐渐提高，融合模式日益丰富，利益链联结方式不断创新，在一定程度上促进了现代农业发展，提高了农民收入。但我国农村三产融合还处于初级阶段，依然存在很多问题，需要进一步推进。

4.1.2.1　产业融合水平不断提高，但总体水平依然较低且地区与系统融合发展不均衡

我国农村产业融合水平逐年提升，全国农村产业融合指数从 2008 年的 24.52 提高到 2018 年的 51.89，2018 年是 2008 年的 2.12 倍（余涛，2020），但总体水平较低，还处于初级阶段（邹赛等，2021；黎新伍等，2021）；融合效率总体偏低，2016 年全国农村产业融合发展的综合效率为 0.446，纯技术效率为 0.578，规模效率为 0.779，绝大多数省份综合效率、纯技术效率和规模效率均低于 0.5（李玲玲等，2018）。各地区融合发展不平衡，2005—2019 年农村三产融合水平东部地区、

中部地区和西部地区分别为 0.20、0.16、0.10（陈湘满等，2022），差异明显，呈现"东高西低"特征，即东部高于中部，中部高于西部（陈红霞等，2021；陈池波等，2021；李莉，2021；陈学云等，2018），融合基础、路径、主体、效应等融合发展子系统水平均偏低，且存在较大差异（黎新伍等，2021）；产业重组、延伸、交叉、渗透等不同类型融合水平在不断提升，产业渗透型融合在四种融合类型中发展最快（余涛，2020）。

4.1.2.2 产业链延伸纵向融合得到一定发展，但多功能拓展横向融合明显不足

农村三产融合从纵向促进了产业链延伸，从横向促进了多功能拓展，特别是近些年来农村电商得到快速发展，同时休闲旅游农业使农业的功能得到进一步发挥。但总体来看，产业链延伸相对较多，而多功能拓展相对不足。产业链又向第三产业延伸较多，加工业发展特别是精加工发展依然滞后，农产品加工"规模大，质量低"，全要素生产率增长缓慢，2019 年国务院《关于乡村产业发展情况的报告》指出，中国农产品加工转化率仅为 68%，比发达国家低 20 个百分点（胡泉水等，2021）。农业多功能挖掘不够，以休闲旅游为主，文化传承、人物历史、风土乡俗等触及不多，农业与文化、教育、康养等相关产业融合发展相对缓慢；相关调查显示，"接二连三""互联网＋农业"和"文化创意＋农业"三种融合模式占比分别为 57.50%、27.50% 和 20.00%，没有发生任何融合的模式占 10.34%，说明农村产业融合发展处于"接二连三"的初级融合阶段，尚未真正达到"互联网＋农业""文化创意＋农业"的深度融合（冯贺霞等，2020）。

4.1.2.3 产业融合利益链联结方式日益丰富，但利益联结依然较为松散

截至 2018 年底，我国各类新型农业经营主体 350 万家，农业产业化龙头企业 8.7 万家，返乡下乡创业人员累计达到 780 万人，其中 82% 创办了融合类项目（冯贺霞等，2020）。在农村三产融合中农户与新型

经营主体之间的利益联结模式呈现多样化特征，形成了订单型、服务型、合作型、股份型等多种利益联接形式，股份合作、农业产业化联合体等新型联结方式也逐渐兴起，但目前订单合同、专业合作等传统模式仍占主导地位（王乐君等，2019），产销合同与技术服务融合相对较多，而要素融合较少（陈慈等，2021）。例如，调研发现，黑龙江省农业产业化龙头企业与基地农户的合作，采取利润返还的合作方式占 15% 左右，采取按股分红方式的仅占 5%（国家发展改革委宏观院和农经司课题组，2016）；安徽 93 家合作社中，与社员间的服务联接和合作联接模式较多，服务联接分别是订单连接的近 2 倍、股份连接的 5.9 倍，有股份联结的合作社只占 24.7%，利益联接较为松散（张耀兰，2021）。农户与新型经营主体之间利益联结不稳定，新型经营主体特别是农业企业往往凭借其"压倒性优势"，挤压、排斥甚至侵占农户利益，影响融合效应（姜长云，2019）。

4.1.2.4　产业融合政策支持力度不断加大，但具体落实依然不到位

自从 2014 年中央提出要促进农村三产融合以来，国务院办公厅先后于 2015 年和 2016 年发布了 2 个指导意见，农业农村部办公厅也于 2016 年、2017 年和 2018 年出台了 3 个政策支持意见，国家发改委等 7 部委办公厅则印发了试点示范方案，并于 2016 年、2017 年、2019 年和 2021 年由国家发改委等 7 部委办公厅评审公布了 137 个国家农村产业融合发展试点示范县、分 3 批共计 216 家示范园，农业农村部办公厅则于 2018 年评审公布了 155 个县作为三产融合发展先导区，并在财政税收、金融贷款、用地用电、基础设施、人才培训、公共服务等政策方面给予大力支持。但在具体政策落实过程中，依然存在财政补贴重生产轻加销、用地审批管理体制僵化、公共服务办事效率低、农村金融贷款难与贵、水电道网基础设施差等问题，影响农村三产融合全面发展。

4.1.2.5　产业融合对农民增收有重要促进作用，但存在空间与结构差异

农村产业融合发展对中国农户收入具有显著的提升作用，参与产业融合农户的年均收入比未参与产业融合的农户年均收入多 6 974 元，农户增收效应可达到 50% 以上（李云新等，2017），特别是对低、中等收入的农户影响较显著（谭燕芝等，2021），能减小与高收入水平农户之间的差距（齐文浩等，2021），直接和间接缩小城乡收入差距，农村三产融合水平每增加 1 单位，城乡居民收入比就下降 0.02（李晓龙等，2019），而且不仅仅局限于本地区，对周边地区也会产生空间溢出效应（陈湘满等，2022）。农村产业融合虽然对农民收入增长有正向作用，但是两者只是中度相关，相关系数仅为 0.59，农户增收效果依然有待提高（邹赛等，2021）；一般农业型地区的农村产业融合增收效果偏低（齐文浩等，2021）；农民家庭经营性收入与三产融合最为相关（李姣媛等，2020），能带动工资性收入增长，但财产性和转移性收入影响效应不明显（张林等，2020）；只有当农村人力资本和固定资产投资水平达到一定量时才能有效促进农民增收（曹祎遐等，2019）。

4.2 基于宏观视角的农村三产融合水平测量

4.2.1 绩效评价指标体系构建

4.2.1.1 构建原则

为确保绩效评估体系设计合理，评估结果科学、有效，须遵照一定的原则。一是科学性和系统性原则。在评估过程中参考国内外三产融合相关理论，借鉴学者相关研究经验，从农村三产融合行为和效果等角度进行考察评估。既重视产业链的延伸、多功能的拓展和多产业融合发展的行为，也重视经济效应和社会效应的融合效果，各个指标独立又互补。二是指导性和前瞻性原则。农村三产融合绩效评价指标体系必须依据我国农业发展特点，结合九江市农业实际情况，引导农村产业融合和结构调整。三是可行性和可操作性。在农村三产融合绩效评估体系中，所需指标和数据需能量化并可收集、可获得，同时，所选方法也应易于操作，所得评估结果应客观并切合实际。

4.2.1.2　指标选取

借鉴李芸（2017）的研究，结合九江市农村三产融合发展现状，在查阅大量相关文献与对九江市农村地区进行实地走访的基础上，构建适合九江市农村三产融合发展评价的指标体系。首先，选择农村三产融合行为和效果两个方面为A层一级指标，衡量九江市农村三产融合水平；其次，在"行为"准则层下设置农业产业链延伸、农业多功能性拓展和农业服务业融合发展共3个B层指标，在"效果"准则层下设置经济效应和社会效应2个B层指标；最后，在B层指标层下再设立10个C层子指标。

（1）农村三产融合行为。我们通过农业产业链延伸、农业多功能性拓展和农业服务业融合发展三个层面来反映农村三产融合行为。农业产业链延伸是农业与其他产业融合的重要方式之一，主要从前、中、后三个方向进行延伸，当然也与产业化息息相关，因此选择"农副食品加工业总产值收入与第一产业总产值之比"和"第二、三产业增加值与GDP之比"这2个指标对其进行衡量。农业多功能性拓展体现的是农业发挥出多样化的功能进而衍生出新型产业，是产业融合的表现形式之一，因此选择"农家星级旅馆数"和"地膜覆盖面积与粮食作物播种面积之比"对农业功能性拓展进行考量。农业服务业融合发展也是产业融合的融合方式之一，其水平主要通过"农林牧渔服务业总产值与第一产业总产值之比"和"农业保费收入与第一产业增加值之比"来衡量。

（2）农村三产融合效果。农村三产融合效果体现的是农村三产融合所实现的效果和所发挥的作用，主要包括农户收入、就业以及城乡差距方面，也就是经济效应和社会效应两个方面。其中，选取"第二、三产业就业人数占总就业人数的比重"和"农村居民人均可支配收入"考察经济效应，选择"新型经营主体数量"和"农村居民与城镇居民可支配收入之比"衡量社会效应。

指标体系共设置P层、A层、B层和C层四级，具体见表4-1。

表 4-1 绩效评价指标体系

P 层	A 层	B 层	C 层
九江市农村三产融合水平（P）	农村三产融合行为（A₁）	农业产业链延伸（B₁）	农副食品加工业总产值与第一产业总产值之比（C₁）
			第一产业增加值与 GDP 之比（C₂）
		农业多功能性拓展（B₂）	农家星级旅馆数（C₃）
			地膜覆盖面积与粮食作物播种面积之比（C₄）
		农业服务业融合发展（B₃）	农林牧渔服务业总产值与第一产业总产值之比（C₅）
			农业保费收入与第一产业增加值之比（C₆）
	农村三产融合效果（A₂）	经济效应（B₄）	第二、三产业就业人数占总就业人数的比重（C₇）
			农村居民人均可支配收入（C₈）
		社会效应（B₅）	新型经营主体数量（规模以上农业企业＋农民专业合作社）（C₉）
			农村居民与城镇居民可支配收入之比（C₁₀）

4.2.1.3 基于 AHP 的权重确定

（1）构建判断矩阵。判断矩阵可对同一层次要素间的相对重要性进行衡量，基于德尔菲法原理，利用专家打分法确定每一层次指标的重要程度。通过对指标元素进行比较，可构成一个 N 阶矩阵，具体尺度参考值见表 4-2。

表 4-2 判断尺度表

判断尺度（A）	定义	判断尺度（A）	定义
1	A_i 和 A_j 同等重要	7	A_i 比 A_j 强烈重要
3	A_i 比 A_j 稍微重要	9	A_i 比 A_j 强烈重要
5	A_i 比 A_j 明显重要	2、4、6、8	介于上述两个相邻判断尺度中间值

（2）一致性计算与检验。由于存在实际问题的变化性以及专家打分的主观性等因素，为了保证判断矩阵的合理性和可信性，应该进行一致性检验。

一致性检验公式如下：

$$C.R. = \frac{C.I.}{R.I.} \qquad\qquad 式（4-1）$$

$$C.I. = \frac{\lambda_{\max} - n}{n-1} \qquad 式（4-2）$$

其中，$C.R.$ 为一致性检验值；n 为判断矩阵阶数；$R.I.$ 为平均随机一致性检验指标（表 4-3）。当 $C.R. < 0.1$ 时，认为判断矩阵的一致性是可以接受的。

表 4-3　平均随机一致性指标 $R.I.$ 标准值

短阵阶数	1	2	3	4	5	6	7	8	9	10
$R.I.$	0	0	0.52	0.89	1.12	1.26	1.36	1.41	1.46	1.49

（3）指标权重的确定与分析。基于上述分析，将 15 位专家打分数据进行录入，利用层次分析法 AHP 软件构建绩效评价模型，得到九江市农村三产融合水平绩效评价权重分布。测算结果如表 4-4 所示。

表 4-4　绩效评价权重分布

P 层	A 层	权重	B 层	全局权重	C 层	同级权重	全局权重	一致性检验
P	A_1	0.749	B_1	0.399	C_1	0.612	0.244	$C.R. = 0.0024 < 0.1$，通过一致性检验
					C_2	0.388	0.155	
			B_2	0.253	C_3	0.611	0.154	
					C_4	0.389	0.098	
			B_3	0.098	C_5	0.596	0.058	
					C_6	0.404	0.040	
	A_2	0.251	B_4	0.133	C_7	0.655	0.087	
					C_8	0.345	0.046	
			B_5	0.118	C_9	0.628	0.074	
					C_{10}	0.372	0.044	

从准则层 A 层来看，农村三产融合行为权重为 0.749，融合效果权重为 0.251，融合行为在九江市农村三产融合评价体系中的重要性显著高于融合效果。由此可见，在绩效评价指标体系中，融合行为是居于首位的，融合行为代表的是农村三产融合的范围和深度，是农村三产融合最直接的表现和特点，能让人们直观地感受到农村产业结构的变化，但

融合效果的显现需要一定时间，而且一般情况下需要经过数据对比之后才能得出具体效果。

在指标层 B 层中，产业链延伸（0.399）和多功能性拓展（0.253）位于前列，经济效应（0.133）和社会效应（0.118）紧跟其后，服务业融合发展（0.098）排在最后。产业链延伸是农村三产融合最重要最直接的途径，通过产前、产中和产后的链条延伸，丰富农村产业，也为挖掘农业的新功能提供产业支撑。多功能性拓展建立在产业链延伸的基础之上，也为产业链延伸提供了方向——利用农业多功能发展新型产业。经济效应代表的是经济指标，能获得多少收入、生活水平得到多大提高是农民最关心的问题，也是民生大事。社会效应体现的是农村三产融合在全社会发挥的作用程度，农村三产融合是否缩小了城乡差距、是否利于乡村发展也是重要内容。

在子指标层 C 层中，权重从大到小排在前五的依次是农副食品加工业总产值与第一产业总产值之比（0.244）、第二、三产业增加值与 GDP 之比（0.155）、农家星级旅馆数（0.154）、地膜覆盖面积与粮食作物播种面积之比（0.098）和第二、三产业就业人数占总就业人数的比重（0.087）。农副食品加工业是农村产业融合最常见也易形成的产业，是产业链向后延伸的结果，其产值与第一产业产值的比值能体现产业链延伸是否有效可行。排名前两位的都是反映产业链延伸的指标，进一步凸显了农业产业链延伸的重要性，食品加工业的发展需要农业的持续发展，因此农业产业化经营的带动作用也尤为重要，而农家星级旅馆数代表着农村旅游、休闲业的发展，农家星级旅馆数越多，说明农业的多项功能得到激发，农村旅游发展态势良好。当然，各种农产品的加工销售都需要以高质、高产的初级农产品为基础，也需要愿意从事二、三产业的就业者参与其中。

4.2.2 数据来源与测算方法

4.2.2.1 数据来源

在指标体系建立的基础上进行数据搜集，数据主要来源于 2018 年至 2020 年《江西省统计年鉴》《九江市统计年鉴》《九江市国民经济和社会发展统计公报》以及江西省农业农村厅智慧农业数据等网站。根据数据可获取性原则，适当选取和调整指标。在指标数据方面需要特别说明的是，第二、三产业就业人数和总就业人数指的是社会从业人员数量，新型经营主体数量包括规模以上农业企业和农民专业合作社数量。具体指标值见表 4-5。

表 4-5　九江市农村三产融合具体指标值

指标	2017 年	2018 年	2019 年
农副食品加工业总产值与第一产业总产值之比	1.215	1.016	0.761
第二、三产业增加值与 GDP 之比	0.920	0.930	0.932
农家星级旅馆数（个）	49	55	55
地膜覆盖面积与粮食作物播种面积之比	0.037	0.040	0.042
农林牧渔服务业总产值与第一产业总产值之比	0.093	0.088	0.095
农业保费收入与第一产业增加值之比	0.003	0.005	0.006
第二、三产业就业人数与总就业人数之比	0.705	0.709	0.713
农村居民人均可支配收入（元）	13 303	14 482	15 772
新型经营主体数量（家）	6 688	7 962	8 392
农村居民人均可支配收入与城镇居民人均可支配收入之比	0.408	0.411	0.414

4.2.2.2　测算方法

根据前文 AHP 所计算出的各项指标权重，利用线性加权综合法（WAA）测算九江市农村三产融合水平。具体公式如下：

$$V_i = \sum_{i=1}^{n} P_{ij} W_{ij} \qquad 式（4-3）$$

$$P_{ij} = \overline{X_{ij}} / \sum_{i=1}^{n} \overline{X_{ij}} \qquad 式（4-4）$$

其中，V_i 表示融合水平测度值，P_{ij} 表示第 i 个指标第 j 项在所有项中的比重，W_{ij} 表示各个指标的综合权重。

4.2.3 实证结果分析

按照上述计算步骤，可以依次求出各指标层和准则层的测度值以及九江市农村三产融合水平的综合测度值。为了能更直观明了地对不同维度和层次测度值数据进行观察和分析，将所有最终测度值同时乘以100，具体数据结果见表4-6。

表4-6 融合水平测度结果

指标层	指标测度值	2017年	2018年	2019年
B层	农业产业链延伸	15.03	13.46	11.39
	农业多功能性拓展	7.83	8.59	8.82
	农业服务业融合发展	2.83	3.40	3.58
	经济效应	4.30	4.44	4.59
	社会效应	3.59	4.01	4.16
A层	融合行为	25.69	25.45	23.79
	融合效果	7.88	8.44	8.74
P层	总体融合水平	33.57	33.89	32.53

从表4-6可以看出，九江农村三产融合水平呈现以下特点：

（1）农村三产融合总体水平偏低且发展缓慢。根据表4-6结果显示，2017—2019年九江市总体农村三产融合水平在32.53～33.89范围内波动，总体水平偏低，三年间没有出现大幅度的提高，即使在2018年有所提高，但也只是小范围内的增长，更甚者，2019年从前两年的增长趋势中转为下降，九江市总体融合水平发展缓慢。其中主要的原因是融合行为中的农业产业链融合水平连续三年出现下滑趋势，导致总体融合水平发展缓慢甚至下降。

（2）农村三产融合行为贡献度高于融合效果，前者下降后者上升。由表4-6可知，在A层（一级）指标中，融合行为测度值明显高于融合效果测度值，说明融合行为在九江市总体融合水平中贡献度高于融合效果，是融合水平高低的重要影响因素。在2017—2019年，融合行为呈下降趋势，由此也可以理解九江市总体融合水平发展缓慢甚至下降的现象；与此同时，融合效果测度值发展较为稳定且呈上升趋势。因为农村三产融合目前还处于初级阶段，而融合效果的显现比融合行为的实现需要更长的时间，所以目前在融合水平测度中，融合行为所发挥的作用比融合效果大；但二者的变化趋势则说明近年来九江市对农村三产融合水平的关注度逐渐从融合行为转移到融合效果中，从重视融合的广度向重视融合实际效应发展，已倾向于农村三产融合所产生的农村经济和社会效应，对三产融合的理解发生了从质到量的转变。

（3）除农业产业链延伸测度值连续下降外，其他二级融合指标测度值均呈上升趋势。从表 4 - 6 可发现，2017—2019 年，从测度值方面看，B 层（二级）指标中除农业产业链延伸测度值连续下降外，其他二级指标测度值均呈上升趋势，由此说明九江市农业产业链的延伸程度开始收缩，农村三产融合已不仅仅是产业链的前后融合，农业的多功能得到发挥，与服务业的融合程度加深，对农村产生的经济效应和社会效应开始显现。从贡献程度方面看，农业产业链延伸贡献度最大，在九江市农村三产融合中所发挥的作用也最大，农业服务业融合发展贡献度最小，所起的作用也最小，主要是因为在农村三产融合发展初期，相关部门偏重产业链的延伸，在此基础之上，开始发掘农业的其他功能，推动农业与服务业的融合，因而在这一期间进行的测度主要由农业产业链延伸发挥作用。

可以看出，九江市农村三融合水平总体偏低，与融合行为相比，融合效果较差，但其作用在慢慢提升。

4.3 基于宏观视角的农村三产融合效率评价

考虑到投入产出方法的运用，同时便于比较分析，本节首先全面考察江西省 11 个地级市农村三产融合的融合效率，然后重点分析九江市农村三产融合效率，并与其他地区进行比较。

4.3.1 研究方法和指标体系

4.3.1.1 研究方法

在借鉴已有研究成果的基础上，采取数据包络分析法（DEA）下的 BCC 修正模型来测算江西及九江农村三产融合效率。该模型是线性规划模型的选择之一，是一种具备高效评价效率的非参数方法，常用于测度评价农业发展效率，能够避免相对主观的赋权，也不会受到数据量纲的影响，无须对数据进行标准化处理。因此，该方法对于效率问题的测算具有实用性和高效性。具体模型如下：

$$\min\theta - \varepsilon(e^T S^- + e^T S^+)$$

$$\text{s. t.} \begin{cases} \sum_{k=1}^{n} X_k \beta_k + S^- = \theta X_0 \\ \sum_{k=1}^{n} Y_k \beta_k - S^+ = \theta Y_0 \\ \beta_k \geq 0, S^-, S^+ \geq 0 \end{cases} \quad \text{式（4-5）}$$

其中，X 表示投入量，Y 表示产出量，θ 代表决策单元的综合技术效率，β 为最优解，S^+ 和 S^- 分别表示投入量所对应的松弛变量数值和产出量所对应的松弛变量数值，ε 为非阿基米德无穷小量。若综合技术效率 $\theta = 1$，且 S^+、S^- 同时为 0，称作 DEA 有效；若综合技术效率 $\theta < 1$，则称作非 DEA 有效。

4.3.1.2 指标体系构建

目前，学界还未形成较为规范统一的农村三产融合发展效率的指标体系，本文在参考前人研究的基础上，构建如下指标体系对江西农村三产融合效率进行测算：以农林水利事务支出（X_1）作为投入指标；用农业总产值（Y_1）、农林牧渔服务业总产值（Y_2）作为经济效率产出指标，用农民人均可支配收入（Y_3）作为社会效率产出指标，用单位耕地农业增加值（Y_4）作为生态效率产出指标。构建江西省农村三产融合效率评价体系，见表 4-7。

表 4-7　农村三产融合发展效率评价指标体系

类型	指标名称	指标代码
投入	农林水利事务支出（万元）	X_1
产出	农业总产值（万元）	Y_1
	农林牧渔服务业总产值（万元）	Y_2
	农民人均可支配收入（元）	Y_3
	单位耕地农业增加值（元/千米^2）	Y_4

4.3.1.3　数据来源

在指标体系构建的基础上进行数据搜集，数据主要来源于 2021 年《江西省统计年鉴》、江西省各地国民经济和社会发展统计公报以及农业农村厅智慧农业数据等网站。2020 年江西省 11 个地级市农村三产融合发展效率评价指标值如表 4-8 所示。

表 4-8　农村三产融合发展效率评价指标值

城市	农林水事务支出（万元）	农业总产值（万元）	农林牧渔服务业总产值（万元）	农民人均可支配收入（元）	单位耕地农业增加值（万元/千米^2）
九江	755 588	3 813 871	220 279	17 051	1 115.13
南昌	622 172	4 016 201	182 614	20 921	1 024.77
景德镇	190 699	1 174 315	104 303	19 297	1 029.53
萍乡	230 422	1 232 224	18 524	20 831	133.95
新余	152 235	1 205 717	75 670	20 747	1 041.73
鹰潭	151 278	1 201 304	31 287	18 873	734.80
赣州	1 282 286	6 743 981	229 205	13 036	710.09
吉安	724 954	4 597 158	249 844	16 491	604.57
宜春	752 347	5 593 988	123 038	17 588	788.50
抚州	708 614	3 832 537	188 632	17 385	498.00
上饶	928 282	4 796 057	218 049	15 888	665.82

4.3.2　实证结果分析

将江西省各市的产出量与投入量代入 DEAP2.1 软件，并运行软件，可得到运行结果如表 4-9 所示。其中，crste 为综合技术效率、vrste 为纯技术效率、scale 为规模效率，irs 表示规模报酬递增、drs 表示规模报酬递减、一表示规模报酬不变。

4.3.2.1 九江市农村三产融合发展效率及与全省其他地区比较分析

DEA 分析法以各地区农村产业融合发展的产出与投入对比关系为依据，将效率最高的地区作为基准，从而计算出其他地区的相对效率值。若某个或者某些基准地区的农村产业融合发展的效率值为 1，则表示该地区农村产业融合发展达到了 DEA 有效，说明其农村产业融合发展投入产出效益最高。如果某个地区的效率值低于 1，则表明该地区出现了效率损失，效率值越低，损失也越大。

如表 4-9 所示，在排除环境因素以及随机误差干扰后，从全省平均值看，江西省农村三产融合发展的综合效率为 0.805，纯技术效率为 0.964，规模效率为 0.836，说明全省农村三产融合发展总体效率较高，但是也存在一定程度上的效率损失。

从 11 个地级市的测算结果来看，景德镇市、新余市和鹰潭市的综合效率为 1，表明这三个地区的农村产业融合发展效率最高；其余 8 个地区的农村产业融合发展效率都低于基准值，说明存在一定的效率损失。在 11 个地级市中，南昌市等 6 个地区的综合效率值高于 0.8，占比约 54.55%，其余各地区的综合效率均在 0.6~0.7，九江市综合效率最低，仅为 0.637，说明地区间农村三产融合效率存在较大差异。

从纯技术效率看，大部分地区的纯技术效率都为 1，只有抚州市的为 0.902，效率损失较低。从规模效率看，景德镇市、新余市和鹰潭市等 3 个地区规模效率为 1，南昌市、吉安市、宜春市等 3 个地区高于 0.8，其他 5 个地区低于 0.8，说明综合技术效率差异主要来自规模效率的不同。规模效应的实证数据也证实了这一点：除景德镇市、新余市和鹰潭市处于规模报酬不变阶段外，九江市等 8 个地区处于规模报酬递减阶段，说明这些地区农村三产融合尚未达到最佳的规模水平，没有实现规模经济效益，需要进一步提高农村三产融合产业规模。

可以看出，九江市农村三产融合效率相对于其他地区而言总体偏低，而且主要是规模效应较低所致。

表 4 - 9　江西农村三产融合发展效率评价值

城　市	综合技术效率 （*crste*）	纯技术效率 （*vrste*）	规模效率 （*scale*）	规模效应
九江市	0.637	1.000	0.637	drs
南昌市	0.814	1.000	0.814	drs
景德镇市	1.000	1.000	1.000	—
萍乡市	0.675	1.000	0.675	drs
新余市	1.000	1.000	1.000	—
鹰潭市	1.000	1.000	1.000	—
赣州市	0.663	1.000	0.663	drs
吉安市	0.800	1.000	0.800	drs
宜春市	0.936	1.000	0.936	drs
抚州市	0.682	0.902	0.756	drs
上饶市	0.652	1.000	0.652	drs
均　值	0.805	0.964	0.836	—

4.3.2.2　九江市农村三产融合发展的投入产出结构及与其他地区比较分析

通过 DEAP2.1 软件对松弛变量、剩余变量进行测量。如果测量结果显示存在松弛变量和剩余变量，则表明该地区农村产业融合发展投入产出的结构配置存在不合理之处，农村产业融合发展投入存在效率损失。从数据运行的结果可以看出，除了抚州市和上饶市在农林水利事务支出等指标上存在着松弛值以外，其他地区则在松弛量等指标上表现不明显。

为了便于比较，我们分别测算九江市和抚州市农村三产融合效率，通过录入数据、运行软件后输出松弛变量值和剩余变量值，如表 4 - 10 和表 4 - 11 所示。

从表 4 - 10 可以看出，九江市农村三产融合发展效率的纯技术效率为 1.000，规模效率为 0.637。对于农业总产值而言，投入的原始值等于目标产值，说明农业总产值生产效率达到了最优状态。其余各项产出与投入指标的原始值和目标值都相等，说明九江市在农村三产融合中投入的资源使用效率较高。但是，虽然九江市现有资源使用效率较高，其综合效率和规模效率却不高，说明九江市在农村三产融合发展上，经济、社会与生态的综合管理水平有待加强，还未形成较为综合的规模效应。

表 4 - 10　九江市农村三产融合发展效率的松弛量与剩余量测算

运行结果：九江市

技术效率 = 1.000

规模效率 = 0.637　（drs）

变量	初始值	冗余量	松弛量	目标值
输出 1（万元）	3 813 871.000	0.000	0.000	3 813 871.000
输出 2（万元）	220 279.000	0.000	0.000	220 279.000
输出 3（万元）	17 051.000	0.000	0.000	17 051.000
输出 4（万元）	1 115.130	0.000	0.000	1 115.130
输入 1（万元）	755 588.000	0.000	0.000	755 588.000

表 4 - 11　抚州市农村三产融合发展效率的松弛量与剩余量测算

运行结果：抚州市

技术效率 = 0.816

规模效率 = 0.836（drs）

变量	初始值	冗余量	松弛量	目标值
输出 1（万元）	3 832 537.000	0.000	0.000	3 832 537.000
输出 2（万元）	188 632.000	0.000	0.000	188 632.000
输出 3（万元）	17 385.000	0.000	354.990	17 739.990
输出 4（万元）	498.000	0.000	243.645	741.645
输入 1（万元）	708 614.000	− 130 158.152	0.000	578 455.848

从表 4-11 可以看出，2020 年抚州市农林水利事务支出投入冗余 130 158.152 万元，投入要素可以减少 130 158.152 万元，优化投入结构，只需要在其中投入 578 455.848 万元就能够满足发展所需。2020 年抚州市农业总产值、农林牧渔服务业总产值未出现产出不足的问题，但是农民人均可支配收入产出不足，可以增加 354.99 元，使其达到 17 739.99 元的标准；单位耕地农业增加值也存在产出不足的隐患，每平方千米耕地从可以增加 243.645 万元上升至 741.645 万元。说明农村三产融合发展效率较低，通过改善投入结构，可以提高农民人均可支配收入、单位耕地农业增加值等产出水平。

通过比较九江市与抚州市农村三产融合效率，九江市的资源使用效率高于抚州市，但其规模效应却不如抚州市，这是导致总体水平更差的主要原因。

4.4　结论

本章在对农村三产融合的时代内涵与现实表征进行分析的基础上，首先基于 AHP 法构建融合水平宏评价指标体系，实证评价了九江市农村三产融合水平，然后构建农村三产融合效率投入产出宏观指标体系，采取数据包络分析法（DEA）下的 BCC 修正模型，测算九江市农村三产融合效率，并与江西其他地区进行比较分析。

研究发现：①要从农村三产融合的基础、主体、动力、方式、目的等方面准确理解其时代内涵；农村三产融合虽然在融合水平、产业链延伸、利益链联结方式、政策支持力度、农民增收效应等方面取得一定进展，但依然存在融合水平较低、融合链条不深入、利益联接较为松散、国家支持政策落实不到位、农民增收效果不充分等痛点问题。②九江市农村三产融合水平总体偏低；一级指标中的融合行为贡献度高于融合效果，但融合行为呈下降趋势而融合效果一直保持上升态势；二级指标中除农业产业链延伸测度值连续下降外，其他二级指标均呈上升趋势，但农业产业链延伸贡献度最大，而农业服务业融合发展作用最小。③九江市农村三产融合效率处于总体较低水平，在江西各地区处于最后一位；融合效率结构中的综合技术效率、纯技术效率和规模效率分别为0.637、1、0.637，说明九江市农村三产融合效率较低的原因主要是规模效率较差。

第5章
农村三产融合微观绩效评价：
融合特征与绩效水平

上一章我们从宏观视角讨论了九江市农村三产融合的绩效水平与效率，本章将视角转向微观层面，考察九江市农村三产融合微观特征及绩效评价。为了深入了解九江市农村三产融合的微观发展现状，项目组奔赴九江市各县市区开展实地调研，获得农村三产融合经营主体样本的第一手数据，并进行实证研究。因此，本章首先分析九江市农村三产融合的融合特征，然后通过构建相应指标体系从微观视角实证考察九江市农村三产融合水平与融合效率。

5.1 农村三产融合的基本特征与主要困境

根据九江市科技计划项目"九江市农村三产融合发展：绩效评价、驱动因素与实现路径"（S2021QNZZ026）的研究方案，课题组组织实地调查，通过问卷的形式，在九江市都昌、彭泽、瑞昌、德安、永修、武宁、湖口、修水、共青城等地区，围绕个体特征、资源特征、融合认知特征、融合绩效特征、融合行为特征、投入产出特征、成长绩效特征等方面开展了调研，共收集了 400 份问卷样本，去除无效问卷共 302份，样本有效率 75.5%。

5.1.1 基本特征

5.1.1.1 样本特征

（1）个体特征。从性别、年龄、婚姻、文化程度、职业技能等方面考察个体特征，如表 5-1 所示。男性人数为 275 人，占比为 91.06%，女性人数为 27 人，占比为 8.94%，男性人数远远多于女性，反映了男性农业从业人员较多，这可能与农业从事体力劳动较多，男性相比于女性更占优势有关；在年龄分布上，20 岁以下、21～34 岁、35～44 岁、45 岁及以上的人数占总调查人数之比依次为 0.33%、6.62%、24.17%、68.87%，整体上呈现右偏分布，集中分布在 45 岁以上，说明经营主体年龄普遍较大，年轻人从事该工作的人较少。婚姻状况中，97.68% 的调查对象表示已婚，已婚个体的数量显著高于未婚个体，这也受农业经营主

表 5-1 样本个体特征

样本特征	细分变量	样本数	比例（%）
性别	男	275	91.06
	女	27	8.94
年龄	≤20 岁	1	0.33
	21～34 岁	20	6.62
	35～44 岁	73	24.17
	≥45 岁	208	68.87
婚姻状况	已婚	295	97.68
	未婚	7	2.32
文化程度	小学及以下	28	9.27
	初中	101	33.44
	高中及中专	103	34.11
	大专及以上	70	23.18
职业技能等级	无	113	37.42
	初级	100	33.11
	中级	74	24.50
	高级	15	4.97

体年龄偏大的影响。在受教育程度方面，高中及中专的比例最高，达到了 34.11%，初中比例位居次位，达到 33.44%，大专及以上的人员有 23.18%，小学及以下占比比较少，为 9.27%，学历分布广泛。在职业技能等级方面，有 37.42% 的人没有获得职业技能等级，33.11% 的人职业技能等级为初级，24.5% 的人职业技能等级为中级，只有 4.97% 的人职业技能等级为高级，说明目前农业经营主体专业素质普遍较低，超过三分之一的人员没有取得相关技能等级，且高级技能人才紧缺。

（2）生产经营特征方面。从表 5 - 2 中可以看出，农业经营主体中从事农业行业大于 8 年的达到 43.71%，6～8 年的占 18.87%，二者之和超过 60%，说明农业经营主体普遍具有较丰富的从业经验。农业经营主体生产经营单位类型主要以农民合作社为主，占 39.07%，农业企业、家庭农场和种养大户分别占 18.21%、22.52% 和 20.20%，占比相差不大，说明农民合作社是目前数量最多、最有影响力的农业经营主体从业形式，而农业企业占比最低，可能与农业产业链较长、产业化经营不足有关。返乡创业人群占比达 39.74%，说明农业从业的吸引力得到了提升。

表 5 - 2　样本生产经营特征

样本特征	细分变量	样本数	比例（%）
从事该行业年限	≤3 年	51	16.89
	3～5 年	62	20.53
	6～8 年	57	18.87
	≥8 年	132	43.71
生产经营单位类型	农业企业	55	18.21
	农民合作社	118	39.07
	家庭农场	68	22.52
	种养大户	61	20.20
是否返乡创业	是	120	39.74
	否	182	60.26

5.1.1.2　绩效特征

农村三产融合绩效不仅包括融合水平绩效，也包括融合效率绩效，不仅包括静态绩效，也包括动态成长绩效。因此，本部分将从融合水平绩效、融合效率绩效和成长绩效三个方面来考察九江市农村三产融合的绩效特征。

（1）融合水平绩效分析。表5-3反映了九江市农村三产融合的融合水平绩效。从产业链延伸来看，在4种所涉及的产业（农业种植养殖、农产品加工、农产品营销、农业生产性服务业）中，选择1种产业的占到48.34%，而选择2种及以上产业的占到51.66%，有一半以上涉及2种以上产业，说明产业链延伸水平总体还不错。从多功能拓展来看，在5种所涉及的功能（普通消费、生态、休闲旅游、教育、医疗健康）中，选择1种产业的占到75.17%，而选择2种及以上产业的只占到24.84%，说明大多数经营主体只涉及1种功能，只有不到四分之一的经营主体经营的产品拓展了多功能，多功能拓展不够。

表5-3　样本融合水平绩效特征

名称	选项	频数	百分比（%）	累计（%）	名称	选项	频数	百分比（%）	累计（%）
产业链延伸	1个	146	48.34	48.34	带动就业人数	20个以下	153	50.662	50.662
	2个	70	23.18	71.52		20~50个	76	25.166	75.828
	3个	59	19.54	91.06		51~100个	25	8.278	84.106
	4个	27	8.94	100		100个以上	48	15.894	100
多功能拓展	1个	227	75.17	75.17	支付雇佣农民工工资	10万元以下	176	58.278	59.278
	2个	49	16.23	91.39		10万~30万元	60	19.868	79.146
	3个	16	5.30	96.69		31万~50万元	29	9.603	88.749
	4个	8	2.65	99.34		51万~70万元	12	3.974	92.723
	5个	2	0.66	100		70万元以上	25	8.278	100

考虑到新型农业经营主体是农村三产融合的重要载体，可以通过推动各种资源和要素融合来带动农民就业和增收，因此，农业经营主体带动就业的人数和每年支付给雇佣农民工的工资数在一定程度上可以反映融合的绩效。选择农业经营主体带动就业的人数和每年支付给雇佣农民工的工资数作为分析对象。从带动就业人数来看，一半以上的农业经营

主体表示带动就业人数在 20 个以下，只有 15.89% 的农业经营主体表示带动就业人数在 100 人以上，说明带动就业人数效果不是特别明显。从支付农民工工资来看，有 58.28% 的经营主体每年支付给雇佣农民工的工资在 10 万元以下，说明目前促进农民增收的作用也不太强，在一定程度上阻碍了农业产业质量发展。

（2）融合效率绩效分析。我们用投入产出来分析融合效率。相比其他行业，农业生产经营具有投入大、风险高、成效产出慢等特点。通过对投入产出进行分析，梳理了目前九江市农业经营主体的生产经营情况。如表 5-4 所示，经营面积在 30 亩* 以上的生产经营主体达到了 83.44%，但劳动用工人数在 15 人以上的经营主体仅占 46.69%，有 27.15% 的生产经营主体劳动用工人数在 8 人以下，说明目前农业经营主体普遍经营规模较大，但是劳动用工规模较小。一方面，这可能与农业生产的季节性和劳动用工的不平衡性有关，在一定程度上印证了农业经营主体在带动就业和农民增收方面的作用不强；另一方面，农业经营主体从事的农业经营活动的单一性和农业劳动用工成本上升可能是导致劳动用工规模小的原因。

表 5-4　样本投入产出绩效特征

名称	选项	频数	百分比（%）	名称	选项	频数	百分比（%）
经营面积	50 亩以上	233	77.15	期望获得的收入	30 万元以下	98	32.45
	31～50 亩	19	6.29		30 万～50 万元	75	24.83
	10～30 亩	21	6.95		51 万～100 万元	47	15.56
	10 亩以下	29	9.60		100 万元以上	82	27.15
劳动用工人数	31 人以上	91	30.13	实际获得的收入	30 万元以下	198	65.56
	16～30 人	50	16.56		30 万～50 万元	43	14.24
	9～15 人	79	26.16		51 万～100 万元	22	7.28
	8 人以下	82	27.15		100 万元以上	39	12.91

* 1 亩≈667 平方米。——编者注

我们用实际获得的收入与期望获得的收入来考察产出绩效，并进行比较。从表5-4可以看出，经营主体实际获得的收入30万元以下的占到65.56%，占到样本数的近三分之二；而经营主体期望获得30万元以上的占到67.55%，占到样本的三分之二以上。可以看出，有超三分之二的主体希望获得30万元以上的收入，而实际获得30万元以上收入的只占三分之一，存在一定的差距，说明产出不太理想。

为进一步了解农业经营主体的投入产出情况，从农业经营主体投入和产出两个方面构建指标体系。其中投入指标包括劳动用工人数、固定资本投入和销售运输成本。劳动用工人数反映了农业经营活动的人力资本投入，固定资本投入和销售运输成本反映了农业经营活动的财力投入。产出指标包括实际年经营收入和分红出去的经营收入。实际年经营收入代表了农业经营活动的直接产出；分红出去的经营收入反映了农业经营主体从事产业融合的营收情况，代表了农业经营活动的间接产出。对5个投入产出变量进行Pearson相关性分析，结果如表5-5所示。

表5-5　九江农村三产融合的投入相关性分析结果

	劳动用工人数	固定资本投入	销售运输成本	实际年经营收入	分红经营收入
劳动用工人数	1.000 ***				
固定资本投入	0.299 ***	1.000 ***			
销售运输成本	0.266 ***	−0.141 **	1.000 ***		
实际年经营收入	0.367 ***	−0.269 ***	0.437 ***	1.000 ***	
分红经营收入	0.337 ***	−0.244 ***	0.346 ***	0.570 ***	1.000 ***

注：*** 、** 表示在1%、5%的水平上显著，双尾检验。

从相关性分析结果可以看出，劳动用工人数与实际年经营收入、分红出去的经营收入正相关且在1%的水平上显著，说明劳动用工人数的增加在一定程度上可以增加产出。而固定资本投入和实际年经营收入、分红出去的经营收入呈负相关且在1%的水平上显著，这可能与农业投入大、回本周期长的特点有关。实际年经营收入与分红出去的经营收入正相关且在1%的水平上显著，说明农业经营主体从事农业生产活动对农民收入的增加有带动作用。

（3）成长绩效分析。成长绩效分析的描述性统计结果如表 5-6 所示。主要以农业经营主体对所经营产品、产业的各认知因素（产品盈利能力、资产规模扩张趋势、成本节约能力）和产业成长绩效（产品销路、产品满意度、产业收入）作为研究变量，采用李特立五级量表测量。由表 5-6 可以看出，农业经营主体对所经营产品和产业的盈利能力、资产规模扩张趋势和成本节约能力的认知均值都在 3.2 左右，标准差在 0.9 左右，所经营产品和产业的盈利能力和成本节约能力峰度均小于 1 并且偏度小于 0，整体分布左偏，呈现出尖峰厚尾的分布特征，说明整体上农业经营主体认为所经营产品盈利能力一般、产业资产规模扩张趋势一般、产业成本节约能力一般。在产业成长绩效方面，对产品销路越来越好和产业收入越来越高的认同感平均值为 3.7 左右且标准差大于 1，对产品满意度越来越高的预测平均值为 4.036 且标准差小于 1，说明总体上农业经营主体对产品满意度有较好的预期，但在产品销路和产品收入方面的预期不如产品满意度，且数据的离散程度较大。

表 5-6　样本成长绩效特征

变量名	平均值	标准差	中位数	峰度	偏度
产品的盈利能力	3.026	0.904	3	0.141	−0.297
资产规模扩张趋势	3.308	0.923	3	−0.096	−0.164
成本节约能力	3.235	0.905	3	0.22	−0.373
产品销路	3.715	1.024	4	0.27	−0.696
产品满意度	4.036	0.82	4	1.229	−0.831
产业收入	3.722	1.013	4	0.219	−0.715

5.1.1.3　融合认知与行为

（1）融合认知特征。主要从政策认知、价值认知、风险认知和融合意愿四个方面采用李特立五级量表分析经营主体的融合认知特征，描述性统计结果如表 5-7 所示。由表 5-7 可以看出，农业经营主体对农村三产融合政策、价值和风险的认知均值都在 3.2 左右，标准差在 1 左右，峰度和偏度均为负，数据左偏且分布呈扁平状，说明整体上农业经营主体对农村三产融合认知水平一般且不同经营主体之间存在差异。在产业融合意愿方面，平均值为 4.043 且标准差小于 1，说明农业经营主体对从事农村三产融合的主观意愿普遍较强。

表 5-7 样本融合认知特征

变量名	平均值	标准差	中位数	峰度	偏度
政策认知	3.242	1.011	3	−0.917	−0.208
价值认知	3.526	0.977	4	−0.138	−0.462
风险认知	3.129	1.081	3	−0.943	−0.021
融合意愿	4.043	0.824	4	−0.007	−0.582

考虑到经营主体对农村三产融合的了解程度可能与性别、年龄、文化程度、职业技能等级存在一定的关系，对此进行了异质性分析。

表 5-8 样本融合认知异质性分析

变量		了解程度					不了解人数百分比
		非常了解	比较了解	感觉一般	不太了解	很不了解	
年龄	≤20 岁	0	0	0	0	1	100%
	21～34 岁	1	7	7	5	0	25%
	35～44 岁	6	26	20	19	2	28.76%
	≥45 岁	16	89	43	55	5	28.85%
文化程度	小学及以下	5	4	6	11	3	22.58%
	初中	6	47	20	27	1	27.72%
	高中及中专	10	42	24	25	2	26.21%
	大专及以上	3	29	20	16	2	25.71%
职业技能等级	无	12	41	23	33	4	32.74%
	初级	8	46	20	26	0	26%
	中级	3	28	22	17	4	28.38%
	高级	0	7	5	3	0	20%

如表 5-8 所示，首先，从不同年龄组来看，随着年龄的增大，不了解乡村振兴、农村三产融合相关政策的人数百分比也在增长，其中

45 岁以上的人群不了解政策的百分比最高，达到 28.85%；21～34 岁、35～44 岁人群不了解政策的百分比分别为 25%、28.76%，相差较小；由于 20 岁以下样本较少，因此对于 20 岁以下的群体不予考虑。其次，从文化程度看，初中文化的人群不了解政策的比例最高，达到 27.72%，随着学历上升，不了解政策的百分比略有下降，需要注意的是，小学及以下文化程度的人群不了解政策的百分比最低，为 22.58%，这可能是因为部分农民学历程度较低但行业从事经验丰富，说明学历程度与人群对政策了解情况的相关性较小。最后，从职业技能等级来看，在职业技能等级为高级的人群中，不了解政策的人数百分比最低，为 20%；未获得职业技能证书的人不了解政策的人数百分比最高，达到了 32.74%，说明职业技能等级较高的人群对政策的认知情况较好。

总体来看，目前九江市农业经营主体对农村三产融合政策的认知度和融入度较低，年龄的上升和职业技能等级的下降将带来农业经营主体在政策认知上的差距，农户利用市场能力的差异也可能会扩大。

（2）融合行为特征。融合行为主要包括两个方面：融合模式与利益联结方式。农村三产融合经营主体采取不同的融合模式进行融合，同时也会形成不同的利益联结方式。首先，从融合模式来看。如图 5-1 所示，目前九江市农村三产融合模式以种养结合模式为主，有 58.28% 的农户表示采取的是种养结合模式，18.21% 的农户表示采用的是产业链延伸模式，多功能拓展、先进技术渗透、农村产业集聚模式分别占 5.3%、5.63%、7.95%，但目前的体量较小。表明目前农村三产融合模式具有多元化发展的趋势，但主要还是以种养结合的模式为主。

其次，从利益联结方式来看。图 5-2 显示了不同经营主体与其他农户或企业合作的利益联结方式，其中 17.55% 的农户表示与其他农户或企业合作的方式为订单型，32.78% 农户表示与其他农户或企业合作的方式为合作型，另外，分别有 13.58%、16.56%、7.95% 的农户表

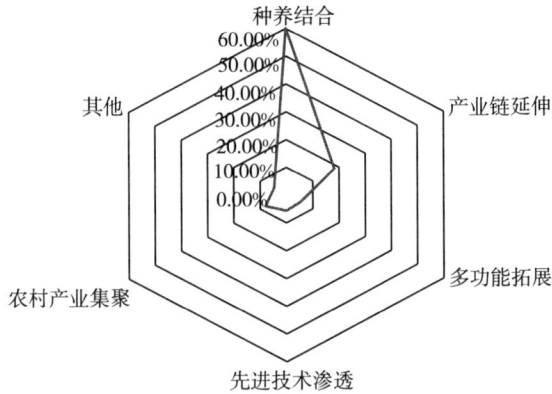

图 5-1　样本融合模式特征

示合作方式为股份合作型、服务带动型以及反租倒包再就业型。这说明目前"三产融合"主体之间的利益联结机制日趋紧密，普通农户、农民专业合作社、企业相互之间形成更为紧密的合作型利益联结机制，建立权益共享、风险共担、互惠共赢的关系。

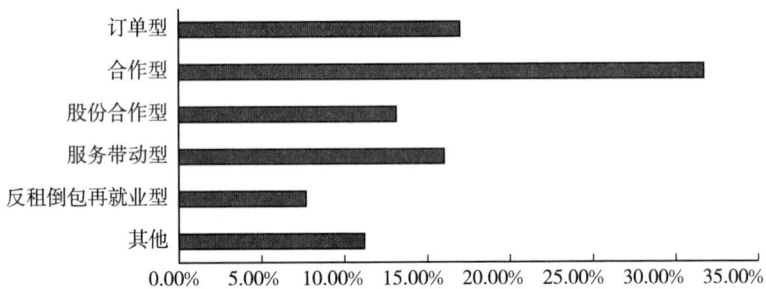

图 5-2　样本利益联结方式特征

5.1.1.4　关键因素特征

影响农村三产融合的关键因素主要包括资源获取与外部政策环境，我们也从这两个方面来考察九江市农村三产融合的关键因素特征。

（1）资源获取特征。从技术资源、资金资源、信息资源和社会资源获取这四个方面采用李特立五级量表调查了农业经营主体的资源获取情况，描述性统计结果如表 5-9 所示。

表 5 - 9　样本资源获取特征

变量名	平均值	标准差	中位数	峰度	偏度
技术资源	3.116	0.931	3	−0.356	−0.332
资金资源	2.844	0.957	3	−0.604	0.133
信息资源	3.07	0.914	3	−0.331	−0.164
社会资源	3.265	0.934	3	0.056	−0.674

由表 5 - 9 可以看出，农业经营主体对技术、信息和社会资源获取的感受均值都在 3.1 左右，标准差在 0.9 左右，技术、信息和社会资源获取偏度都为负，整体分布左偏，说明农业经营主体对资源获取情况感觉一般。技术资源和信息资源峰度为负，社会资源峰度为正，说明农业经营主体所拥有的社会资源呈尖峰厚尾的分布，在资金资源获取方面，均值为 2.844，说明相比于其他种类资源，农业经营主体所拥有的资金资源较为缺乏。为了进一步分析农业经营主体生产经营资金来源类型，进行了多重响应分析，结果如表 5 - 10 所示。

表 5 - 10　样本资金来源类型的多重响应分析

题项	响应	
	个案数	百分比
自有资金	200	66.2%
亲朋好友借款	38	12.6%
银行贷款	46	15.2%
其他	18	6.0%
总计	302	100.0%

从表 5 - 10 可以看出，66.2% 的调查对象生产经营资金来源为自有资金，12.6% 的调查对象生产经营资金来源为亲朋好友借款，15.2% 的调查对象生产经营资金来源为银行贷款，说明目前农户生产经营资金来源主要为自有资金，这可能与农业经营主体由于农业本身的弱质性，从事农业生产的风险比较大，能获取的银行贷款非常有限有关。

（2）外部环境特征。主要从政府技术支持力度、财政扶持力度和银行贷款力度三个方面采用李特立五级量表分析外部扶持力度特征，描述性统计结果如表5-11所示。由表5-11可以看出，财政扶持力度和银行贷款扶持力度的均值都在3.3左右，标准差在1左右，峰度和偏度均为负，说明数据左偏且分布呈扁平状，整体上农业经营主体获得的政策支持一般且不同经营主体之间存在差异。在政府技术支持力度方面，均值为3.692，相比于财政扶持力度和银行贷款扶持力度较高，说明外部扶持主要集中在技术支持上，在资金方面的支持还有待加强，这也印证了前文中农业经营主体资金来源渠道缺乏的结论。

表5-11 样本外部政策扶持力度特征

变量名	平均值	标准差	中位数	峰度	偏度
政府技术支持力度	3.692	1.028	4	−0.176	−0.572
财政扶持力度	3.397	1.022	3	−0.46	−0.312
银行贷款扶持力度	3.358	1.114	3	−0.456	−0.393

除了资金方面的扶持，在基础设施建设方面，如图5-3所示，20.2%的农户认为地方政府在完善农田水利设施方面的建设力度非常大，37.75%的农户认为力度比较大，但是，仍有11.59%的农户认为建设力度比较小，3.97%的农户认为力度非常小。在完善生产道路设施方面的建设力度情况也类似，说明政府在基础设施建设方面仍然存在不足，需要完善水利设施，打通生产道路建设"最后一公里"。

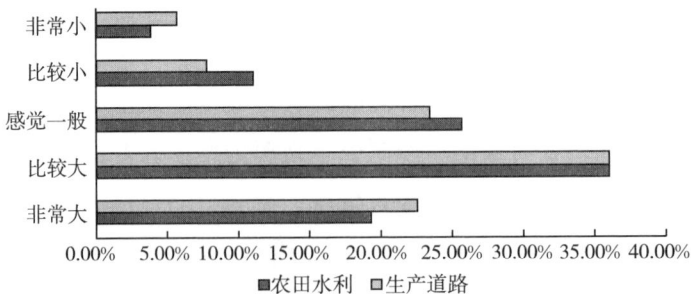

图5-3 样本外部基础设施建设特征

5.1.2　主要困境

5.1.2.1　融合模式：融合模式单一，经营主体融合深度不够

农村三产融合目前仍处于起步阶段，还存在总体发展水平不高、农户间差异较大等问题。首先，虽然经营主体从事农村三产融合的意愿整体较高，但农业经营主体对从事农村三产融合的政策认知、价值认知和风险认知却不是特别清晰，因此导致经营主体的融合深度广度不够，将近一半的主体只涉及1种产业，近四分之三的主体只涉及1种农产品功能。其次，虽然目前农村三产融合呈现模式多元化发展的趋势，但融合模式主要集中于种养结合模式，产业融合深度不足，还停留在基础融合阶段，没有形成良好的产业联动效果。最后，农业经营主体对所经营产品和产业的盈利能力、产业资产规模扩张趋势及产业成本节约能力预期一般，难以形成一定的生产规模和市场规模，难以带动农业经营主体的收入增加，实际收入与预期收入存在一定的差距。

5.1.2.2　融合资源：资金来源单一，经营主体抗风险能力弱

首先，目前九江市农户经营的资金来源多以自有资金为主，融资渠道较为单一，在资金获取方面存在很大的困难。在农村三产融合过程中，面对资金实力雄厚的企业，分散的小农户往往处于弱势地位，农业经营主体自身受限于资源和资金条件，难以通过自我延伸来打通农业全产业链形成一定的生产规模。其次，农业产业本身是一个投入高、生产周期长、收益不稳定的产业，再加上经营主体对市场的供求变化研判能力不足，风险应对能力较弱，导致新型农业经营主体不能获得持续稳定的收益，投产积极性不高。最后，政府财政投入和政策扶持的力度不大，扶持和优惠政策有待进一步落实。扶持政策的缺位导致农户难以横向拓展产业链，制约农产品的附加值提升和农户更高利润的获取。

5.1.2.3 融合主体：专业素质低下，经营主体示范带动能力弱

促进农村三产融合，人才是关键因素。首先，农业产业经营主体整体文化素质水平偏低，高级专业技术人员紧缺。农业经营主体由于缺乏专业营销技能、管理技能和技术技能，难以将自身农产品及加工制品作为产业融合的物质基础，严重制约农村三产融合发展进程。其次，可能存在劳动力短缺、兼业化和老龄化的现象，不利于农业转型升级。再次，农业经营主体发展能力不强。生产经营单位类型主要以农民合作社为主，农业企业占比低，受资金、技术、市场等因素制约，自我发展能力弱。最后，农业经营主体带动能力不强。虽然农业经营主体的经营规模较大，但是劳动用工规模较小，对农民增收的促进作用和相关产业的带动作用不强，成为农村产业融合高质量发展的瓶颈。

5.1.2.4 融合环境：社会服务滞后，政府基础设施建设不完善

一方面，基础设施建设水平不高，部分地区的基础设施较为薄弱，在完善生产道路设施和水利设施建设方面力度有待加大。不健全的基础设施建设会在一定程度上影响农业经营主体生产物资的运输和与外界的交流，造成物流、运输、旅游等第三产业后续发展能力不足，服务农业产业的能力不强。另一方面，农业社会化服务组织发展水平落后。在信息服务、科技服务和金融服务等方面存在不足，难以带动农业经营主体发展现代农业，进而影响农民的就业和收入。

5.2 农村三产融合微观绩效评价

5.2.1 指标体系与研究方法

5.2.1.1 农村三产融合水平测量的指标体系与研究方法

（1）指标体系。借鉴学者李芸等（2017）的相关文献，结合九江市农村三产融合的实际情况，构建出相应指标体系。九江市农村三产融合水平评价指标体系见表 5-12。

表5-12　九江市农村三产融合水平评价指标

一级指标	二级指标	三级指标	指标符号
融合行为	农业产业链延伸	生产经营所涉及的产业类型	X_1
		农产品加工业的经营收入占总收入的比重	X_2
		农业生产性服务业经营收入占总收入的比重	X_3
		生产经营第一大产品的收入占总收入的比重	X_4
		生产经营第二大产品的收入占总收入的比重	X_5
		生产经营第三大产品的收入占总收入的比重	X_6
	农业多功能拓展	生产经营过程中是否特别注重生态环保	X_7
		生产的产品涉及的功能	X_8
融合效应	经济效应	经营的产业对农民收入水平提高的作用	X_9
	社会效应	经营的产业可以带动的农民就业数量	X_{10}

该指标体系包括2个一级指标、4个二级指标和10个三级指标。其中一级指标为农村三产融合行为和农村三产融合效应，两者用来衡量农村三产融合水平。二级指标为农业产业链延伸、农业多功能拓展、经济效应、社会效应。其中，农业产业链延伸和农业多功能拓展用来衡量产业融合行为，经济效应和社会效应用来衡量产业融合效应。最后在4个二级指标之下再设置10个三级指标。产业融合水平的评价可以体现产业融合目前所处的阶段和发展行为，可以从融合的行为和融合的效果两个层面进行评价。产业融合的行为主要体现在农业产业链延伸和农业多功能拓展、农业业态的丰富、利益联结机制等多个方面，产业融合的效果主要体现在农民收入水平的提高与就业数量的增加。

（2）研究方法。对于融合水平的评价方法参考已有文献，主要通过层次分析法、熵值法、因子分析法、灰色关联分析法来进行评价。我们采用的是熵值法对九江市农村三产融合水平进行评价。具体方法如上一章所述。通过熵值法对各项指标数据进行处理，可以求得各指标的权重，结果如表5-13所示。

表 5 - 13　九江市农村三产融合水平评价指标权重

一级指标	权重	二级指标	权重	三级指标	权重	符号
融合行为	0.885	农业产业链延伸	0.463	生产经营所涉及的产业类型	0.083	X_1
				农产品加工业的经营收入占总收入的比重	0.072	X_2
				农业生产性服务业经营收入占总收入的比重	0.105	X_3
				生产经营第一大产品的收入占总收入的比重	0.020	X_4
				生产经营第二大产品的收入占总收入的比重	0.061	X_5
				生产经营第三大产品的收入占总收入的比重	0.122	X_6
		农业多功能拓展	0.422	生产经营过程中是否特别注重生态环保	0.259	X_7
				生产的产品涉及的功能	0.163	X_8
融合效应	0.115	经济效应	0.091	经营的产业对农民收入水平提高的作用	0.091	X_9
		社会效应	0.024	经营的产业可以带动的农民就业数量	0.024	X_{10}

5.2.1.2　农村三产融合效率测量的指标体系与研究方法

（1）评价体系指标的选择。在借鉴已有研究成果的基础上，根据国家《关于推进农村一、二、三产业融合发展的指导意见》，依据科学性和系统性、指导性和前瞻性、可行性和可操作性的原则，设计九江市农村三产融合发展效率评价体系并进行测算。以产业经营面积（X_1）、产业劳动用工量（X_2）、产业固定资本投入（X_3）、经营产品每年的销售运输成本（X_4）作为投入指标；以希望每年能获得的经营收入（Y_1）、每年实际获得的经营收入（Y_2）、经营收入中每年分红出去的经营收入（Y_3）作为产出指标。构建九江市农村产业融合发展效率评价指标体系如表 5 - 14 所示。

表 5 - 14　九江市农村产业融合发展效率评价指标体系

类型	指标名称	指标代码
投入	产业经营面积（亩）	X_1
	产业劳动用工量（人）	X_2
	产业固定资本投入（万元）	X_3
	经营产品每年的销售运输成本（万元）	X_4
产出	希望每年能获得的经营收入（元）	Y_1
	每年实际获得的经营收入（元）	Y_2
	经营收入中每年分红出去的经营收入（元）	Y_3

（2）研究方法与模型构建。在借鉴国内研究的基础上，本文选用 DEA（数据包络线分析模型）中的 BCC 模型对九江市农村三产融合的效率进行测度。具体方法如上一章所述。

5.2.2　评价结果分析

5.2.2.1　九江市农村三产融合水平测量结果

运用熵值法对九江市农村三产融合各级指标进行处理，通过计算得出农村三产融合评价结果，其中包括各指标综合评价得分、一级指标得分和二级指标得分评价结果。

（1）综合评价得分结果分析。表 5 - 15 反映了九江市农村三产融合水平综合评价得分。首先，从总体综合得分来看，九江市农村三产融合水平综合评价得分为 0.166，其得分较低，九江市农村三产融合还处于初级阶段，融合行为和融合效应都有一定的发展空间。其次，从分地区综合得分来看，湖口综合指标得分最高，为 0.239，其次是修水，为 0.225。九江市的 9 个地区中，湖口、修水、武宁均高于九江市的总体得分，而剩余地区均低于或等于九江市总体得分，说明要更加重视瑞昌、永修、德安、都昌、共青城、彭泽的农村三产融合发展，要注意各地区的产业融合差异并缩小差距。

表 5 - 15　九江市三产融合水平综合评价得分

地区	得分	地区	得分	地区	得分	地区	得分	地区	得分
都昌	0.129	德安	0.131	共青城	0.164	湖口	0.239	彭泽	0.133
瑞昌	0.166	武宁	0.170	修水	0.225	永修	0.156	九江市	0.166

（2）一级指标评价结果分析。表 5 - 16 反映了九江市农村三产融合水平一级指标评价得分。首先，从总体一级指标得分来看。九江市农村三产融合行为得分为 0.016，说明九江市农村三产融合行为较低；融合效应为 0.018，说明九江市农村三产融合效应较低。与融合行为相比，九江市农村三产融合效应较高，在注重效应和行为提升的基础上，要更关注融合行为的提升，同时要分析九江市农村三产融合行为和融合效应较低的原因。其次，在各地区一级指标得分方面。从融合行为来看，九江市都昌、德安、共青城、彭泽和瑞昌的一级指标得分低于九江市总体的一级指标得分，说明这 5 个地区的融合行为较低，拉低了九江市整体农村三产融合行为。从融合效应来看，九江市都昌、德安、彭泽、永修的得分小于九江市总体得分，说明这 4 个地区拉低了九江市农村三产融合效应，其中，彭泽和永修的得分远低于总体得分。从融合行为和融合效应整体来看，都昌、彭泽和德安有更大的发展空间。

表 5 - 16　九江市三产融合水平一级指标评价得分

地区	融合行为	融合效应	地区	融合行为	融合效应
都昌	0.013	0.014	德安	0.014	0.011
共青城	0.015	0.020	湖口	0.023	0.029
彭泽	0.014	0.009	瑞昌	0.014	0.026
武宁	0.017	0.018	修水	0.024	0.026
永修	0.018	0.008	九江市	0.016	0.018

（3）二级指标评价结果分析。表 5 - 17 反映了九江市农村三产融合水平二级指标评价得分。九江市农村三产融合水平二级指标得分由高到低，经济效应得分为 0.027、农业多功能拓展得分为 0.019、农业产业

链延伸得分为0.015、社会效应得分为0.009。其中，九江市农村三产融合的经济效应最高，社会效应有更大的提升空间。农业产业链应多途径延伸，农业多功能性应更大程度地拓展。九江市农村三产融合水平较低，应从农业产业链延伸、农业多功能拓展、经济效应和社会效应方面全面提升，从中寻找指标得分较低的原因，并找出对策。

表5-17　九江市农村三产融合水平二级指标评价得分

地区	产业链延伸	多功能拓展	经济效应	社会效应	地区	产业链延伸	多功能拓展	经济效应	社会效应
都昌	0.010	0.021	0.017	0.012	德安	0.014	0.013	0.012	0.010
共青城	0.015	0.018	0.034	0.007	湖口	0.024	0.019	0.051	0.007
彭泽	0.012	0.022	0.010	0.008	瑞昌	0.016	0.008	0.044	0.008
武宁	0.014	0.025	0.027	0.009	修水	0.022	0.021	0.046	0.006
永修	0.016	0.024	0.003	0.012	九江市	0.015	0.019	0.027	0.009

从九江市分地区来分析。首先，在农业产业链延伸中，农业产业链延伸总体得分低，都昌、德安、彭泽、武宁等地区拉低了得分，其中得分最低的为都昌，得分为0.010。其次，在农业多功能拓展中，德安、共青城、瑞昌等地区拉低了得分，其中得分最低的为瑞昌，得分为0.008。再次，在经济效应中，只有共青城、湖口、瑞昌和修水高于九江市整体的得分，其中永修的得分最低，为0.003，需要缩小与整体的差距。最后，在社会效应中，都昌和永修的得分最高，为0.012，然后是德安和武宁，分别为0.010和0.009，得分最低的为修水，为0.006。因此，每个地区都有不同的短板，需要根据不同的情况采取不同的措施来提升农村三产融合水平。

5.2.2.2　九江市农村三产融合效率测量结果

将九江市各地区产出量与投入量代入并运行DEAP2.1软件，可得到都昌、彭泽、瑞昌、德安、永修、武宁、湖口、修水、共青城等地区融合效率测量结果，如表5-18所示。其中，*crste*为综合技术效率、*vrste*为纯技术效率、*scale*为规模效率，irs表示规模报酬递增、drs表示规模报酬递减、一表示规模报酬不变（表5-18）。

表5-18　九江市及各地区农村三产融合效率评价值

地区	综合技术效率（crste）	纯技术效率（vrste）	规模效率（scale）	规模效应
都昌	0.817	0.957	0.849	—
德安	0.893	0.952	0.936	—
共青城	0.838	0.965	0.873	—
湖口	0.897	0.979	0.917	irs
彭泽	0.795	0.993	0.802	—
瑞昌	0.830	0.965	0.857	—
武宁	0.876	0.960	0.915	—
修水	0.892	0.948	0.940	—
永修	1	1	1	irs
均值	0.871	0.969	0.899	
九江市	0.674	0.921	0.742	—

第一，从九江市总体综合技术效率来看。在排除环境因素和随机误差干扰后，九江市农村三产融合综合技术效率为0.674，各地均值为0.871；九江市农村三产融合纯技术效率为0.921，各地均值为0.969；九江市农村三产融合规模效率为0.742，各地均值为0.899，由此说明九江市农村三产融合效率处于中等水平，生产效率没有达到最优状态，存在一定程度的效率损失。

第二，从九江市各地区农村三产融合综合技术效率来看。永修农村三产融合综合技术效率为1，说明永修农村产业融合发展效率最高。其他8个地区农村三产融合综合技术效率均低于1，说明除永修以外的其他地区都存在一定的效率损失。在9个地区中，其中8个地区的综合效率在0.7~0.9，最低的是彭泽，为0.795，最高的是永修，为1，说明除永修之外，其他8个地区的农村三产融合效率差异较小。

第三，从九江市各地区农村三产融合纯技术效率来看，最高的是永修，效率值为1，其他地区的效率值均在0.9~1，说明九江市各地区在农业科技、资源等方面的投入是有效的。从规模效率来看，永修的规模效率为 1，德安、湖口、武宁、修水均高于 0.9，都昌、共青城、彭泽、瑞昌均在 0.8～0.9。由 "综合技术效率＝纯技术效率×规模效率" 的运算公式可知综合技术效率差异主要来自规模效率的不同。

表 5－19　德安农村三产融合发展效率评价值

样本	综合技术效率	纯技术效率	规模效率	规模效应	样本	综合技术效率	纯技术效率	规模效率	规模效应
1	0.395	0.5	0.789	irs	12	1	1	1	—
2	1	1	1	—	13	1	1	1	—
3	0.714	1	0.714	irs	14	1	1	1	—
4	1	1	1	—	15	1	1	1	—
5	1	1	1	—	16	0.714	1	0.714	irs
6	1	1	1	—	17	1	1	1	—
7	1	1	1	—	18	0.5	0.5	1	—
8	1	1	1	—	19	1	1	1	—
9	0.556	1	0.556	irs	20	1	1	1	—
10	0.875	1	0.875	drs	21	1	1	1	—
11	1	1	1	—	平均	0.893	0.952	0.936	

第四，以九江市德安为例进行考察。输入数据运行软件后，得到如表 5－19 所示的德安农村三产融合发展效率评价值。由表 5－19 可知，在排除环境因素和随机误差干扰后，德安综合技术效率均值为 0.893，其中最低值为 0.395，数值为 1 的较多；德安纯技术效率均值为 0.952，其中 19 个样本的得分都为 1，只有 2 个为 0.5，总体情况较好。德安规模效率为 0.936，其中最低分为 0.556，其余都在 0.7 以上，结果为 1 的占大多数。德安规模效应大多数处于规模报酬不变阶段，4 个样本处于规模报酬递增阶段，只有 1 个样本处于规模报酬递减阶段。总体说明德安农村三产融合综合技术效率处于中等水平，综合技术效率的差异主要是由于规模效率的不同。德安规模效应没有达到最佳水平生产效率，存在一定程度的效率损失。

5.3 结论

本章运用 9 个县市区 302 个调查样本数据，首先在分析样本个体特征的基础上，考察了九江市农村三产融合绩效、认知与行为、关键因素等融合特征，探讨了存在的主要困境，然后构建指标体系，采用熵值法和 DEA 模型中的 BBC 模型实证分析了农村三产融合水平与效率。

研究发现：①九江市农村三产融合具有自身的特点，存在融合模式单一、融合资源不足、融合主体素质不高、融合环境不优等困境。②九江市农村三产融合发展水平总体水平较低，各地区发展也不均衡；融合效应指标得分略高于融合行为指标得分；社会效应偏低，农业多功能拓展和农业产业链延伸较差，经济效应最高，有较大的发展空间。③九江市农村三产融合效率处中等偏下水平，综合技术水平和规模效率偏低，纯技术水平效率较高，规模效率偏低是综合技术水平融合效率偏低的主要影响因素。

第6章

农村三产融合的驱动因素：
扎根理论与因子分析

推动农村三产融合发展，前提是要弄清楚影响农村三产融合发展的关键因素。近些年来，农村三产融合的驱动因素研究已经成为学术界研究的热点，技术创新、主体利益、市场需求、政府政策或管制放松、基础设施与基本公共服务均等化、区位与资源优势、农业多功能综合开发、降低贸易成本或交易成本最小化、工商资本大量进入、农业经营主体优势等（苏毅清等，2016；赵霞等，2017；李洁，2018）都可能是推动农村三产融合发展的关键变量。那么，九江市农村三产融合又受到哪些因素影响？因此，本章首先运用扎根理论分析方法，构建驱动因素模型，实证分析九江市农村三产融合主要影响因素；然后通过因子分析方法，考察九江市农村三产融合驱动力结构及基于驱动因素分类的主体类型，以明晰影响九江市农村三产融合发展的关键因素。

6.1　基于扎根理论的农村三产融合驱动因素分析

6.1.1　研究方法与案例样本选择

6.1.1.1　研究方法

我们采用扎根理论方法开展研究，根据理论抽样要求（科宾等，2015）和三角测量法（Mile 等，1994），对多个渠道收集的数据进行分析与相互验证，形成完整的证据链，以尽可能多的数据来源确保研究的信度和效度，弥补不同证据来源间的不足或单一证据的偏见和局限。本研究在实际案例选取与资料获取阶段，通过问卷调查法、访谈法、观察法以及整理二手数据的方式，形成案例资料来源的三角互证。具体访谈提纲如表6-1所示。

表6-1　访谈提纲

访谈目的	问　　题
样本基本信息	成立时间、主营业务、员工数量、年龄、职业技能
投入产出经营现状	设备投入、产值、融资
融合认知	认知度、是否尝试农村三产融合、融合的出发点
对未来成长性预期	是否加大投资、如何实现农村三产融合、发展或不发展的原因
对政府政策的需求	是否享受过政府补贴、政府是否有相关鼓励政策、未来的需求有哪些

6.1.1.2　案例样本

案例样本来源于九江市科技计划项目"九江市农村三产融合发展：绩效评价、驱动因素与实现路径"（S2021QNZZ026）的实地调查数据。项目组通过发放问卷的形式，围绕政府支持力度、资源特征、成本投入、成长趋势等方面开展了问卷调研，收集了302份有效问卷，同时还随机抽取了九江市13个县（市、区）中的4个县瑞昌、湖口、修水、彭泽进行走访，通过小组访谈和问卷调查等形式对普通农户、农民合作社、龙头企业、行业协会等进行了调查，形成了2个农业龙头企业、2个农民合作社、1个行业协会、2个农业大户、5家普通农业企业和1个家庭农场共13个访谈案例。具体案例访谈情况如表6-2所示。

表6-2　案例样本访谈基本内容

地区	编号	样本对象	样本介绍
	AL_1	凯瑞公司	该公司是龙头企业，虾稻共产，形成产销一体化融合发展模式。
彭泽	AL_2	绿岛公司	家庭农场、龙头企业，形成一稻一油种植模式，集烘干、储存、加工为一体，推出"独自芳"江中岛有机大米、"独自芳"江中有机菜籽油，基地采取"公司＋农户＋市场"的经营模式，实现产、购、销、配送一条龙服务。

（续）

地区	编号	样本对象	样本介绍
瑞昌	AL$_3$	种植能人	瑞昌市高丰镇青丰村严坪刘某，目前山药种植规模达到了40多亩，年产量在10万斤 * 左右，年产值100万元左右，此外，刘某还在九江市区开了两家山药直营店，自产自销。实现了第一和第三产业融合。
	AL$_4$	种植大户	瑞昌市白杨镇郭桥村徐某，2017年开始先后开发出了山药片、山药粉、山药面等一系列产品，成为瑞昌第一家做山药产品的全产业链企业，形成了山药种植、仓储、保鲜、加工、销售、品牌连锁于一体的专业化公司。
	AL$_5$	山药协会	搭建农民专业合作社与龙头企业、经纪人协会等合作的平台。
	AL$_6$	绿源山药开发中心	采取"公司＋基地＋农户"的生产模式，在主产区南阳、高丰、桂林、横立山、夏畈、白杨等乡镇建立标准化绿色食品山药生产基地，基地面积2万亩，带动全市生产农户1.8万户。中心在省内设有54家销售部，并在省外设有4个办事处，专门从事山药的市场销售。
	AL$_7$	惠农山药专业合作社	通过"合作社＋基地＋农户"的产业模式实现产业融合，拥有"江西省无公害农产品（蔬菜）基地"，合作社主要提供生产资料购买、销售、加工、贮藏、运输及与山药种植相关的技术、信息等服务。
湖口	AL$_8$	江西芳洲生态公司	成立于2018年，集生态化种植、标准化加工、品牌化运营为一体，传承百年非遗豆腐花制作工艺，研究生产广受好评的豆腐花、豆香卷等健康豆制品。
	AL$_9$	江西美泉莹商贸公司	从事线上销售江西特产和农产品的电商销售公司。2017—2020年销售额分别是300多万元、500多万元、1 000多万元、1 500多万元，2021年线上每月销售额超300万元，带动每个村集体增收8万元以上。
	AL$_{10}$	江西芳德食品公司	从事豆制品研发、生产、销售的大型现代化食品企业。拥有标准厂房面积5 000平方米、全自动生产设备30余台，日产能3万～5万斤，已获得国家豆制品《豆乃康》自主品牌。

---

* 1斤＝0.5千克。——编者注

（续）

地区	编号	样本对象	样本介绍
湖口	AL₁₁	江西流芳百世农业公司	2021年12月成立，以产业园豆制品的豆渣养殖蜗牛，江西芳洲"豆花、豆卷"项目、鑫农康芽苗菜项目已完成投产，预计可实现年产值超2亿元。
修水	AL₁₂	宁红集团	前身为江西省修水茶厂，1994年组建江西省宁红集团公司，2003年被授予国家农业产业化龙头企业、国家第一批无公害茶叶生产示范基地。2020年，修水宁红茶首次入选中国品牌价值评价全国区域品牌（地理标志产品）百强榜单。宁红集团的宁红茶基地分布于修水30多个乡镇，建有茶叶初加工工厂，目前宁红茶以"市场＋品牌＋企业＋基地＋科研＋农户"绿色产业链，形成以茶园为特色的"种植＋加工＋旅游＋文化"产业融合。
	AL₁₃	灵崖种植专业合作社	成立于2018年，是一家政策扶持、政府支持、立足"三农"、科技带动、服务百姓、利国利民的新型农业社会化服务组织。合作社现有水稻、油菜种植基地1 700余亩，蔬菜、水果基地100余亩，有一座日烘干160吨水稻的烘干厂。申报有绿色大米、有机大米、有机火龙果等品牌，拥有注册商标"修河味稻"。合作社将水稻产业由生产向加工、销售等环节进行延伸，形成了完整的产业链，实现了农业二产的融合。

6.1.2　分析过程

6.1.2.1　开放性编码

开放性编码目的在于探索并归纳现象，界定概念，发现范畴。随机将11个案例样本（其中有2个案例样本即AL₅和AL₁₁用于进行理论饱和度检验）在访谈材料中逐句逐段进行分析，形成了4 630个参考点，最终形成概念和抽象范畴，总共形成了38个概念和9个副范畴。如表6-3所示，形成的9个副范畴分别是个体特征、资源特征、融合认知、政策支持评价、政策支持力度、投入产出现状、成长性评价、未来发展评价、本地消费环境。

表 6-3　开放性编码范畴

初始概念	副范畴	初始概念	副范畴
A_1 学历		A_{21} 农业科技投入（技术人员、农业设备）	
A_2 年龄	B_1	A_{22} 主营产品产业融合水平	
A_3 职业技能	个体特征	A_{23} 二、三产业对整体收入影响情况	
A_4 从业年限		A_{24} 二、三产业带动农民就业和提高收入力度	B_6
A_5 技术资源		A_{25} 土地流转方式	投入产出 现状
A_6 资金资源		A_{26} 经营面积	
A_7 信息资源	B_2 资源特征	A_{27} 劳动用工	
A_8 社会资源		A_{28} 设备投入	
A_9 自然资源		A_{29} 销售运输成本	
A_{10} 对融合政策认知度		A_{30} 希望获得的年收入和实际获得的年收入	
A_{11} 对融合增值价值认知度	B_3 融合认知	A_{31} 盈利能力	B_7
A_{12} 对融合风险认知度		A_{32} 规模扩张趋势	成长性 评价
A_{13} 对政府技术支持力度评价		A_{33} 成本节约能力	
A_{14} 对政府土地流转政策评价		A_{34} 产品未来销路评价	B_8
A_{15} 对政府产业财政支持评价	B_4 政策支持 评价	A_{35} 产品未来满意度评价	未来发展 评价
A_{16} 对政府产业贷款扶持评价		A_{36} 产业未来发展评价	
A_{17} 对政府农田水利建设评价		A_{37} 本地居民收入	B_9
A_{18} 获得的政府补贴	B_5		本地消费 环境
A_{19} 获得的政府贷款	政策支持 力度	A_{38} 当地对自产产品的需求	
A_{20} 参加政府组织的技术培训			

6.1.2.2　主轴式编码

主轴式编码的主要目的是在开放编码过程中得到的各范畴、概念间关系的基础上寻找关联子编码，并不断填充二级编码，使得主编码饱和。在分析过程中，将得到的概念还原到初始情境中，不断分析被访者的真实想法和表达意图，借助对现有 9 个副范畴编码进行逻辑分析，同时根据对 302 份问卷调查的结果进行因子提取，进而形成了较为完善和清晰的主轴编码。如表 6-4 所示，9 个副范畴总共提炼出 5 个主范畴，分别是主体特征因素、融合认知因素、政策支持因素、发展成长因素和市场需求因素。

表 6-4　主轴编码构成的主范畴

主范畴	副范畴	主范畴	副范畴
C_1 主体特征因素	B_1 个体特征	C_3 政策支持因素	B_4 政策支持评价
	B_2 资源特征		B_5 政策支持力度
	B_6 投入产出现状	C_4 发展成长因素	B_7 成长性评价
C_2 融合认知因素	B_3 融合认知		B_8 未来发展评价
		C_5 市场需求因素	B_9 本地消费环境

6.1.2.3　选择性编码与模型构建

选择性编码是三级编码，是基于开放式编码和主轴式编码 2 个阶段后的理论构建工作，它主要是在所有已经发现的概念范畴中选择一个具有概括性的主范畴，解释各范畴之间的联系、类属关系及因果关系。通过对 4 630 个参考点进行归类编码，形成了 38 个初始概念，整合提炼出了 9 个副范畴和 5 个主范畴，找到了它们之间的逻辑关系并构建了相应模型，如图 6-1 所示。

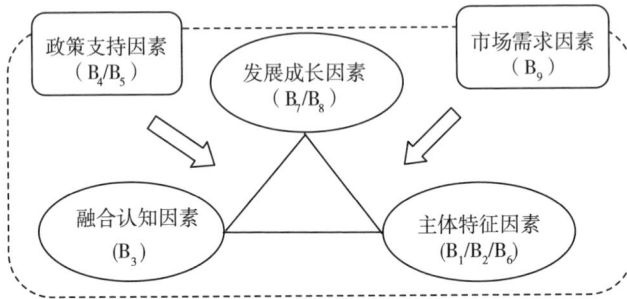

图 6-1　九江市农村三产融合驱动因素模型

6.1.2.4　理论饱和度检验

为了检验该结论的理论饱和度，将预留的 AL_5 和 AL_{11} 进行编码检验，最终结果显示，并未出现新的概念和范畴，故该结论已经达到了理论饱和，九江市农村三产融合驱动因素已被充分挖掘。

6.1.3　模型阐释

通过实证编码分析，认为九江市农村三产融合驱动因素主要有：政府因素、主体特征因素、成长性因素、市场因素和认知因素，而且发现政府因素与市场因素是主要外部环境因素，认知因素、成长性因素和主体特征因素是内部因素，它们之间都相互影响，共同构筑起一个稳固的三角体。

6.1.3.1　政策支持因素

土地、劳动力、资本、技术和信息等要素的同质性是产业融合的基础（江泽林，2021），而以上要素的整合，离不开政府的努力。土地是产业融合的物质基础，土地促进各类生产要素向农业流动，在提高农业生产效率基础上优化各种生产要素的配置；劳动力是产业融合的主导力量，在农业生产、加工、销售等各个环节，农民是主体劳动力；资本是产业融合的必要条件，农业企业投资大、风险高、回报周期长，使得农业企业经营风险过高，一般经营主体很难独自承担，政府金融机构只有不断创新农村金融产品、服务和优惠贷款，才能发展壮大农村三产融合规模；技术是产业融合的动力源泉，农业技术的推广应用使生产要素和生产工具更适合农业生产方式，为农民提供生产技术指导，开展相关技术培训，能够显著提高产业融合效率；信息化发展是产业融合的重要机遇，信息流、服务流为基础的产业联结方式是信息化时代的主要表现形式。

将以上要素进行整合，对九江市各级政府在农村三产融合中的作用分为经营主体对政府政策支持满意度评价和政府政策本身支持力度两方面。政策支持评价包括对土地流转政策、政府财政支持、贷款便利性的满意度等；政府政策支持力度包括政府补贴、贷款支持、组织技术培训等。访谈过程中发现，几乎所有被调查主体都接受过政府组织的多次培训，都享受过政府的农机补贴，对政府的满意度评价普遍较高，可见政府在政策支持方面做得都还不错，但在涉及多主体如银行、税务等部门协同配合支持农村发展的协同度还不够好。农户为扩大生产办理贷款，贷款流程却并不那么顺畅，如案例 AL_3 的种植能人表示，政府明确有农民相关贷款政策，但到了银行却出现了无法顺利贷到款或贷款额度打折扣的现象；案例 AL_4 的企业创办者提到，企业土地流转方式主要是代耕、租赁和入股等形式，租用工业园区进行农产品加工则无法享受相应农产品的税收优惠政策。

访谈中，几乎所有的农业经营主体都对政府的工作进行了肯定，认为政府的引导对他们进行农村三产融合具有巨大的帮助作用。如脱贫致富的典型县——湖口县政府在农村三产融合中就起到了主导作用。湖口县土地总面积 669.33 平方千米，山丘起伏，水域宽广，耕地多为梯田梯地。其中，流芳乡土地有机质含量高，富含硒元素，出产的大豆品质远胜周边同类大豆，加工出的豆腐花、凤凰卷、豆参等产品更是美味又可口，为农村三产融合发展奠定了先天优势。政府主导下，创办了集大豆科研试验、品种繁育、种植、加工、销售和文化旅游为一体的农创综合体，其"流芳豆参"获得"国家地理标志产品"称号，经过政府多方努力，终于打造成九江特色小镇，成为农村三产融合典范。湖口县早在 2016 年就推出相应鼓励政策，对新认定的省级电子商务示范基地或示范企业，分别给予一次性 10 万元和 5 万元奖励，对年销售收入突破 1 000 万元、2 000 万元、3 000 万元的电商企业分别给予 1 万元、2 万元、3 万元的奖励。同时对新入驻该县的电子商务企业租赁的办公用房给予每月每平方米 5 元的租金补助，激励老百姓积极投身电商直播、电商创业，让更多的人认知、思考、宣传、销售家乡农产品，拓宽特色农产品销售渠道，加大电子商务人才培训工作。仅 2021 年上半年，流芳乡就完成培训 168 人次，1—6 月份完成网络零售额 1.37 亿元，同比增长 28.73%，电商企业总数达到 211 家。

因此，政府不仅可以为农村三产融合提供土地、技术、资金等资源要素的保障，同时也对农村三产融合行为起引领作用。

6.1.3.2　市场需求因素

市场是产业发展的基础，是企业不断成长和经营绩效提升的主要影响因素。在本地消费市场访谈中，被调查主体普遍认为九江本地收入水平尚可，接近半数被访谈者反馈本地居民对自己生产产品的需求较大。如 AL_2 采取"公司＋农户＋市场"的经营模式，大力发展旅游业，借助彭泽县政府举办的油菜花艺术节每年吸引游客数万人。但是，大部分的企业还是希望把市场扩大到全国，但苦于员工知识结构较窄、信息不对称、销售渠道不畅等问题，市场开拓较为艰难。

6.1.3.3　主体特征因素

主体特征包括经营主体个体特征、资源特征和投入产出现状特征。结合问卷调查的统计，发现九江市大部分的农业经营主体呈现学历普遍较低、年龄普遍较大、专业技能较为单一或对互联网等信息技术了解不多的状态。他们在经营过程中，虽然能够较好利用现有自然资源进行农村三产融合，但规模较小的企业却苦于缺乏相关技术资源、资金资源和社会资源，融合效果不太好，农村第二、三产业在主营业务收入的占比偏低。如修水县 2022 年计划发展粮田面积 69.3 万亩，年产粮食近 25.5 万吨，但整体稻米市场呈现"总量充足、低端有余、优质不足"的局面。案例 AL_{13} 受访者表示，大多数县内加工企业只是低价输出原粮，各经营主体间缺少沟通交流，各自为战，大米加工销售不能引导稻谷生产。面对大米加工与水稻生产完全脱离，信息不充分，盲目种植，被动加工生产。黄港奉香米业、山谷香粮油有限公司、修水县源一农场、上奉华生米业等企业在优质稻品种开发及优质水稻生产与加工生产对接上做了一些工作，但由于资源不足、目标不同、能力有限，没有取得很好的实效。

6.1.3.4　发展成长因素

发展成长因素是指企业及所在产业的未来发展空间，包括成长性评价和未来发展评价，成长性评价又分为财务性的成长空间和企业实际规模扩张及成本节约能力；未来发展评价分为对自身企业的产品销路及质量满意的提升空间和产业的成长空间评价。在访谈中，虽然多数企业都有各种不同的困难，但基本上都对自己的产品及企业未来发展充满信心，盈利能力也在逐步提高，可见九江市农村三产融合空间非常大。如AL₁₃修水县灵崖种植专业合作社在现有的土地种植基础上调整农业种植结构，加大经济作物的种植比例，结合全程机械化作业，达到规模化种植，节约了成本的同时也运用绿色、高效、无公害、科技含量高的种植方式，实现高产出、低能耗、高收益的农业生产模式。合作社将水稻产业由生产向加工、销售等环节进行延伸，形成了完整的产业链，实现了农业一、二产业融合，增加了农产品的附加值，提高了农民收入。但是合作社的生产与服务业的融合深度不足，通过互联网进行电子商务线上销售的能力较弱，无法了解市场需求信息，使得产业链中的各主体与消费者无法及时有效沟通，无法在短时间内突破传统农业经营理念与营销方式，这也是目前限制其成长的一大短板。

6.1.3.5 融合认知因素

九江市农村三产融合认知主要包括政策认知度、价值认知度和风险认知度。经过访谈，被调查主体基本上都知道并了解政府关于农村三产融合的相关政策，并高度认同农村三产融合能够较大幅度提高收入水平这一观点，但又同时认为要完成农村三产融合企业自身需要承担较大风险，如设备更新换代风险、资金风险、市场风险等，风险认知是其判断是否进行农村三产融合的主要因素。AL₁₂宁红集团围绕产品宁红茶，大力发展产业链，进行茶叶种植和茶叶加工，并投资2亿元建设了160亩茶文化产业园，将茶叶从简单的"种茶""卖茶""喝茶"向茶叶生产、加工、销售、休闲、娱乐一体化发展转变，使茶叶产业与加工业、文化业、旅游业相整合，围绕"茶"打造完整产业链，促进了茶产品与农村一、二、三产业的深度融合。AL₄瑞昌市白杨镇郭桥村徐某2015年从银行贷款300多万元在白杨镇檀山村建设厂房、采购设备，先后开发出山药片、山药粉、山药面等一系列产品，形成了集山药种植、仓储、保鲜、加工、销售、品牌连锁于一体的专业化公司。由此，农村三产融合的程度受到认知水平的限制。

综上，九江市农村三产融合的发展受到政府因素、融合主体发展特征因素、成长性因素、市场因素和认知因素这五个主要驱动因素的影响。

6.2　基于因子分析的农村三产融合驱动因素分析

为进一步考察九江市农村三产融合的驱动力结构，形成影响因素及对经营主体类型的影响，本节采用因子分析、聚类分析、单因素方差分析等方法进行进一步实证研究，为采取相应措施提供借鉴。

6.2.1　变量处理与研究方法

6.2.1.1　变量处理

基于已有农村三产融合驱动力结构概念的相关研究，编制农村三产融合驱动力问卷，此问卷主要由基本的人口学变量、农村三产融合驱动因素组成。初始问卷选取了共青城市 36 名农村三产融合经营主体进行预调查，并根据预调查的结果对问卷项目进行修改和完善，问卷最终形成 34 个题项，共 5 个结构因素。对原始数据预处理主要包括：奇异值处理、缺失值插补、变量重新赋值、反向题重新赋值、删除回答一致的个案，在筛掉不符合的个案之后，统计结果以保留下来的 302 个有效样本数据为基础。驱动力结构因素处理之后的值如表 6-5 所示。

表 6-5　九江市农村三产融合的驱动力结构因素

变量名称	平均数	标准差	样本量	变量名称	平均数	标准差	样本量
技术资源 A_1	3.12	0.931	302	土地流转政策 A_{12}	3.72	0.952	302
互联网 A_2	2.92	0.922	302	财政扶持力度 A_{13}	3.40	1.022	302
资金资源 A_3	2.84	0.957	302	财政补贴 A_{14}	3.77	1.096	302
信息资源 A_4	3.07	0.914	302	银行贷款扶持 A_{15}	3.36	1.114	302
社会资源 A_5	3.26	0.934	302	政府银行贷款 A_{16}	3.03	1.141	302
政策认知 A_6	3.24	1.011	302	技术培训 A_{17}	4.14	1.015	302

（续）

变量名称	平均数	标准差	样本量	变量名称	平均数	标准差	样本量
价值认知 A_7	2.12	0.678	302	农田水利设施 A_{18}	3.59	1.059	302
风险认知 A_8	2.87	1.081	302	道路设施 A_{19}	3.65	1.107	302
融合意愿 A_9	4.04	0.824	302	居民收入 A_{20}	3.02	0.801	302
技术支持 A_{10}	3.69	1.028	302	产品需求 A_{21}	3.28	0.916	302
科技投入 A_{11}	3.54	1.092	302	地理位置 A_{22}	2.42	0.763	302

五个结构因素分别为："政府支持力"，比如政府的财政支持、金融支持、基础设施建设、技术支持等；"自身资源力"，比如经营主体自身拥有的技术资源、资金资源、信息资源和社会资源；"风险承担力"，比如觉得从事农村三产融合产业是否会有风险；"融合意愿力"，比如是否愿意从事农村三产融合；"位置影响力"，比如所从事生产经营的地理位置是处于县城、城郊、乡镇还是乡村。本问卷采用等级评定法，分为非常大、比较大、感觉一般、比较小、非常小五个等级，符合程度越高，分值越高，依次记 1～5 分。为避免调查对象答题时受思维定式影响，问卷中的一些项目采用反向叙述，并在计分时做了相应的分数转换。基本的人口学变量主要包括：家庭住址、性别、年龄、婚姻、文化程度、职业技能等级、从业年限、是否返乡创业、经营类型等。

6.2.1.2 研究方法

运用 22 个变量来反映驱动力因素，在此基础上进行因子分析和聚类分析，首先考察九江市农村三产融合的驱动力构成要素，然后分析个体特征对驱动力形成的影响，最后根据驱动力构成对经营主体进行分类。按照研究要求，对农村三产融合经营主体采取集中施测的方式，施测结束后，对问卷的质量进行审查，剔除无效问卷。采用 SPSS 26.0、AMOS 20.0 对数据进行统计分析。

6.2.2 研究结果

6.2.2.1 农村三产融合驱动力结构分析

将全部样本随机分为两部分，一部分进行探索性因子分析（$N=$

151），以初步确定农村三产融合驱动力量表的结构，另一部分进行验证性因子分析（$N=151$）。首先分析变量的相关矩阵，采用 Bartlett 球形检验与 KMO 进行度量。结果显示，KMO 值为 0.843，表明因子分析的结果能够很好地解释变量之间的关系。Bartlett 球形检验（值为2 104.936，$P<0.000$）的结果表明，变量间的相关矩阵差异显著，不是单位矩阵。因此，数据适合进行因子分析。采用主成分分析法提取因子，提取结果显示出特征值大于 1 的因子有 5 个。表明农村三产融合驱动力具有一定的结构。斜交旋转后，得到因子载荷矩阵，依据各题目的意义及其在不同因子上的载荷，发现 A_6、A_{14} 在每个因子上的负荷都比较小（小于 0.4），给予删除。删除之后，剩余 20 个项目仍集中于 5 个因子上，各项目因子载荷均大于 0.4，五个因子累积解释率为 55.03%。九江市农村三产融合驱动力结构因子分析结果见表 6 - 6。

表 6 - 6　农村三产融合驱动力结构因子分析结果

因素	维度	因子载荷	累计解释率	因素	维度	因子载荷	累计解释率
F_1 政府支持力	道路设施 A_{19}	0.837	55.03%	F_3 风险承担力	风险认知 A_8	−0.783	18.26%
	农田水利设施 A_{18}	0.820			政府银行贷款 A_{16}	0.705	
	财政扶持力度 A_{13}	0.808			农业科技投入 A_{11}	0.400	
	技术支持 A_{10}	0.719		F_4 融合意愿力	融合意愿 A_9	0.879	11.38%
	银行贷款扶持 A_{15}	0.672			价值认知 A_7	−0.724	
	土地流转政策 A_{12}	0.664		F_5 位置影响力	地理位置 A_{22}	0.822	5.49%
	居民收入 A_{20}	0.594			技术培训 A_{17}	−0.451	
	产品需求 A_{21}	0.421					
F_2 自身资源力	技术资源 A_1	0.887	27.50%				
	信息资源 A_4	0.831					
	互联网 A_2	0.808					
	资金资源 A_3	0.740					
	社会资源 A_5	0.623					

从因子载荷与解释率来看，农村三产融合驱动力具有较好的因子结构，总解释率为 55.03%。根据因子中各题目的意义，因子 1 反映了政

府对道路、农田水利设施等的投入，对农村三产融合的财政金融扶持、技术支持、土地流转政策配套，以及当地居民收入、产品需求等宏观因素，将其命名为"政府支持力"，其解释率为 27.53％。因子 2 反映了农村三产融合经营主体所拥有的技术、信息、资金、社会资源，对互联网的熟悉与利用程度，将其命名为"自身资源力"，其解释率为9.24％。因子 3 反映了农村三产融合经营主体对银行贷款、农业科技投入等投资风险认知与承担的能力，将其命名为"风险承担力"，其解释率 6.88％。因子 4 反映了经营主体对农村三产融合产生收益的价值认知和参与融合的意愿，将其命名为"融合意愿力"，其解释率为5.89％。因子 5 反映了经营主体所在地理位置（县城、城郊、乡镇、乡村）对其参与三产融合以及获得技术支持的影响，将其命名为"位置影响力"，其解释率为 5.49％。

为保证本研究所编制问卷的可靠性，进一步分析本问卷的内部一致性信度，得到了五个维度即政府支持力、自身资源力、风险承担力、融合意愿力、位置影响力的 *Cronbach Alpha* 系数在 0.810～0.846，整个问卷的 *Cronbach Alpha* 系数为 0.902，表明测量工具具有较高的内部一致性，可靠性较高。

为验证如上农村三产融合驱动力五因素结构的合理性，用剩下的151 个样本进行验证性因子分析，由表 6-7 结果可知，各项拟合指标良好（$P<0.01$，$CFI>0.9$，$IFI>0.9$，$TLI>0.9$，$RMSEA>0.06$），表明农村三产融合驱动力模型具有稳定的结构。

表 6-7　农村三产融合驱动力结构模型的拟合度指数

X^2	df	X^2/df	GFI	AGFI	PGFI	NFI	RFI	IFI	TLI	CFI	RMSEA
543.176	39	13.928	0.961	0.935	0.668	0.943	0.920	0.947	0.925	0.947	0.070

因此，从以上分析可以看出，九江市农村三产融合受到"政府支持力""自身资源力""风险承担力""融合意愿力""位置影响力"等五个结构因素的影响，其中政府政策支持力影响最大。

6.2.2.2 主体特征对农村三产融合驱动力的影响

虽然农村三产融合受到以上五大驱动因素的影响，但以上五大驱动因素也可能受到经营主体的个体特征影响。因此我们进一步运用单因素方差分析方法来考察个体特征如文化程度、职业技能、返乡创业情况、经营类型、从业年限对驱动因素的影响。单因素方差分析结果如表6-8所示。

表6-8 个体特征对农村三产融合驱动力的影响

驱动力	文化程度	职业技能	返乡创业	经营类型	从业年数
政府支持力	0.024**	0.002**	0.002**	0.271	0.791
自身资源力	0.077	0.008**	0.055	0.534	0.001**
风险承担力	0.012**	0.017**	0.028**	0.200	0.000***
融合意愿力	0.304	0.166	0.011**	0.162	0.092*
位置影响力	0.000***	0.063	0.580	0.006**	0.000***
总体驱动力	0.001**	0.001**	0.095*	0.187	0.000***

（1）文化程度因素。如表6-8所示，文化程度因素对"政府支持力""风险承担力""位置影响力""总体驱动力"均产生显著影响，对"自身资源力""融合意愿力"影响不显著。不同文化程度的经营者所获得的"政府支持力"有显著区别，总体上经营者文化程度越高，能获得的"政府支持力"就越大；在"风险承担力""位置影响力""总体驱动力"有相同的表现，即经营者文化程度越高，其均值水平越高。

（2）职业技能因素。如表6-8所示，职业技能因素对"政府支持力""自身资源力""风险承担力""总体驱动力"均产生显著影响，对"位置影响力""融合意愿力"影响不显著。不同职业技能的经营者所获得的"政府支持力"有显著区别，拥有初级、高级职业技能的经营者能获得的"政府支持力"更大；在"风险承担力""自身资源力""总体驱动力"三个方面表现相似，即经营者职业技能越高，其均值水平越高，驱动力越大。

（3）返乡创业因素。如表6-8所示，返乡创业因素对"政府支持力""风险承担力""融合意愿力""总体驱动力"均产生显著影响，对"位置影响力""自身资源力"影响不显著。返乡创业经营者的"政府支持力""风险承担力""总体驱动力"均高于非返乡创业经营者，但在"融合意愿力"上低于非返乡创业者。

（4）经营类型因素。如表6-8所示，经营类型因素对"政府支持力""自身资源力""风险承担力""融合意愿力""总体驱动力"的影响均不显著，对"位置影响力"有显著影响。经营类型从"农业企业""农民合作社""家庭农场"到"种养大户"，距离县城越来越远。

（5）从业年限因素。如表6-8所示，从业年限因素对"自身资源力""风险承担力""融合意愿力""位置影响力""总体驱动力"均产生显著影响，对"政府支持力"影响不显著。总体来看，经营年限越长，其"自身资源力""风险承担力""融合意愿力""总体驱动力"取值越高。大部分经营年限越长的，其"位置影响力"越弱，表明经营年限较长的主要是位于乡村的"种养大户"，距离县城相对较远，位置影响力相对较弱。

综上，文化程度、职业技能、返乡创业、经营类型、从业年数5个因素均会对农村三产融合驱动力及其各维度产生不同的影响。"总体驱动力"主要受从业年数、职业技能、文化程度、返乡创业4个因素影响；"政府支持力"主要受职业技能、返乡创业、文化程度3个因素的影响；"自身资源力"主要受从业年数、职业技能2个因素影响；"风险承担力"主要受从业年数、文化程度、职业技能、返乡创业4个因素影响；"融合意愿力"主要受返乡创业、从业年数2个因素影响；"位置影响力"主要受从业年数、文化程度、经营类型3个因素影响。一般来说，文化程度越高、职业技能越强、从业年数越久的返乡创业经营主体，其农村三产融合的驱动力越大。

6.2.2.3 基于农村三产融合驱动力因素的经营主体类型分析

（1）不同经营主体分类。不同的经营主体从事农村三产融合的驱动力强弱不一样，而且不同经营主体其在不同驱动力上的表现也不一样。

为了考察不同经营主体的驱动力差异，以便更好地采取措施推动经营主体从事农村三产融合，我们对全部样本以驱动力得分进行聚类，将经营主体根据驱动力的不同分为四大类型。驱动力除了前面提出的五大驱动力外，还增加总体驱动力，以这六个方面的均值为基本变量，采用快速聚类的方法对样本进行聚类研究，结果如表6-9和图6-2所示。

表6-9 农村三产融合驱动力在各维度均值

驱动力	不同驱动力的经营主体类型			
	卓越能动型	资源匮乏型	意愿驱动型	弱驱动型
政府支持力	4.11	3.76	3.08	2.86
自身资源力	3.80	2.69	3.04	2.47
风险承担力	3.91	3.00	3.34	2.46
融合意愿力	3.08	3.07	3.28	2.89
位置影响力	3.58	3.68	3.11	2.76
总体驱动力	3.69	3.24	3.17	2.69
样本量	87	63	77	75
占比	28.81%	20.86%	25.50%	24.83%

根据政府支持力、自身资源力、风险承担力、融合意愿力、位置影响力、总体驱动力的分析结果，可以将农村三产融合经营主体分为四大类型。依据驱动力进行经营主体分类，结果如图6-2所示。

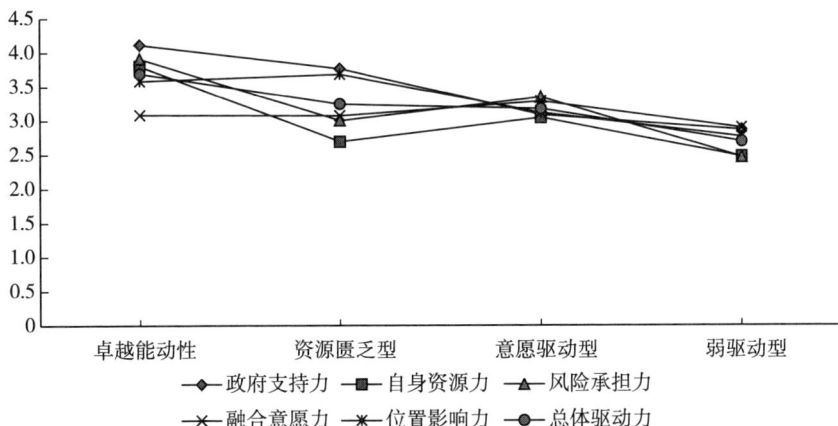

图6-2 农村三产融合驱动力结构类型

从表6-9和图6-2可以看出，农村三产融合驱动力的四种类型分别在六个方面的分布表现出相似的发展趋势，同时呈现出较大差异性。相似性表现在：整体上驱动力各结构因素表现出下降趋势；政府支持力度与总体驱动力下降趋势最为明显。差异性表现在每一种类型的农村三产融合驱动力表现出各自显著的差异特征，具体表现特点如下。

第一种类型：卓越能动型。驱动力在各个维度上都表现出较高的均值水平，均值在3.08～4.11，其中政府支持力均值最高。该类型的突出特点在于：政府支持力、自身资源力、风险承担力、总体驱动力的均值越高，农村三产融合驱动力越强。这类经营者占到样本总量的28.81%。综合以上特点，我们将其命名为"卓越能动型"。

第二种类型：资源匮乏型。经营者在政府支持力、位置影响力、总体驱动力三个方面均高于第三、第四种类型，各维度均值取值在2.69～3.76，整体波动相对较大，自身资源力、风险承担力均值相对较低。这类经营者占到样本总量的20.86%。综合以上特点，我们将其命名为"资源匮乏型"。

第三种类型：意愿驱动型。经营者各方面均值分布较为集中，取值在3.04～3.34，表现较为平稳，其中自身资源力、风险承担力、融合意愿力等结构因素均值较高，融合意愿力均值在四种类型中最高，总体驱动力均值排第三。这类经营者占到样本总量的25.50%。综合以上特点，我们将其命名为"意愿驱动型"。

第四种类型：弱驱动型。经营者各方面均值均处于四种类型中最低，取值范围在2.46～2.89，均值分布较为集中，处于较低水平，三产融合驱动力较弱。这类经营者占到样本总量的24.83%。综合以上特点，我们将其命名为"弱驱动型"。

（2）不同经营主体策略。要进一步推进农村三产融合，需要从其驱动力构成因素、表现类型、影响因素三个层面设计好相关配套政策。第一，从三产融合驱动力构成因素来看，"政府支持力"发挥着重要作用，地方政府需进一步加强道路、农业基础设施建设，制定财政支持、金融支持、土地流转等政策制度，提供相关技术、市场营销培训与指导；经营者的"自身资源力"越强，其"风险承担力"就越强，"融合意愿力"就会越高，可以从技术资源、信息资源、互联网资源、资金资源、社会资源等方面加强经营者"自身资源力"建设，并进一步加大三产融合价值认知方面的宣传。第二，从农村三产融合驱动力的表现类型来看，对于"卓越能动型"，其"融合意愿力"有待进一步提升，需加强三产融合价值认知的培训与宣传；对于"资源匮乏型"，其"融合意愿力"较高，但受制于"自身资源力"不足，需有针对性地加强资源力建设；对于"意愿驱动型"，主要是加强"政府支持力"；对于"弱驱动型"，要从"政府支持力""自身资源力""风险承担力""融合意愿力"等方面全面扶持。第三，从农村三产融合驱动力的影响因素来看，文化程度、职业技能、返乡创业对提高农村三产融合驱动力有显著影响，可以对经营者加强教育与培训，吸引高学历者、返乡创业者投身"三农"建设；从事农业年限越长，其农村三产融合的驱动力越强，表明农村三产融合是农业农村发展的内生动力，是农村经济发展的必然要求，要顺势而为，主动作为，大力推进农村三产融合发展。

6.3　结论

本章利用实地调研数据，运用扎根理论和因子分析方法，构建驱动因素模型，实证分析九江市农村三产融合主要影响因素，考察九江市农村三产融合驱动力结构，并分析了经营主体特征对驱动力的影响，同时进一步按驱动力差异对经营主体进行了分类。

研究表明：①九江市三产融合驱动因素主要有政策支持因素、主体特征因素、发展成长因素、市场需求因素和融合认知因素，而且政策支持因素与市场需求因素是外部环境因素，主体特征因素、发展成长因素和融合认知因素是内部因素，它们之间相互影响，共同构筑起一个稳固的三角形。②九江市农村三产融合受到"政府支持力""自身资源力"

"风险承担力""融合意愿力""位置影响力"等五个结构因素的影响，其中政府政策支持力影响最大；经营者个体特征均会对九江市农村三产融合驱动力产生影响，文化程度越高、职业技能越强、从业年数越久的返乡创业经营主体，其农村三产融合的驱动力越大；根据驱动力差异可以将经营主体分为卓越能动型、资源匮乏型、意愿驱动型、弱驱动型等四种类型，对不同类型经营主体要采取不同措施来促进其农村三产融合发展。

第 7 章

农村三产融合实现路径：
模式与行为视角

在分析了九江市农村三产融合的发展现状与驱动因素之后，我们进一步考察其实现路径，这也是本书三大核心内容之一。本章首先基于产业融合理论、产业价值链理论与契约选择理论，构建农村三产融合实现路径形成理论模型；然后利用微观调研数据，采用计量分析方法，从融合模式选择与契约方式选择两个方面，实证分析农村三产融合实现路径形成影响因素。

7.1 农村三产融合实现路径形成理论模型分析

7.1.1 理论模型构建

实现路径形成理论模型构建的基本思路是：农村三产融合将沿着"延长产业链-提升价值链-完善利益链"逻辑路线来实现；延长产业链，提升价值链，需要选择恰当的三产融合模式；完善利益链，关键是选择合适的三产融合契约方式；通过合理的融合模式与契约方式，建立完善的利益连接机制，有效地提升农村产业价值，促进农村三产融合发展，最终提高农民收入水平。因此，根据以上研究思路，建立农村三产融合"逻辑路线（延长产业链、提升价值链、完善利益链）-实践方式（融合模式、契约方式）"路径，其形成的理论模型如图 7-1 所示。

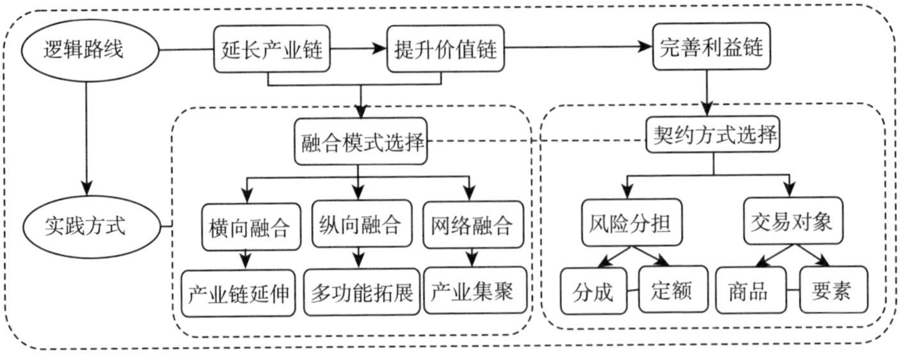

图 7-1 农村三产融合实现路径形成理论模型

在以上农村三产融合的实现路径中，经营主体面临两个关键行为选择：一是农村三产融合经营主体对融合模式的选择；二是农村三产融合经营主体之间契约方式的选择。农村三产融合发展中的这两个关键行为选择受到哪些因素影响？经营主体是理性的，应用成本收益分析法，可以将农村三产融合发展行为的数学表达式表示为：

$$F(R) = P[R_e - C] > R_0 \qquad 式（7-1）$$

$$R_e = f[E(X_i) - A] \qquad 式（7-2）$$

其中，R_e 为发展农村三产融合的预期收益，C 为发展农村三产融合的预期成本，R_0 为现有收益，$F(R)$ 为发展农村三产融合行为选择的决定函数。$E(X_i)$ 指复杂的外部因素对主体决策行为所产生的作用，X_i 为选择过程中动力（正作用）与约束（反作用）所涉及的多种外部因素；A 为主体所具有的内在因素；经营主体作为理性人所追求收益最大化是由个体内部因素与外部因素共同决定的。

7.1.2 融合模式理论分析

7.1.2.1 农业内部融合模式

农业内部融合模式是指种植业、养殖业、渔业、林业等各个农业内部子产业之间或者子产业之间的不同品种或者生产过程之间，建立有机联系，有效地整合各类资源，在保护环境、节约资源的条件下，达到农民增收的目的。农业内部融合模式主要有种养结合、林养结合等融合模式（刘艳丽，2018）。

种养结合可以最大限度地利用土地、水源以及肥料等资源，通过循环利用和相互补充来提高资源利用率。比如在农田中放养家禽，将家禽的粪便当作肥料，肥沃土壤，同时家禽的活动也可以达到松土、除虫等目的，并且促进了作物的生长和发育，增加无公害绿色有机农产品比例，避免化肥农药的使用，也可以对环境进行一定的保护，减少土壤和水源的污染。

林养结合则可以有效地利用资源，降低畜牧业和林业对土地的竞争程度。畜牧业可以为林业提供肥料，养殖废弃物可以作为有机肥料回到林业系统，促进植物生长，提高土壤肥力。养殖的动物也可以以野生植物以及昆虫为食，节约饲料的投放，也保证了畜禽产品品质，使生产经营者收益提高，林业经济加速发展。

7.1.2.2　农业产业链延伸融合模式

农业产业链延伸融合模式是指以农业为基础，将产前、产中、产后结合起来，向前后延伸，结合农业生产资料供应与农业生产，实现农业生产、农产品加工、流通销售等融合发展，实现资源共享、互补，提高农产品价值，实现农民经济效益最大化。农业产业链的延伸方向主要有两个：一是横向延伸，将农产品深加工加入产业链中，扩大了农业的产业范畴，提高了产业链中的组织规模。二是纵向延伸，即以高科技的研发、试验与推广为核心，推动农业产业链条的深度拓展。

在农业产业链延伸融合模式下，种植基地的建设需要进行大规模的土地流转，为农产品加工、仓库储存、物流运输、市场营销等方面引入资金，并与农业企业共同构成产业链。通过开展农村一、二、三产业多种经营活动，形成以生产资料供应为基础，农产品生产、加工、储存、销售等的联结与整合，从而创造了农业产业链的附加价值。农业产业链延伸融合模式是提高农业生产效率、促进农民增收、发展中国农业现代化的有效途径（江泽林，2021）。

7.1.2.3 农业多功能拓展融合模式

除了农业的生产功能以外，农业还具有旅游、观光、疗养、文化等功能，依托农村自然环境、生态文明，通过发展休闲农业和乡村旅游等途径，推进农业与旅游、娱乐、文化、养老等产业深度交叉融合，拓展农业经济、社会、文化和生态功能，助推农村经济发展。

农业多功能拓展型融合模式基于传统农业不断拓展农业功能，以多功能、多要素融合型生态农业为基本理念，利用土地、自然资源、地理优势等条件，将农业种植与休闲娱乐、观光游览、文化、饮食等方面结合起来，发展特色农业、农家乐、休闲民宿、采摘园、特色小镇、农业产业园区等业态，实现农业多功能的拓展。该模式将土地、自然资源、乡村文化和资本要素结合，形成农旅融合等新业态，延伸农业价值，拓展农业的发展空间，推动农村产业融合发展，提高农业产业竞争力。

7.1.2.4 先进技术渗透融合模式

先进技术渗透型融合模式，就是将云计算、互联网、大数据、物联网等新技术逐步渗入农村地区和农村产业当中，将各类技术和服务运用于与农业有关的各个领域，改变传统农业生产过程中的各个环节，甚至渗透到与农业相关的其他产业当中，实现农业信息共享以及线上线下交易。而先进技术的渗透是传统农业向现代农业转变的根本途径，创新性运用计算机技术、网络技术等实现农产品销售的电子化、网络化，发展农村电商，建设平台型企业，形成线上带动线下，线下支撑线上，电子商务带动实体经济的农村一、二、三产业融合发展模式，拓展农产品或农副产品的市场销售空间，提升农产品的附加值（姜长云，2017）。

先进技术对农业不断渗透过程中，会提高生产效率、增加农民收入并产生就业效应。一是由于这些信息技术会逐渐参与到农业生产、加工以及销售的各个环节，会促进农业产业的生产效率提升。二是先进的信息技术产业会在不断地渗透中带动农业的融合发展，产生"互联网＋农业"、信息农业等新型业态，各种交易成本大大降低，从而提高农业收入。三是先进技术渗透使新型业态产生，不但使得生产效率大幅度提高，对于农村地区的就业也有一定的促进作用，尤其是与这些新型业态配套的一些特定的服务业可以吸引反向就业的人才（唐富军，2018）。

7.1.2.5　农业产业集聚融合模式

在农村经济发展中，农业产业集聚融合模式是一种将不同领域的相互独立又相互联系的农业企业、农业产业或农民合作社在农村地区按照区域化布局、产业化经营、专业化生产等要求，集聚在一起，在空间上紧密联系、共享资源和相互合作的一种发展模式。通过资源共享、技术合作、市场协同等方式，不同农业产业之间可以形成相互补充、相互促进的关系，从而提升农村整体的经济效益。

将各种生产要素在农村集聚，形成第一、二、三产业分工合理、协同合作的农村产业有机融合发展体系。近年来，越来越多地区着力于推广"一村一品"等经营模式，通过招商引资吸引大量企业入驻乡村，发挥农业生产优势，在地域和空间上形成高度集聚的融合，就是一种农业产业集聚的典型做法。

7.1.3　契约方式理论分析

契约安排与效率问题一直是学界经久不衰的热门话题。农村三产融合各经营主体之间的契约选择，关系着利益的分配。而根据不同分类标准，可以将契约方式分为不同的种类。

7.1.3.1　按照计算方式分类

古典和新古典经济学家按照收益分配计算方式将契约分为分成契约、工资契约和定额租约，并认为分成契约效率低于工资契约和定额租约（Smith，1 776；Marshal，1920；Chen，1961），甚至将第三世界国家经济停滞归咎于此（Rey，1998）。但 Cheung 对此"定论"提出了质疑，认为在竞争和私产的约束下分成契约与定额租约效率相同（Cheung，1968），一些实证研究也验证了分成契约的有效性（Ackerberg 等，2000），甚至认为分成契约要优于定额租约和工资契约（Bellemare，2009）。中国历史证明，在一定条件下分成契约与定额租约具有相同效果（罗必良等，2015），农业契约依据交易费用从高到低依次选择定租契约、工资契约和分成契约，才能有较高效率（何一鸣等，2019）。

7.1.3.2　按照交易对象分类

按照对象和性质不同，契约形式又可分为要素契约和商品契约，企业和市场的区别正是要素契约和商品契约的区别（Coase，1937），要素契约具有直接性、长期性和稳定性的特点，其取代商品契约正是科斯企业契约理论的真谛（Cheung，1968）。但也有学者认为要素契约和商品契约之间并没有任何差异（阿尔奇安等，1972），商品契约完全有可能在长期内稳定，达到与要素契约相同的效果（周立群等，2002），甚至认为要素契约可能会因管理、监督困难而效率降低（Cheung，1968），单纯的要素契约很难在现阶段农业生产中发挥作用，商品契约稳定性优于要素契约（周立群等，2002）。

7.1.3.3　按照交易特征分类

按照威廉姆森的观点，交易特征决定契约类型，契约类型决定治理结构选择，契约类型应与治理结构相匹配（罗必良等，2019）。根据交易特征不同，可以将契约分为古典契约、新古典契约和关系契约，并对应市场治理、第三方治理和双方治理或一体化治理（Williamson 等，1985）。农业具有高资产专用性、不确定性和交易频率特征，属于关系式契约，应建立双方治理或统一治理结构，降低交易成本，提高契约交易效率（梁伟军，2010；万俊毅，2020）。农业产业化模式在本质上是一种契约形式。

7.1.3.4　按照紧密程度分类

根据紧密程度可以将其分为松散型契约、半紧密型契约和紧密型契约（尹云松等，2003）。松散型契约交易成本最高，而紧密型一体化契约交易成本将会降到最小（Coase，1937），可以最大限度地减少因专用性投资引起的"敲竹杠"问题（Klein，2000；Joskow，2002），有利于降低交易成本，提高契约绩效（万俊毅，2008），来自中国的证据也支持了这一结论（张昆等，2014；闵继胜等，2016）。

7.2　农村三产融合模式选择行为影响因素分析

7.2.1　模型选取与变量设定

7.2.1.1　模型选取

参考已有研究成果，农村三产融合模式主要包括五种，即种养结合、产业链延伸、多功能拓展、先进技术渗透、农村产业集聚。根据社会科学领域中已有研究成果，当因变量为离散型变量，类别在三类及以上，且每一类别之间不存在排列序次关系时，可以采用多元 Logistic 模型进行分析，对五种模式分别赋值 1、2、3、4、5。具体数学表达式如下：

$$\ln P(Z_1)/P(Z_5) = \alpha_1 + \sum \beta_{1k} x_k + \varepsilon \qquad 式（7-3）$$

$$\ln P(Z_2)/P(Z_5) = \alpha_2 + \sum \beta_{2k} x_k + \varepsilon \qquad 式（7-4）$$

$$\ln P(Z_3)/P(Z_5) = \alpha_3 + \sum \beta_{3k} x_k + \varepsilon \qquad 式（7-5）$$

$$\ln P(Z_4)/P(Z_5) = \alpha_4 + \sum \beta_{4k} x_k + \varepsilon \qquad 式（7-6）$$

并有
$$Z_1 + Z_2 + Z_3 + Z_4 = 1 \qquad 式（7-7）$$

式（7-3）、式（7-4）、式（7-5）、式（7-6）中，P 为农业经营主体对农村三产融合模式优先选择的概率，Z_1 为种养结合融合模式，Z_2 为产业链延伸融合模式，Z_3 为多功能拓展融合模式，Z_4 为先进技术渗透融合模式，Z_5 为农村产业集聚融合模式（也是计量分析选择的参照组），α_n（$n=1$，2，3，4）为表达式常数项，β_{nk}（$n=1$，2，3，4）为第 k 个选择优先次序影响因素的回归系数，x_k 为自变量，也即影响农村三产融合模式优先选择的主要因素，ε 为随机误差项。同时 α_n 和

β_{nk} 的值可采用极大似然估计法进行估计。

7.2.1.2 变量设定

（1）因变量：农村三产融合模式。主要包括种养结合、产业链延伸、多功能拓展、先进技术渗透、农业产业集聚等五种模式，各模式占比如图 7-2 所示。

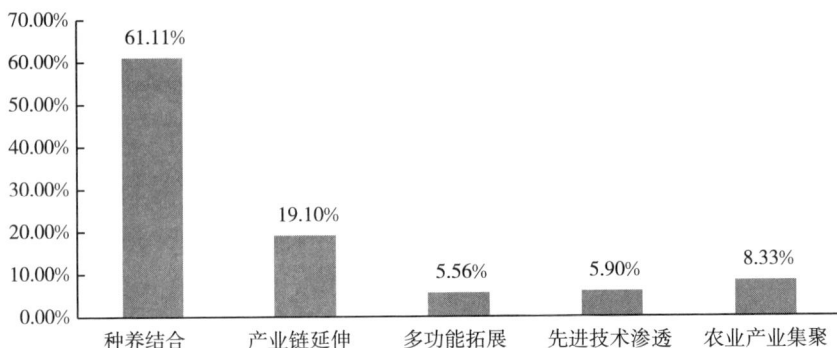

图 7-2 农业经营主体三产融合模式选择的具体情况

从图 7-2 中可以看出，种养结合模式在九江市农业经营主体的农村三产融合模式选择行为中占据主要地位，占比 61.11%。其次为产业链延伸，占比为 19.10%。其他三种模式所占比重远不如前两种模式，比例均在 10% 以下。通过上述分析可知，目前九江市农村三产融合模式多为种养结合和产业链延伸这两种。

（2）自变量：影响农村三产融合模式选择的个体特征、资源特征、融合认知、外部环境等四大类因素。其中，个体特征包括农业经营主体的性别、年龄、婚姻状况、文化程度、职业技能等级以及从业年限。资源特征包括经营主体所拥有和利用的技术资源、互联网资源、资金资源、信息资源、社会资源。融合认知包括经营主体对农村三产融合的政策认知、收益认知、风险认知、融合意愿。农业经营主体的外部环境方面包括农业科技投入、技术培训次数、技术支持力度、土地流转政策、财政扶持力度、财政补贴次数、贷款扶持力度等。各变量的描述性统计特征详见表 7-1。

表7-1 模型变量及描述性统计

解释变量名称		变量含义及赋值	mean	dev.	min	max
个体特征	性别	男＝1，女＝0	0.906	0.292	0	1
	年龄	20岁以下＝1，21～34岁＝2，35～44岁＝3，45岁以上＝4	3.604	0.627	1	4
	婚姻状况	已婚＝1，未婚＝0	0.976	0.154	0	1
	文化程度	小学及以下＝1，初中＝2，高中及中专＝3，大专及以上＝4	2.708	0.936	1	4
	职业技能等级	无＝0，初级＝1，中级＝2，高级＝3	1	0.903	0	3
	从业年限	3年以下＝1，3～5年＝2，6～8年＝3，8年以上＝4	2.899	1.148	1	4
资源特征	技术资源	非常缺乏＝1，比较缺乏＝2，感觉一般＝3，比较丰富＝4，非常丰富＝5①	3.149	0.919	1	5
	互联网资源	同①	2.938	0.92	1	5
	资金资源	同①	2.868	0.957	1	5
	信息资源	同①	3.097	0.913	1	5
	社会资源	同①	3.292	0.917	1	5
融合认知	政策认知	很不了解＝1，不太了解＝2，感觉一般＝3，比较了解＝4，非常了解＝5	3.243	1.01	1	5
	收益认知	非常小＝1，比较小＝2，感觉一般＝3，比较大＝4，非常大＝5②	3.517	0.988	1	5
	风险认知	同②	3.132	1.087	1	5
	融合意愿	很不愿意＝1，不太愿意＝2，感觉一般＝3，比较愿意＝4，非常愿意＝5	4.045	0.831	1	5
外部环境	农业科技投入	同②	3.552	1.074	1	5
	技术培训次数	0次＝0，1次＝1，2次＝2，3次及以上＝3	2.149	1.013	0	3
	技术支持力度	同②	3.691	1.032	1	5
	土地流转政策	很不满意＝1，不满意＝2，感觉一般，比较大，非常大③	3.733	0.949	1	5
	财政扶持力度	同②	3.406	1.025	1	5
	财政补贴次数	0次＝0，1次＝1，2次＝2，3次及以上＝3	1.778	1.094	0	3

（续）

解释变量名称		变量含义及赋值	Mean	Dev.	Min	Max
	贷款扶持力度	同②	3.354	1.123	1	5
	银行贷款次数	0次=0，1次=1，2次=2，3次及以上=3	1.038	1.136	0	3
外部环境	农田水利设施	同②	3.59	1.062	1	5
	生产道路设施	同②	3.667	1.107	1	5
	居民收入水平	同③	3.031	0.789	1	5
	产品需求	同②	3.281	0.911	1	5
	所处地理位置	县城=1，城郊=2，乡镇=3，乡村=4	3.597	0.740	1	4

7.2.2　模型估计结果与分析

对农村三产融合模式选择影响因素的实证回归结果如表7－2所示。根据表中的回归结果我们可以从各个融合模式与对照模式的总体差异及各因素的不同显著影响两个方面来进行分析。

首先，以"农业产业集聚"融合模式为对照组，根据计量实证结果考察种养结合、产业链延伸、多功能拓展、先进技术渗透模式在优先次序选择时与其有什么样的差别。其次，如果这五种融合模式在优先次序选择时存在显著差别，那引起这些差别的具体影响因素到底是哪些？这些影响因素的影响程度怎样？

7.2.2.1　总体结果分析

运用SPSS17.0专业计量统计分析软件对302个有效样本数据进行多元 Logistic 回归处理分析，将所有可能对因变量有影响的自变量引入模型进行显著性检验，在处理过程中选择最后一个因变量，即"Y＝农业产业集聚"作为参照组，对农业经营主体农村三产融合模式选择的影响因素进行实证分析。该模型的统计分析值为125.67，模型总体显著性 P＜0.001，这就充分说明，模型的显著性情况良好，且总体有效样本数据能较好地拟合。从农业经营主体对融合模式选择影响因素多元 Logistic 模型回归结果可知，选择"农业产业集聚"融合模式为参照组，

表7-2 回归参数估计结果

变量		系数				变量		系数			
		模型1	模型2	模型3	模型4			模型1	模型2	模型3	模型4
个体特征	性别	−0.994	−0.786	−1.319	−2.621*	外部环境	农业科技投入	−0.976**	−0.800*	−1.358**	−1.037*
		(1.256)	(1.348)	(1.746)	(1.499)			(0.414)	(0.453)	(0.583)	(0.540)
	年龄	0.312	0.177	−0.340	−0.012		技术培训次数	−0.456	−0.711*	−0.030	−0.279
		(0.503)	(0.552)	(0.704)	(0.743)			(0.349)	(0.389)	(0.542)	(0.469)
	婚姻状况	0.865	3.295*	18.58	15.43		技术支持力度	0.076 3	0.157	0.496	−0.413
		(1.436)	(1.905)	(1.424)	(1.574)			(0.372)	(0.422)	(0.574)	(0.518)
	文化程度	0.669*	0.643	0.438	1.426***		土地流转政策	0.194	0.118	−1.352**	0.163
		(0.355)	(0.396)	(0.542)	(0.524)			(0.343)	(0.387)	(0.570)	(0.493)
	职业技术等级	1.295***	1.381***	1.435**	1.466**		财政扶持力度	−0.455	−0.533	0.013	0.171
		(0.462)	(0.488)	(0.612)	(0.569)			(0.445)	(0.488)	(0.614)	(0.627)
	从业年限	0.181	0.472	−0.040	0.571		财政补贴次数	0.301	0.417	1.201**	0.352
		(0.272)	(0.307)	(0.475)	(0.431)			(0.306)	(0.343)	(0.536)	(0.453)
资源禀赋	技术资源	0.184	0.334	−0.016	0.443		贷款扶持力度	0.538*	0.671*	0.310	0.198
		(0.414)	(0.464)	(0.665)	(0.601)			(0.323)	(0.374)	(0.513)	(0.454)
	互联网资源	−0.183	0.368	0.826	−1.188*		银行贷款次数	−0.697**	−0.139	−0.460	−0.840**
		(0.453)	(0.508)	(0.725)	(0.707)			(0.277)	(0.304)	(0.435)	(0.403)
	资金资源	0.247	−0.285	−0.058	0.188		农田水利设施	−0.331	−0.061	−0.439	0.428
		(0.391)	(0.429)	(0.563)	(0.513)			(0.344)	(0.400)	(0.539)	(0.574)
	信息资源	−0.569	−0.871	−0.945	−0.010 1		生产道路设施	0.178	0.126	−0.701	−0.477
		(0.494)	(0.537)	(0.687)	(0.704)			(0.351)	(0.395)	(0.537)	(0.503)
	社会资源	−0.094 1	0.042 3	−0.290	−0.295		收入水平	0.428	0.351	0.701	0.905
		(0.407)	(0.453)	(0.539)	(0.542)			(0.452)	(0.509)	(0.755)	(0.650)
融合认知	政策认知	0.059 2	−0.198	−0.268	−0.250		产品需求	−0.070	−0.210	0.460	−0.241
		(0.352)	(0.389)	(0.584)	(0.520)			(0.406)	(0.449)	(0.597)	(0.547)
	收益认知	1.195***	0.926**	1.112**	1.173**		所处地理位置	−0.030	−0.678*	−1.298**	−0.392
		(0.354)	(0.387)	(0.523)	(0.462)			(0.407)	(0.443)	(0.581)	(0.643)
	风险认知	0.383	0.148	0.648	0.541	Constant		−6.059*	−8.754**	−16.55	−23.33
		(0.301)	(0.334)	(0.477)	(0.417)						
	融合意愿	0.819**	1.291***	1.083*	1.213**			(3.623)	(4.126)	(2.425)	(1.574)
		(0.367)	(0.421)	(0.599)	(0.561)						

注：*、**、***分别表示在10%、5%、1%水平上显著；"种养结合""产业链延伸""多功能拓展""先进技术渗透"分别表示1、2、3、4，"农村产业集聚"作为对照组。

种养结合、产业链延伸、多功能拓展、先进技术渗透模式所体现出来的参照差别比较明显。

（1）种养结合融合模式。从表7-2中Y＝1（种养结合/农业产业集聚）的回归结果可知，相对于"农业产业集聚"融合模式，28个影响因素中有文化程度、职业技术等级、收益认知、融合意愿、农业科技投入、贷款扶持力度、银行贷款次数等7个因素的影响结果比较显著。其他的影响因素，如性别、年龄、婚姻状况等21个影响因素的影响都不显著。

（2）产业链延伸融合模式。从表7-2中Y＝2（产业链延伸/农业产业集聚）的回归结果可知，相对于"农业产业集聚"融合模式，28个影响因素中婚姻状况、职业技术等级、收益认知、融合意愿、农业科技投入、技术培训次数、贷款扶持力度等7个因素的影响结果比较显著。其他的影响因素，如性别、年龄、文化程度等21个影响因素的影响都不显著。

（3）多功能拓展融合模式。从表7-2中Y＝3（多功能拓展/农业产业集聚）的回归结果可知，相对于"农业产业集聚"融合模式，28个影响因素中有职业技术等级、收益认知、融合意愿、农业科技投入、土地流转政策、财政补贴次数、所处地理位置等7个因素的影响结果比较显著。其他的影响因素，如性别、年龄、文化程度等21个影响因素的影响都不显著。

（4）先进技术渗透融合模式。从表7-2中Y＝4（先进技术渗透/农业产业集聚）的回归结果可知，相对于"农业产业集聚"融合模式，28个影响因素中有性别、文化程度、职业技术等级、互联网资源、收益认知、融合意愿、农业科技投入、银行贷款次数等8个因素的影响结果比较显著。其他的影响因素，如年龄、婚姻状况、从业年限等20个影响因素的影响都不显著。

7.2.2.2 具体影响因素分析

根据前文研究综述、计量模型变量选择及农业经营主体农村三产融合模式选择影响因素的多元 Logistic 模型回归检验结果，分别从农业经营主体个体特征、资源禀赋、融合认知、外部环境等四个方面对各因素影响农业经营主体农村三产融合模式的强弱情况及正负方向进行具体分析，为今后农业经营主体采取更有效的农村三产融合模式提供决策参考。

（1）个体特征方面。首先，职业技术等级在四个回归模型中的系数分别为 1.295、1.381、1.435、1.466，说明职业技术等级越高，农业经营主体越容易选择先进技术渗透融合模式，然后是多功能拓展、产业链延伸、种养结合模式，最后就是农业产业集聚模式。其次，文化程度在模型1和模型4的系数分别为 0.669、1.426，说明文化程度是影响种养结合模式和先进技术渗透模式的显著性变量，文化程度越高，农业经营主体越容易选择先进技术渗透融合模式，然后是种养结合模式和农业产业集聚模式。最后，性别和婚姻状况分别在回归模型4和模型2通过显著性检验，说明男性更倾向于选择先进技术渗透融合模式，而已婚者更倾向于选择产业链延伸融合模式。

（2）资源禀赋方面。在所有的资源禀赋中，只有互联网资源在模型4中通过显著性检验，说明拥有互联网资源的经营主体更倾向于采取先进技术渗透融合模式，而其他资源没有通过 10% 的显著性检验，说明这些因素并非影响农业经营主体对农村三产融合模式的主要因素，它们没有发挥应有的作用。

（3）融合认知方面。收益认知和融合意愿是影响种养结合模式、产业链延伸模式、多功能拓展模式、先进技术渗透模式的显著性变量，四个 logit 回归模型中，该指标都通过 10% 的显著性检验。实证结果显示，收益认知在四个回归模型中的系数分别为 1.195、0.926、1.112 和 1.173，说明收益认知越大，农业经营主体就越容易选择种养结合模式，其次是先进技术渗透模式，再是多功能拓展模式，最后才是产业链延伸模式和农村产业集聚模式。融合意愿在四个 logit 回归模型中的系数分别为 0.819、1.291、1.083 和 1.213，说明融合意愿越大，农业经营主体就越容易选择产业链延伸和先进技术渗透，其次是多功能拓展，最后是种养结合和农村产业集聚。而对于政策认知和风险认知，这两个因素在多元 logit 模型中均没有通过 10% 的显著性检验，说明这两者不是主要影响。

（4）外部环境方面。第一，从技术投入来看。农业科技投入是影响种养结合模式、产业链延伸模式、多功能拓展模式、先进技术渗透模式的显著性变量，四个回归模型中，该指标都通过了 10% 的显著性检验，系数分别为 -0.976、-0.800、-1.358 和 -1.037。可以看出，进行农业科技投入的经营主体更容易选择农村产业集聚模式，其次是产业链延伸模式，再次是种养结合模式和先进技术渗透模式，最后是多功能拓展模式。技术培训次数在四个回归模型中多数没有通过 10% 的显著性检验，说明该因素并非主要因素。第二，从政府政策来看。在政府政策中，贷款扶持力度和贷款次数分别在模型 1 和模型 2、模型 1 和模型 4 中通过显著性检验，说明贷款扶持力度是影响种养结合模式和产业链延伸模式的显著性变量，而贷款次数是影响种养结合模式和先进技术渗透模式的显著性变量。土地流转政策和财政补贴次数都在回归模型 3 通过显著性检验，说明两者更倾向于选择多功能拓展融合模式，然后是产业集聚模式。故贷款扶持力度越大，农业经营主体越容易选择产业链延伸模式，其次是种养结合模式，最后则是农村产业集聚模式；银行贷款次数越多，则农业经营主体越倾向于选择农村产业集聚模式，其次是种养结合模式，最后是先进技术渗透。第三，从其他外部条件来看。在基础设施、收入水平、产品需求以及所处地理位置等其他外部条件中，只有地理位置在模式 3 中通过显著性检验，说明地理位置越近，越倾向于选择多功能拓展融合模式。

7.3　农村三产融合契约方式选择行为影响因素分析

7.3.1　模型选取与变量设定

7.3.1.1　模型选取

参考已有研究成果，农村三产融合契约方式存在以下几种：商品契约、要素契约以及服务契约。商品契约是指经营主体之间以产品销售为主要内容的一种合作关系，典型例子是订单合作，即农业企业与农户签订合同，并按照约定价格收购农产品。要素契约是指要素所有者通过签订合同把生产要素投入企业，并按某种方式对企业所有权进行划分，典型例子就是反租倒包，农业企业或其他农业经营组织先租入农户现有的土地使用权，再把农民变为企业的工人，企业就可获得长期稳定的劳动和土地要素，农民获得转让土地使用权的租金和企业规定的劳动工资，企业拥有完全的剩余索取权和剩余控制权。服务契约是指经营主体与服务企业签订合同，依靠与服务企业的交易管理自身风险，典型例子就是农机服务契约。

根据相关文献，将农村三产融合契约方式归纳为 4 种：商品契约、要素契约、服务契约及其他契约。问卷调查选项为订单型、合作型、股份合作型、服务带动型、反租倒包再就业型与其他类型。按照商品契约、要素契约以及服务契约的定义，将订单型、合作型联结方式归为商品契约，将股份合作型以及反租倒包再就业型联结方式归为要素契约，将服务带动型联结方式归为服务契约。我们依然采用多元 Logistic 模型进行分析，对四种契约分别赋值 1、2、3、4。具体数学表达式如下：

$$\ln P(Z_1)/P(Z_4) = \alpha_1 + \sum \beta_{1k} x_k + \varepsilon \quad \text{式（7-8）}$$

$$\ln P(Z_2)/P(Z_4) = \alpha_2 + \sum \beta_{2k} x_k + \varepsilon \quad \text{式（7-9）}$$

$$\ln P(Z_3)/P(Z_4) = \alpha_3 + \sum \beta_{3k} x_k + \varepsilon \quad \text{式（7-10）}$$

并有 $Z_1 + Z_2 + Z_3 = 1$

式（7-8）、式（7-9）和式（7-10）中，P 为农业经营主体对农村三产融合契约方式优先选择的概率，Z_1 为商品契约，Z_2 为要素契约，Z_3 为服务契约，Z_4 为其他契约（也是计量分析选择的参照组），$\alpha_n (n=1,2,3)$ 为表达式常数项，$\beta_{nk}(n=1,2,3)$ 为第 k 个选择优先次序影响因素的回归系数，x_k 为自变量，也即影响农村三产融合契约方式优先选择的主要因素，ε 为随机误差项。同时 α_n 和 β_{nk}、β_{nk} 的值可采用极大似然估计法进行估计。

7.3.1.2　变量设定

（1）因变量：农村三产融合契约方式。主要包括商品契约＝1、要素契约＝2、服务契约＝3、其他契约＝4等四种模式，各契约方式所占比例如图7-3所示。

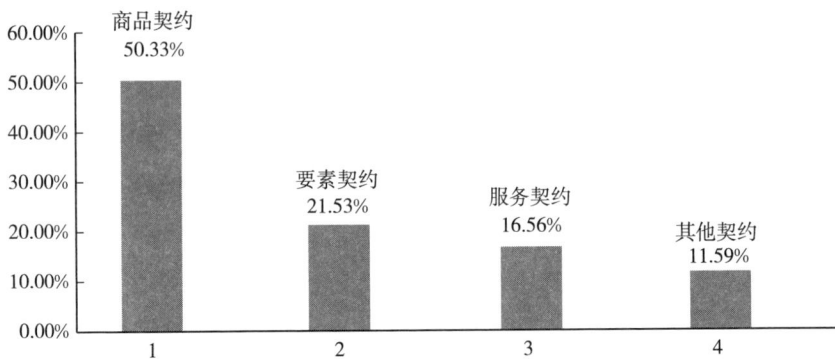

图7-3　农业经营主体农村三产融合契约方式选择情况

由图7-3可知，商品契约在农村三产融合契约方式选择行为中占据主要地位，占比50.33％；要素契约排第二，占比为21.53％；服务契约所占比重较小，为16.56％；而其他契约方式为11.59％。通过上述分析可知，目前农村三产融合契约方式选择以商品契约为主。

（2）自变量：影响农村三产融合契约方式选择的个体特征、资源特征、融合认知、外部环境等四大类因素。各变量的描述性统计特征如表7-1所示。

7.3.2　模型估计结果与分析

对农村三产融合契约方式选择影响因素的实证回归结果如表7-3所示。根据表中的回归结果我们可以从各个契约方式与对照契约方式的总体差异及各因素的不同显著影响两个方面来进行分析。首先，以"其他"契约方式为参照方式，根据计量实证结果考察商品契约、要素契

表 7-3 回归参数估计结果

变量		系数			变量		系数		
		模型 1	模型 2	模型 3			模型 1	模型 2	模型 3
个体特征	性别	−0.567	−0.359	−0.768**	外部环境	农业科技投入	0.354	0.278	0.657
		(0.596)	(1.003)	(0.574)			(0.203)	(0.211)	(0.218)
	年龄	0.425	−0.263***	0.185*		技术培训次数	0.368*	0.574	−0.037
		(1.204)	(0.671)	(0.436)			(0.234)	(0.119)	(0.205)
	婚姻状况	0.258	0.462	1.591		技术支持力度	0.214	0.315	0.168
		(1.234)	(1.027)	(0.654)			(0.567)	(0.225)	(0.096)
	文化程度	0.362***	1.296***	0.687***		土地流转政策	0.113	0.765***	0.543**
		(0.715)	(1.347)	(0.361)			(0.204)	(0.497)	(0.269)
	职业技术等级	0.258	1.647	0.578		财政扶持力度	−0.236	−0.268	0.045
		(0.347)	(1.069)	(0.364)			(0.147)	(0.367)	(0.571)
	从业年限	0.256**	0.357	0.248		财政补贴次数	0.942***	0.267**	0.648**
		(1.204)	(0.363)	(0.223)			(0.253)	(0.249)	(0.231)
资源禀赋	技术资源	0.235	0.358	0.34		贷款扶持力度	0.268**	0.352	0.250
		(0.114)	(0.265)	(0.249)			(0.323)	(0.446)	(0.168)
	互联网资源	0.394	−0.367	0.476		银行贷款次数	−0.657	−0.298	0.965
		(0.257)	(0.805)	(0.134)			(0.132)	(0.247)	(0.304)
	资金资源	0.587***	0.124**	0.968***		农田水利设施	0.213	0.584	0.634
		(1.253)	(0.369)	(0.647)			(0.426)	(0.302)	(0.467)
	信息资源	−0.213	−0.138	−0.854		生产道路设施	0.165	0.358	0.349**
		(0.032)	(0.364)	(0.265)			(0.237)	(0.269)	(0.105)
	社会资源	0.563**	0.227	1.324***		收入水平	0.156	0.458	0.631
		(1.037)	(0.112)	(0.687)			(0.237)	(0.520)	(0.235)
融合认知	政策认知	0.157	0.258**	0.345		产品需求	−0.170	−0.795	0.631
		(0.204)	(0.966)	(0.203)			(0.235)	(0.949)	(0.592)
	收益认知	0.236***	0.897**	0.568**		所处地理位置	−0.352**	−0.108**	−0.755***
		(0.378)	(0.564)	(0.294)			(0.214)	(0.366)	(0.643)
	风险认知	0.224	0.275	0.536	Constant		7.425*	5.244**	10.236
		(0.310)	(0.641)	(0.017)					
	融合意愿	0.234	0.564***	1.337**			(5.637)	(3.058)	(12.587)
		(0.566)	(0.354)	(0.569)					

注：*、**、***分别表示在 10%、5%、1%水平上显著；"商品契约""要素契约""服务契约"分别表示 1、2、3，"其他契约"作为对照组。

约、服务契约在优先次序选择时有什么样的差别。其次，如果这三种契约方式在优先次序选择时存在显著差别，那引起这些差别的具体影响因素到底是哪些？这些影响因素的影响程度如何？

7.3.2.1 总体结果分析

运用 SPSS17.0 专业计量统计分析软件对 302 个有效样本数据进行多元 Logistic 回归处理分析，将所有可能对因变量有影响的自变量引入模型进行显著性检验，在处理过程中选择最后一个因变量，即"$Y=$ 其他"作为参照组，对农业经营主体选择农村三产融合契约方式的影响因素进行实证分析。

该模型统计分析值为 208.35，模型总体显著性 $P<0.001$，这就充分说明模型显著性情况良好，且总体有效样本数据能较好地拟合。从农业经营主体对契约方式选择影响因素多元 Logistic 模型回归结果可知，选择"其他"契约方式为参照组，商品契约、要素契约、服务契约方式所体现出来的参照差别比较明显。

（1）商品契约方式。从表 7-3 中 $Y=1$（商品契约/其他）的回归结果可知，相对于"其他"契约方式，28 个影响因素中文化程度、从业年限、资金资源、社会资源、收益认知、技术培训次数、财政补贴次数、贷款扶持力度、所处地理位置等 9 个因素的影响结果比较显著。其他的影响因素，如性别、年龄、婚姻状况等 19 个影响因素的影响都不显著。

（2）要素契约方式。从表 7-3 中 $Y=2$（要素契约/其他）的回归结果可知，相对于"其他"契约方式，28 个影响因素中年龄、文化程度、资金资源、政策认知、收益认知、融合意愿、土地流转政策、财政补贴次数、所处地理位置等 9 个因素的影响结果比较显著。其他的影响因素，如性别、婚姻状况、职业技术等级等 19 个影响因素的影响都不显著。

（3）服务契约方式。从表 7-2 中 $Y=3$（服务契约方式/其他）的回归结果可知，相对于"其他"契约方式，28 个影响因素中性别、年龄、文化程度、资金资源、社会资源、收益认知、融合意愿、土地流转政策、财政补贴次数、生产道路设施、所处地理位置等 11 个因素的影响结果比较显著。其他的影响因素，如婚姻状况、职业技术等级、从业年限等 17 个影响因素的影响都不显著。

7.3.2.2　具体影响因素分析

根据前文研究综述、计量模型变量选择及农业经营主体农村三产融合契约方式选择影响因素的多元 Logistic 模型回归检验结果，分别从经营主体个体特征、资源禀赋、认知特征、外部条件等四个方面对各因素影响农业经营主体农村三产融合契约方式的强弱情况及正负方向进行具体分析，为今后农业经营主体采取更有效的农村三产融合契约方式提供决策参考。

（1）个体特征方面。①文化程度在三个回归模型中都通过显著性检验，系数分别为 0.362、1.296、0.687，说明文化程度越高，农业经营主体越容易选择要素契约，然后是服务契约，最后就是商品契约。②年龄在模型 2 和模型 3 的系数分别为 -0.263、0.185，说明年龄是影响要素契约和服务契约的显著性变量，年龄越大，越愿意选择服务契约方式，而年龄越小越愿意选择要素契约方式。③性别和从业年限分别在回归模型 3 和模型 1 通过显著性检验，说明男性更不愿意选择服务契约方式，而从业年限越久越倾向于选择商品契约。

（2）资源禀赋方面。①资金资源在三个回归模型中都通过显著性检验，系数分别为 0.587、0.124、0.968，说明资金资源越丰富，企业越容易选择服务契约，然后为商品契约，最后就是要素契约。②社会资源在模型 1 和模型 3 的系数分别为 0.563、1.324，说明社会资源是影响商品契约和服务契约的显著性变量，社会资源越丰富，农业经营主体越愿意选择服务契约方式，然后才选择商品契约方式。

（3）融合认知方面。①收益认知在三个回归模型中都通过显著性检验，系数分别为 0.236、0.897、0.568，说明越认识到参与农村三产融合的价值，企业越容易选择要素契约，其次服务契约，最后就是商品契约。②融合意愿在模型 2 和模型 3 的系数分别为 0.564、1.337，说明融合意愿越大，农业经营主体就越容易选择服务契约，其次是要素契约。③政策认知在回归模型2通过显著性检验，说明对政策认知更清楚的经营主体更愿意选择要素契约方式。

（4）外部环境方面。①从技术投入来看。在技术投入的两个因素农业科技投入和技术培训次数中，只有技术培训次数在回归模型1通过显著性检验，说明技术培训次数越多的经营主体越愿意选择商品契约方式，可能的解释是农业经营主体得到的培训次数越多，越有信心生产更高质量的农产品，从而提供给企业。②从政府政策来看。财政补贴次数在三个回归模型中都通过显著性检验，系数分别为0.942、0.267、0.648，说明得到的政府财政补贴越多，农业经营主体越容易选择商品契约，其次是服务契约，最后就是要素契约。土地流转政策在模型2和模型3的系数分别为0.765、0.543，说明土地流转政策越好，农业经营主体就越容易选择要素契约，然后是服务契约。贷款扶持力度在回归模型1通过显著性检验，说明越容易得到贷款的经营主体越愿意选择商品契约方式。③从其他外部条件来看。所处地理位置在三个回归模型中都通过显著性检验，系数分别为-0.352、-0.108、-0.755，说明地理位置越远，农业经营主体越容易选择服务契约，其次商品契约，最后就是要素契约。生产道路设施在回归模型3通过显著性检验，说明生产道路设施越好，经营主体越愿意选择服务契约方式。

7.4　结论

本章在构建农村三产融合实现路径理论框架的基础上，运用多元logit模型，实证检验了九江市农村三产融合模式与契约方式的主要影响因素，考察了农村三产融合实现路径形成过程。

研究表明：①农村三产融合沿着"逻辑路线（延长产业链、提升价值链、完善利益链）-实践方式（融合模式、契约方式）"路径得以实现，融合模式与契约方式的选择是关键。②九江市农业经营主体选择的融合模式依次是种养结合模式、产业链延伸模式、农村产业集聚模式、先进技术渗透模式、多功能拓展模式；种养结合模式的影响因素包括：文化程度、职业技术等级、收益认知、融合意愿、对农业科技方面技术人员和先进设备的投入、银行贷款扶持力度、银行贷款次数；产业链延伸模式的影响因素包括：职业技术等级、收益认知、融合意愿、对农业科技方面技术人员和先进设备的投入、银行贷款扶持力度；多功能拓展模式的影响因素包括：职业技术等级、收益认知、融合意愿、对农业科技方面技术人员和先进设备的投入；先进技术渗透模式的影响因素包括：文化程度、职业技术等级、收益认知、融合意愿、对农业科技方面技术人员和先进设备的投入、银行贷款次数。③九江市农业经营主体选择的农村三产融合契约方式依次是商品契约、要素契约、服务契约；商品契约方式影响因素有文化程度、从业年限、资金资源、社会资源、收益认知、技术培训次数、财政补贴次数、贷款扶持力度、所处地理位置；要素契约方式影响因素有年龄、文化程度、资金资源、政策认知、收益认知、融合意愿、土地流转政策、财政补贴次数、所处地理位置；服务契约方式影响因素有性别、年龄、文化程度、资金资源、社会资源、收益认知、融合意愿、土地流转政策、财政补贴次数、生产道路设施、所处地理位置。④个体特征、资源禀赋、认知因素、外部条件对农村三产融合模式与契约方式的选择都产生了显著影响，但其主要影响因素各不相同。

第8章
农村三产融合利益联结机制：
主要模式与机制构建

完善利益联结机制，让农民更多分享产业增值收益，促进农民增收，是农村三产融合的重要价值所在。研究农村三产融合利益联结机制的主要模式及机制构建，能为完善九江市农村三产融合利益联结机制，推动农村三产融合发展提供理论参考。鉴于此，本章首先基于农业生产经营组织变革的视角归类农村三产融合利益联结模式的演变，并设计新的紧密型利益联结模式，然后以农业产业化联合体为例，从分工、交易、契约的视角考察农村三产融合利益联结机制构建，为九江市农村三产融合发展提供借鉴。

8.1 农村三产融合利益联结的模式、困境与机制构建

2015年12月国务院办公厅下发的《关于推进农村一二三产业融合发展的指导意见》中明确要求，"以完善利益联结机制为核心"构建农业与二、三产业交叉融合的现代产业体系，重点要创新发展订单农业、鼓励发展农业企业股份合作、强化工商企业社会责任、健全风险防范机制。此后历年中央1号文件都一再强调要延长产业链、提升价值链、完善利益链，让农民更多分享产业增值收益，持续推动农村一、二、三产业融合发展。然而，我国农村三产融合发展处于初级阶段，联结方式还

比较松散，契约关系不太稳定，利益分配不尽合理（涂圣伟，2019），完善利益联结机制仍然是农村三产融合的关键和难点（姜长云，2019；周芳等，2021），有必要对农村三产融合利益联结机制开展相关研究。

国内关于农村三产融合利益联结的研究，可追溯到对农业产业化的研究。郭红东（2002）指出，农村产业化利益联结是指在农业产业化发展过程中小农户与其他经营主体通过不同市场化方式联结之后形成的利益创造、调节、分配、保障等内在机制。目前，关于农村三产融合利益联结机制的研究主要聚焦利益联结机制的类型与模式。其中，李克等（2011）将龙头企业与农户的利益联结分为买断式、合同式、合作式、企业化式、股份式五种形式，并指出农业产业化的增值收益大部分被龙头企业截留，不利于农民增收和农业的长远发展。李世杰等（2018）依据参与农村三产融合主体之间的合作关系，将农村三产融合利益联结类型分为二元参与主体的松散型组织模式、多元参与主体的半紧密型组织模式、多元参与主体的紧密型组织模式。尔后，钟真（2021）对紧密型利益联结机制作了进一步研究，指出紧密性利益联结类型主要有新型合作模式和股份合作模式两大类，其主要特点是有足够大的共同利益、产权清晰、制度明确、拥有具备企业家精神的领头人等。

农村三产融合与农业生产经营组织变革相辅相成，农村三产融合必然引起农业生产经营组织变革，而科学合理的农业生产经营组织变革又会进一步推进农村三产融合，因此是否建立一套科学合理的利益联结机制是判断农业生产经营组织是否科学合理的依据。现有研究为农村三产融合利益联结机制的研究奠定了坚实的基础，但是依然存在着不足之处：各种利益联结机制模式分类混乱，且交织在一起，不利于深化此类课题系统性研究；对各种利益联结机制的研究没有紧密结合农业生产经营组织模式。农村三产融合利益联结存在着不同的联结模式，而每一种联结模式又存在着不同的缺陷，因此有必要针对这些模式的不足，发展更为完善的联结模式，从而更好地实现各主体之间的利益共享。

8.1.1　农村三产融合利益联结典型模式

8.1.1.1　以合同为纽带的契约型利益联结模式

这种利益联结模式诞生于 20 世纪 90 年代中期，当时为了解决因"小农户"与"大市场"之间矛盾而产生的农产品"买难、卖难"问题，而出现"公司＋农户"的农业产业化组织模式（陈学法，2010）。该组织模式运行（图 8-1）的主要精髓是，公司与农户通过合同（契约）约定农产品的协议价格，因此又被称为"订单农业""契约农业"。通常合同约定：一是公司按约定的价格收购农户农产品，从而稳定农户农产品销售预期，解决"卖难"问题；二是农户按龙企业（公司）要求提供农产品（协议农产品），从而龙头企业获得稳定的原材料，进而化解"买难"问题。这种利益联结模式下，公司、农户双方在彼此独立经营的前提下，作为平等的当事人签订契约合同，明确各自的权利与义务。其实质是通过农产品购销合同（订单）"捆绑"公司与农户，从而形成利益共同体。但是，这种利益联结较为松散，很不稳定。究其原因在于公司和农户的主体地位不对称。其中，公司处于垄断、强势地位，他们是农业产业化经营的组织者、决策者，掌握农产品收购定价权，而分散的农户难以形成利益统一协调的产业组织，甚至在卖出农产品时，小农户之间相互压价，造成恶性竞争。其结果是，公司与农户双方议价能力产生明显差异，造成公司和农户在利润分割上倾向公司的失衡。

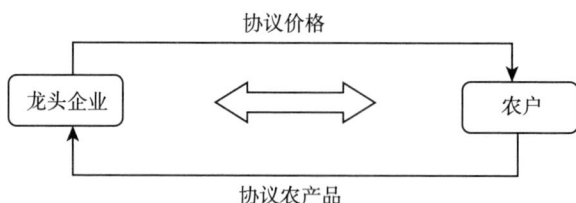

图 8-1　契约型利益联结模式

8.1.1.2　以合作社为中介的合作型利益联结模式

为摆脱"公司＋农户"组织模式中公司与农户之间利益分配不均衡

问题，2007 年后，有些地方在推行农业产业融合中，出现一种"公司＋合作社＋农户"的农业生产经营组织模式（李世杰，2018）。其运行机理（图 8-2）是，农村政治精英、经济精英和社会精英等精英阶层申办农业合作社，然后作为精英社员邀请小农户加入合作社。小农户不再直接与公司（龙头企业）打交道，而是通过合作社（精英社员）达成农产品生产、流通、销售等一系列契约，即合作社起到中介、桥梁、纽带作用。"公司＋合作社＋农户"型农业生产经营模式之所以能够生成较为稳定的利益联结模式，缘于精英社员们拥有非常丰富的社会资源，掌握较高的农业生产技能，具备较强的组织协调能力，他们往往得到普通农户的尊重和信赖，受托与公司议价、签订契约；对公司而言，笼络精英社员，利用精英社员在农村"熟人社会"中的威信，既可召集本地更多的农户加入合作社，也可减少农户因农产品价格对其有利而发生违约行为。当然，精英社员亦有既得利益。比如，通过为合作社效力，获得薪酬。总之，普通农户、精英社员、龙头企业各有所取，从而形成一种较为紧密的利益联结机制和较为稳定的生产经营组织模式。

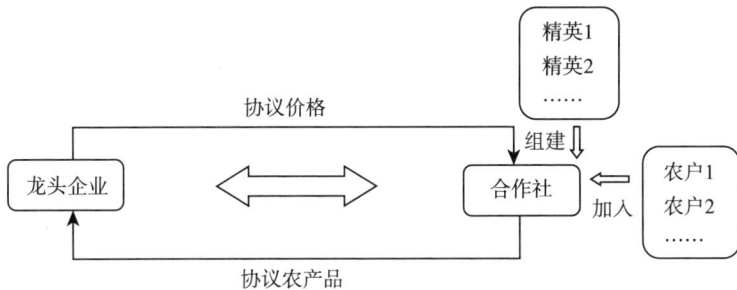

图 8-2　以合作社为中介的合作型利益联结模式

8.1.1.3　以要素融合为特征的股权型利益联结模式

为了农业增效、农民增收，有些地区创新农业生产经营组织形式，生成一种以要素融合为特征的股权利益联结机制，即小农户、新型农业经营主体或农村集体等各种农业主体以土地经营权、农机具、宅基地、劳动力等要素入股龙头企业，并按股份数额参与龙头企业的生产经营决策和利润分配（图8-3）。这种利益联结模式充分发挥农户资源、资产等禀赋优势，又兼顾了企业资金、技术等禀赋优势，被学界界定为较为紧密的利益联结模式（钟真，2021）。后来，为了稳定农户的预期收入，进一步带动农民增收，有些龙头企业推行"保底收益＋按股分红""按股分红＋务工收入""按资分红＋二次返利"等多样化利益分配方式。农户除了有租金、工资等收入外，还可以通过分红享受到农业与二、三产业融合带来的利益增值的收益，使农户的利益真正与企业紧密联系起来，从而与企业形成"风险共担，收益共享""一荣俱荣，一损俱损"的利益共同体。

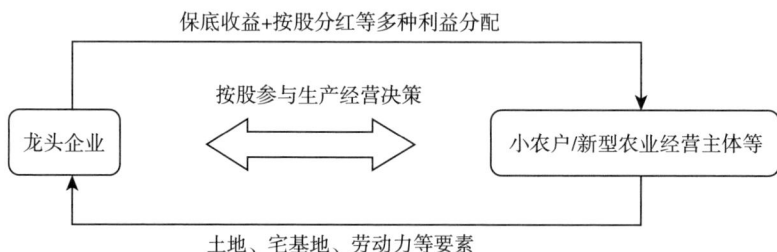

图8-3 以要素融合为特征的股权型利益联结模式

8.1.2 农村三产融合利益联结存在的主要困境

8.1.2.1 机会主义诱发契约型利益联结机制崩溃

尽管契约型利益联结机制下，企业通过与农户签订订单契约，获得在数量上有稳定、质量上有保障的农产品原料。相比直接购买农产品原料加工而言，企业获得农产品生产、流通等环节的全部或部分利润，从而获取产业链延伸的利益增值。对于农户来说，通过与企业签订农产品购销合约，既解决了农产品的销路问题，也稳定了农产品的销售价格，从而规避了农产品生产经营的市场风险。这种利益联结模式依据契约，看似实现公司与农户的双赢，实质是一种不稳定的利益联结模式，违约率较高（姜睿清，2013）。主要原因在于公司和农户作为彼此独立的经营主体，他们签订农产品购销合同，为的是追求自身经济利益最大化，一旦市场价格稍有波动，必然导致公司与农户双方重新搜索最优契约，有可能违背原有契约，进而使得利益联结崩溃。

8.1.2.2　股权型利益联结模式不利于保障农户利益

尽管股权型利益联结是一种相对较为紧密的利益联结模式，但由于各种原因导致在利益分配方面农户利益难以得到保障。首先，传统公司法理论认为，所有股东具有相同利益，即坚持"股东同质化"假设。然而，现实是下乡社会资本与农民股东是异质化的，他们有各自的追求。其中，社会资本天性逐利，有时片面追求经济利益，破坏生态，损害农户的公共利益；以土地入股的农户更关心固定租金和公司红利，对公司生产经营无心、无力过问。在异质利益驱动下，社会资本和农民之间存在着不可避免的利益冲突，而结局是处于相对弱势的农民股东难以公平分享公司利益。其次，由于现有关于土地方面的法律法规缺失或不健全，导致在土地经营权折价入股计算、继承、破产清算等方面缺乏明确的规定，农户利益得不到保障。例如，当社会资本利用公司控制权处置土地经营权（如抵押或变卖）或者公司破产清算时，农户的土地利益得不到保障。最后，农户入股后不再享受所得税免税优惠。现行所得税规定，农户自主从事农业生产经营，无须缴纳个人所得税，但入股企业后，由于企业是企业所得税的缴纳主体，从而连带缴纳所得税。

8.1.2.3　利益联结构建中政府与市场的职能尚未有效厘清

理论上讲，政府和市场在促进农村产业融合中的作用各有千秋，应各司其职。其中，市场在资源配置中起决定性作用。具体而言，农户、合作社、农业企业等各类农业经营主体在充分考虑当地资源禀赋、市场需求状况的前提下，对采取哪种融合模式、构建何种利益联结机制、发展什么产业等具有决定权。政府则在政策制定、开放市场、激发各农业经营主体活动等方面发挥应有的作用。但是据钟真（2021）调研发现，有些地方政府在引导农村产业融合中，急功近利，忙于树立典型，打造特色，不顾发展阶段，片面追求规模和实力，存在"拉郎配"现象，即在经营理念差异悬殊的经营主体之间，或经营主体与农户之间建立利益联结机制。结果事与愿违，不仅没有推动本地区三产深度融合，而且造成一些风险隐患。当前国家"三农"政策给予企业和公司主体一定的优惠政策和财政补贴，引导"资本下乡"，鼓励企业主动搭建利益联结平台，但在实际发展过程中存在套取国家补贴的现象，并未切实发展利益联结机制。

8.1.3 农村三产融合的紧密型利益联结机制构建：思路与设计

8.1.3.1 思路

（1）以提升小农户利益博弈能力为重点，保障其利益分配。推进农村一、二、三产业融合发展的主要目标之一是促进农民增收，特别是保障小农户利益得到提升。但是，由于资源禀赋匮乏的农户与强大的下乡资本博弈，往往不占优，其利益得不到保障。因此，我们认为，构建驱动农村三产融合的紧密型利益联结模式的重点是短期将农户"抱团取暖"，提高其整体利益博弈能力。长期要提升农户素质水平，夯实其利益博弈基础。这正如经济学家舒马赫的观点，发展中国家面临两个症结，即农村问题和使农村生活活跃起来的问题。解决这两个问题必须依赖于农民受教育水平的提高。只有农民的文化水平提高了，他们的谋生能力才会提高。那么，如何提升小农户素质水平，增加其在利益分配中的竞争力？一是要引导和鼓励基层科技工作者通过开展科技咨询、科技知识培训、典型示范和信息服务，培养农村实用技术人才。二是定期对农民进行宣传，转变农户对其在农村三产融合中地位的认知，从被动且只顾眼前利益的思维方式转变为以主人的姿态参与农村产业融合。三是完善公共服务设施建设吸引更多人才。

（2）尊重客观现实与明确利益联结发展方向并重。驱动农村一、

二、三产业深度融合，构建恰当的利益联结机制是关键。然而，构建农村三产融合利益联结机制面临着一个难题，即先进的利益联结模式未必符合现实，而符合现实的利益联结模式不一定能够代表未来发展方向。因此，必须在利益联结模式的优劣与现实和未来之间找到最佳的平衡点。在当前利益联结机制的选择与构建上，要遵守现实，尊重农民意愿，因地制宜，顺其自然，切忌搞"一刀切"。但是正如前文所述，国内在推进农村一、二、三产业融合时，利益联结模式大体经历了从订单型利益联结到合作型利益联结，再到股权型利益联结的演变。其中，相对而言，股权型利益联结模式更为紧密，能够更大程度上激发不同经营主体参与农村产业融合的主动性、积极性，能够为农户提供更好更多的就业机会，带动农户分享融合的成果。因此，各地应积极引导订单型、合作型利益联结向股权型利益联结模式转变。

（3）由重视利益创造向完善利益分配与利益保障转变。关于农村产业融合生成的利益联结机制，从其构成来看，现有研究虽然存在分歧，但主要包含利益创造机制和利益分配机制两大方面。对此，学术界看法较为一致，并认为利益创造机制是基础，只有创造更多的利益，才能为利益分配奠定基础。但是，如果利益分配不合理，反过来又会影响利益创造。近几年，通过各种利益机制和组织方式的创新，将计划经济体制下严重分割的农业产前、产中、产后诸环节联结和融合，形成一个集种养加、产供销或贸工农为一体的新型经营形式和经营业态，节约了交易费用，从而生成利益创造。但是却忽略了利益分配，导致各产业之间利润出现非均衡分配。另外，对利益保障重视不足，使得小农户利益缺乏保障。因此，今后推行农村三产融合，应更多关注利益分配与利益保障的设计。

8.1.3.2　设计：构建股份合作社联社，保障各方利益主体利益

基于以上紧密型利益联结机制的构建思路，我们设计以股份合作社联社为枢纽的利益联结模式，其构建和运行机理如图 8-4 所示：

第一层，各村农村精英领办农业合作社，吸收当地农户加入，成为

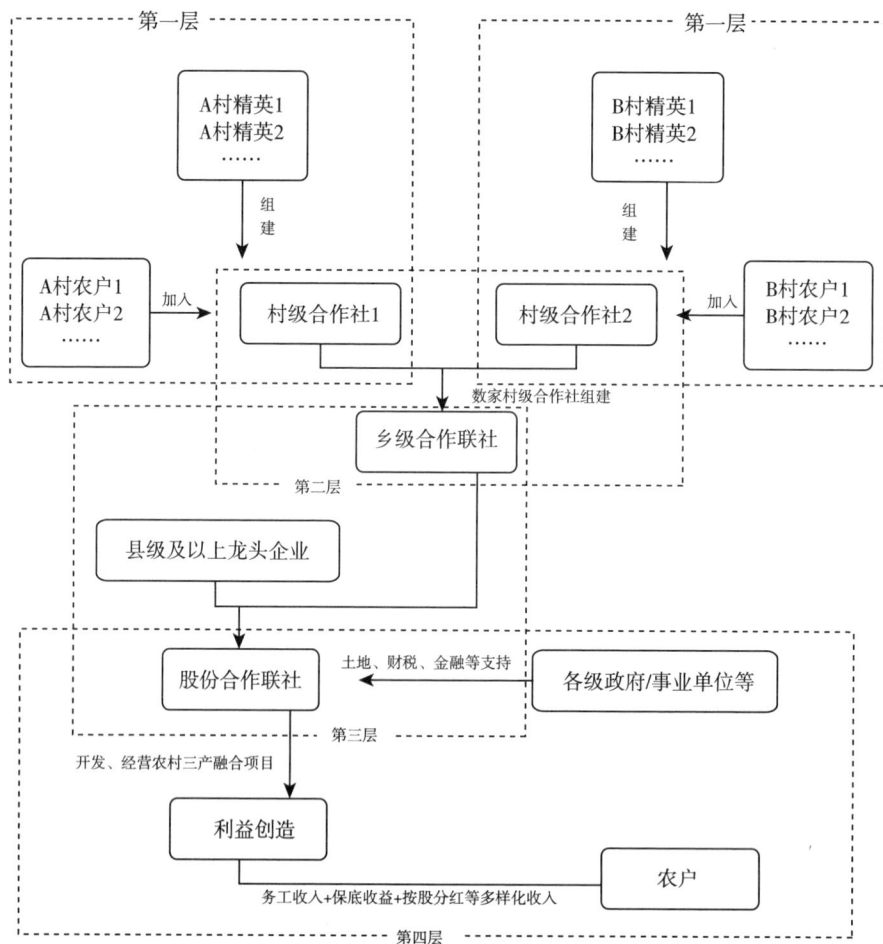

图 8-4 以股份合作社联社为枢纽的利益联结模式

小农户利益的代言人。由于农村精英们相对小农户而言，在专业技能、组织协调能力、社会资源掌握方面占优，起"头雁"作用。由其代表小农户与龙头企业议价，第一次提升小农户利益博弈能力。

第二层，村级层面合作社联合组建乡镇级别农业合作社联社，旨在提高与农业龙头企业利益分配的竞争力。与下乡的龙头企业相比，在要素供给方面，村级层面的农业合作社依然捉襟见肘。因此，策略是将多家村级合作社"抱团"，组成合作社联社，增加资源禀赋，提高与龙头企业议价能力，从而第二次提升小农户利益博弈能力。

第三层，县级层面的农业龙头企业携带资金、技术、管理等要素下乡，与农业合作社联社的土地、劳动力等要素融合，组建股份合作联社。以股份合作联社为主体开发、经营农村三产融合项目，实现利益创造和增值。基于此，农户获得务工收入＋保底收益＋按股分红＋二次返利等多样化收益。

第四层，各级政府及有关事业单位给予股份合作社土地、财税、金融、技术、教育等政策扶持、支持，健全相关法律法规，进一步提升农村三产融合项目利益增值和保障各方利益主体的利益。

8.1.3.3 具体措施

农村三产融合利益联结模式经历了以合同为纽带的契约型利益联结、以合作社为中介的合作型利益联结和以要素融合为特征的股权型利联结等主要模式。然而，这些模式目前不能很好兼顾农村三产融合各主体的利益，尤其是小农户的利益得不到保障，进而影响了农村三产向深度融合推进。鉴于此，构建基于股份合作社联合社为载体的农村三产融合利益联结模式在平衡农村三产融合各方利益主体利益方面具有一定的合理性、科学性和先进性，股份合作社联合社是紧密型农村三产融合利益连接的有效载体。可以预见，股份合作社联合社将成为未来农村三产融合的主流平台。然而，股份合作社联合社在国内发展时间较短，在平衡农村三产融合各利益主体利益方面还有待完善。因此，在以下方面要特别注意：

（1）股份合作社联合社的规模要适度。农户加入合作社，合作社参与联合社的前提条件是能够节约交易成本，实现规模效应，进而提高利润；股份合作社联合社随着规模的扩大，也能够产生更大的经济效应和品牌效应。但是，伴随着股份合作社联合社规模的扩张，其组织成本亦相应增加，一旦组织成本的增量超过了交易成本的减量，反而会降低组织的效益。因此，建议股份合作社联合社规模应适度。

（2）在积极发挥地方党组织和政府作用的同时，强化股份合作社联合社的民主管理意识。正如上文所述，小农户是农村三产融合项目的弱势群体，其利益最难得到保障。因此，小农户寻找、寄托能够代表其利益的组织代言其应有利益就很有必要。显然，当前地方党组织和政府是保障小农户利益的主要代表。因此建议各地在推进农村三产融合的过程中，要积极发挥地方党组织和政府的作用。当然，政府的职能有其合理的边界，加之股份合作社联合社毕竟是一个市场主体，长期而言，要平衡、稳定联合社各主体的利益，还需要强化联合社的民主管理。

（3）完善联合社内部监督和奖惩机制，实现各成员社"同舟共济"局面。一方面，联合社要建立公开、透明的财务制度，保障各项财务收支有据可查。为进一步规范联合社的财务收支，联合社还应该成立监事会，实施内部审计；另一方面，联合社设立选择性激励制度。对那些"搭便车""貌合心离"的成员社给予批评指正，甚至让其退出的处罚，对那些为联合社作出贡献的成员社给予奖励。

8.2 基于"分工-交易-契约"的农村三产融合利益联结机制构建

近些年来，国内学者从农业产业化联合体的意义、产生原因、运行机制、主要类型与路径、存在的问题等方面开展了探索。研究发现，农业产业化联合体是当前中国农村一、二、三产业融合发展最前沿的组织创新形式（王志刚等，2019），具有主导产业突出、原料基地共建、资源要素共享、联农带农紧密等突出特点（钟真等，2021），是农业产业化组织模式演化的必然结果与主要演化趋向（汤吉军等，2019），对实现产业兴旺、生态宜居、生活富裕、乡村振兴具有非常重大的意义（杨孝伟等，2019）。农业产业化联合体的产生，既源于新型农业经营主体需求、农业产业链分工细化、交易成本化解、农业技术进步、联合经营潜在收益、农产品市场格局转变等内在因素，也是基层实践、顶层设计、政策保障等制度因素推动的结果（陈定洋，2016；芦千文，2017；

陈华彬，2019）。契约分工、收益链接与要素流动是促进农业产业化联合体增效的主要运行机制（王志刚等，2019），通过产业联接提升规模集聚效应，通过要素联接保障农产品质量安全，通过利益联接让农民分享产业链收益（陈定洋，2016），并通过风险防范和内部约束，增强彼此信任和依赖感，达成集体理性行动，提升整体竞争力（芦千文，2017）。农业产业化联合体存在主体集合型、园区集聚型和产业集群型等三类模式（钟真等，2021），沿着以降低交易成本、提高分工协作收益为动力的农业产业化组织模式纵向演化，以提高生产效率、实现规模经济为主要目的的横向演化路径来提升组织绩效（汤吉军等，2019；尚旭东等，2020）。但是，在农业产业化联合体运营过程中，依然存在成员地位不对等，利益联结不紧密，契约关系不对等（韦德贞等，2021）、服务项目多元化不足、区域跨度偏小（李含悦等，2018）、法人地位不具备、内部治理不健全、支持政策不完善等共性问题（钟真等，2021）。

　　已有的文献显示，农村三产融合利益联结机制和农业产业化联合体发展运行机制已经逐渐成为重要的学术研究领域，而且取得了较为丰硕的成果。从目前研究来看，一方面，有关农村三产融合利益联结机制的研究较多，而专门针对农业产业化联合体利益联结机制的研究相对较少；另一方面，在有关农村三产融合利益联结机制的研究中，较少有学者从分工、交易、契约的视角开展研究，更鲜有从这一视角对农业产业化联合体的深入研究。鉴于此，本节在构建农村三产融合利益联结机制理论分析框架的基础上，从分工、交易、契约的视角深入考察农业产业化联合体利益联结机制中的现实表现和主要困境，为进一步完善农业产业化联合体利益联结机制提出相应政策奠定基础。

8.2.1　理论分析框架

8.2.1.1　产业分工内化

　　劳动分工起源于亚当·斯密的《国富论》，沿着古典主义范式、新古典主义范式、新制度主义范式的历史脉络不断演进（罗必良等，

2019）。斯密早在 1776 年就提出了著名的"劳动分工受市场容量所限"的"斯密定理"，同时指出劳动分工是财富增长的源泉，专业分工可以极大地提高劳动生产率，带来资本增长和产量提升。Young（1928）进一步发现了分工与市场容量的相互性，提出"斯密-杨格定理"，而农业分工与市场容量之间关联性也得到了实证检验（张露等，2018）。但受到"农业不能采用完全的分工制度"这一"斯密猜想"的影响，农业分工问题一直未能受到应有的重视。农业因其生命、季节、产品市场以及生产组织等特性，分工存在有限性（罗必良，2008），受地理环境和生命属性所限，分工更加不易，生产效率也更低（李莉等，2019），农业生产的季节性使分工协调费用很高，深化分工容易得不偿失（Shi 等，1995），都在一定程度上验证了"斯密猜想"。但有学者研究表明，农业效率不如工业效率高，只是因为农业市场规模不够大，通过细分农业经营权扩展农业要素市场容量，可以提高农业分工水平（何一鸣等，2020）。事实上，中国农村已经先后经历了专业分工、农业内产业分工、一体化分工等三次分工（严瑞珍，1997），同时出现了农业生产环节分工的生产性服务业（张红宇，2019；芦千文，2019），并进一步通过农村三产融合深化分工，克服了农业分工的局限。产业融合是一个产业间分工转变为产业内分工的过程和结果，这一过程虽然消灭了产业间分工，但是扩大了融合产业的内部分工（苏毅清等，2016）。因此，农村三产融合的本质是农业产业分工内部化，判断各产业是否在农村发生融合，必须以产业间分工是否在农村发生了内化为标准（苏毅清等，2016）。农村三产融合通过分工内化可以突破生产要素瓶颈、增加时空范围劳动投入、弥补土地规模分工不足、消除市场约束，克服农业内部分工的局限，化解农业产业化发展困境（解安等，2017）。

8.2.1.2 交易费用节约

分工和交易是社会经济活动的纵坐标和横坐标，分工对交易有天然的需求，而交易内生于分工（张曙光，2014）。分工后的交易必然会产生交易费用。交易成本概念首先由科斯（1937）引入经济学，威廉姆森

（1985）进一步指出，交易成本取决于因有限理性、机会主义所产生的资产专用性、不确定性和交易频率（梁伟军，2010），并把它们分为信息搜寻成本、谈判成本和监督成本。借鉴威廉姆森交易费用范式，结合农业特有的交易属性，可以从专用性、风险性与规模性三个维度刻画农业交易费用（何一鸣等，2019）。此外，新地理经济学提出了空间交易费用概念，即空间或空间因素作用于交易过程所发生的费用，部分学者把运输成本纳入了交易成本范畴（Renkow 等，2004），融入"交易效率"概念之中（Alene 等，2008）。为了节约交易费用，便会出现产业融合，但产业融合虽然消除了产业间交易费用，却会出现产业内部的组织成本（何一鸣等，2020）。因此，产业融合的本质是交易成本的内部化（李治等，2017）。产业融合是否能发生，取决于产业分工内部化前后产业间交易费用与产业内管理成本之大小，只有市场交易费用高于产业内交易费用时，才会出现产业融合（胡永佳，2007）。产业分工内化之所以能促进农村三产融合发展，关键在于分工内化能降低交易费用。通过分工内化获得规模效应和范围经济，降低交易费用，追逐更高的利润，是农村三产融合发生和发展的内在原动力（赵霞等，2017）。来自韩国的研究也表明，节约交易成本、增加农民利益是其农村产业融合发展的内在动力（崔鲜花等，2019）。农村三产融合既能实现组织对市场的大规模替代，又能缩短农业生产与消费者之间的距离（苏毅清等，2016），同时通过跨产业扁平化、柔性化经济组织降低市场交易费用，改善农产品供给效率（李治等，2018），如果政府政策配套能够及时跟上，交易费用节约效果将更明显，而使农业获益更多（姜涛，2019）。因此，作为农村产业发展的新形态，农村三产融合的初始动因和最终目的都是为了节约交易费用，并通过技术创新和制度创新两条路径实现交易成本内部化（李治等，2018）。

8.2.1.3　契约方式选择

如上一章所述，契约方式根据不同的标准可以进行不同的分类。在我国三种基本农业产业化模式中，"农户＋市场""公司＋农户""龙头企业＋农场"分别属于单期或多期的市场外包契约、关系外包契约、关系雇佣契约，单期条件下所有契约都无法实现最优效率，多期条件下若贴现率足够低，"公司＋农户"和"龙头企业＋农场"这两种模式可实现最优效率，若市场价格波动比较大则关系雇佣契约优于关系外包契约（聂辉华，2013）；同市场交易模式相比，"合作社＋农户"模式能够降低农户市场交易费用并增加农户纯收入（蔡荣，2011），同没有合作社参与的模式相比，"企业＋合作社＋农户"可以通过减少专用性资产投入降低交易的不确定性，契约关系较为稳定，交易效率得到改进（蔡荣等，2007）。但是，传统产业化组织联盟存在分工不充分、契约关系不稳定等问题，而农业产业化联合体（王志刚等，2019）、共享农庄（李灿等，2019）、农业共营制（程国强等，2015；胡新艳等，2015）、田园综合体（林亦平等，2020）等农村三产业融合最前沿的组织创新形式，通过紧密的契约既降低交易成本又促进分工效率提高，破解了交易与分工的两难困境，形成优势互补、利益共享、风险共担、合作共赢的利益共同体，促进农村三产融合发展，提高农民收入水平（万宝瑞，2019）。

8.2.1.4 分工、交易、契约与农村三产融合利益联结机制

从前文的分析可知，一方面产业分工内化虽然降低了产业间分工，但深化了产业内分工（苏毅清等，2016），提高了生产效率；另一方面产业分工内化在降低产业间交易费用的同时提高了产业内交易费用（何一鸣等，2020），只有产业内交易费用低于产业间交易费用，产业融合才能发生（胡永佳，2007）。因此，只有通过合理的契约安排，才能既深化产业内分工，又降低产业内交易费用，从而破解分工与交易的"两难困境"，促进产业融合发展（王志刚等，2019）。从利益联结机制视角来看，经营主体之间的合理契约安排，可以为产业分工内化和交易费用节约提供保障，促进联结利益产生，同时能实现经营主体之间的合理利益分配，消除利益联结风险，从而形成农村三产融合的利益稳定联结，实现利益共享。

如图8－5所示，农村三产融合利益联结机制按照利益产生、发展

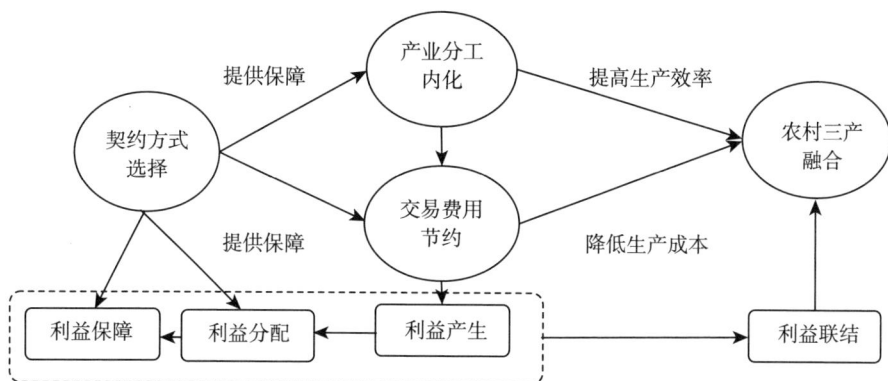

图 8-5 分工、交易、契约与农村三产融合利益联结理论分析框架

的过程可细分为利益产生、利益分配和利益保障等 3 个方面。其中，利益分配是核心，利益产生是利益分配的前提和基础，利益保障是利益分配得以实现的关键。首先，通过产业分工内化深化经营主体之间的产业分工，提高生产效率；同时，通过产业分工内化节约交易费用，降低交易成本。生产效率的提高和生产成本的降低形成农村三产融合利益生产的来源。其次，通过合理契约安排实现经营主体之间的利益合理分配，同时规避利益分配中的风险，确保利益得以实现。最后，合理契约安排通过保障产业分工内化和交易费用节约产生利益，通过直接利益分配与利益保障形成稳定的利益联结，最终推动农村三产融合发展。

8.2.2 分工、交易、契约与农业产业化联合体利益联结机制

农业产业化联合体是当前中国农村一、二、三产业融合发展最前沿的组织创新形式（王志刚等，2019），是以农业企业为经营引擎、种养农户为生产基础、专业合作社为服务纽带，基于产业链专业分工、生产要素范围共享、紧密契约下交易稳定的农业产业化联合体，以规模经营为依托的一体化农业经营组织联盟。从分工、交易、契约的视角来看，农业产业化联合体具有如下特征：一是主体是农业企业、农民合作社、家庭农场，但农业大户与普通农户也会通过农民合作社参与到农业产业

化联合体中来，也是实现农民增收这一目标的关键所在。二是联合体利益联结机制主要包括产业分工内化、交易成本节约、合理契约选择，通过三者实现效率提高、成本节约与利益共享。三是经营手段为规模经营，通过土地流转实现土地规模经营，通过农业生产服务专业化实现服务规模经营，实现规模经营效益。基于分工、交易、契约视角的农业产业化联合体利益联结机制如图 8-6 所示。

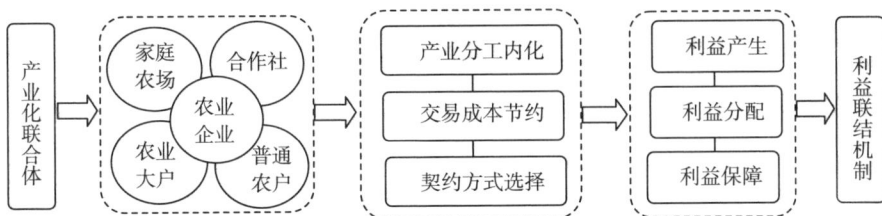

图 8-6 基于分工、交易、契约视角的农业产业化联合体利益联结机制

8.2.2.1 农业产业化联合体的产业分工

（1）现实表现。在农业产业化联合体中，各主体具有各自的优势与劣势，有利用优势弥补劣势的需求，通过发挥自身优势并从其他主体中寻求合作，进行分工合作，提高生产效率。一般来说，家庭农场拥有土地、劳动力，善于精耕细作，适合进行农业生产，但有资金、技术、市场、社会化服务方面的需求，并期望与龙头企业联合以降低市场风险，分享加工、销售环节的利润；农民合作社是农民的互助性服务组织，在动员和组织小农户方面具有制度优势，适合提供农业生产服务，因此有实施标准化生产和服务的需求，并期望以土地、技术等要素参股龙头企业，从而享有一定决策权与监督权；农业企业拥有人才、技术、资金等先进资源要素，适合发展技术研发、农产品加工流通及品牌打造，但有对原材料质量安全和供应稳定的需求，并期望与合作社、家庭农场（专业大户）结盟以获得质量稳定的原料供应，进而降低交易风险（陈定洋，2016）。因此，根据它们的优势、意愿进行分工协作，可以实现各自的利润最大化。龙头企业依托资金、技术、人才、信息等优势，主要

负责制定标准、部分生产、产品收购、科技研发、加工储运、市场营销和品牌打造等；农民合作社依托组织动员小农户方面的优势，主要负责承接龙头企业的生产任务、标准实施、技术推广、组织协调和面向社员农户开展农业社会化服务等；家庭农场（包括专业大户和被带动的普通农户）则依托土地、劳动力、农业生产经验和技能等方面的优势，主要负责按照龙头企业要求进行标准化、规范化的种植和养殖（钟真等，2021）。

（2）主要困境。存在最主要的问题是分工地位不平等，农业企业处于强势地位，而合作社与家庭农场处于被动地位。农业龙头企业根据市场需求，在农业生产开始之前即制定好相关的生产计划、服务内容和加工标准，并为其他成员提供相应的生产资料，以及农业机械和农业技术等方面的支持，且在农产品成熟之后进行集中采购、包装加工和运输销售。如此一来，农业龙头企业依托资金、市场、研发和管理等方面的优势，在联合体处于明显的强势地位，使得联合体由企业领办演变为企业控制，而农民合作社和家庭农场则沦为工商资本的附庸，不但导致了成员之间互信关系的弱化，同时也造成了政策目标和实际效果的背离。合作社与家庭农场一旦不能按照合同标准生产，将被拒收或踢出联合体。

8.2.2.2　农业产业化联合体的交易成本

（1）现实表现。在农业产业化联合体中，农业企业、农民合作社、家庭农场之间存在着大量的商品、生产要素及服务的交易，由于分工内化机制，使原本是不同产业之间的交易转化为产业内部交易，通过紧密的契约使交易成本内部化，最大程度上降低了交易费用。主体之间的交易主要为：①农业企业与家庭农场之间的交易。可能包括农产品、生产资料（种子、农药、化肥等）等商品交易和资金、技术、信息等要素交易。②农业企业与农民合作社之间的交易。可能包括农产品、生产资料（种子、农药、化肥等）等商品交易和技术、资金、信息等要素交易及代购代销等服务交易。③农民合作社与家庭农场之间的交易。可能包括农产品等商品交易和技术指导、耕种收管药农业生产性服务等服务交易。④经营主体之间与普通农户之间还可能存在土地与劳动力等要素交易。有效运行的联合体一般都具有明确的共同经营目标，对其掌握的资金、土地、劳动力、信息、技术、品牌等资源要素进行统一配置，通过内部交易节约交易成本，突破各成员发展的瓶颈，形成了较为高效的资源要素联结机制，实现了资源要素使用效率的最大化（钟真等，2021）。通过分工内化与要素融合能够减少农业交易的不确定性、资产专用性、交易频率和信息不对称，从而降低交易成本。一是降低不确定性。分工内化后主体间签订契约，既可以降低农民合作社与家庭农场购买生产资料和出售农产品价格与渠道的不确定性，也可以降低农业企业收购农产品价格和渠道的不确定性。二是降低由于资产专用性存在所带来的损失。通过分工内化签订紧密型契约，可以避免农民合作社与家庭农场由于价格上升不按合同出售产品或者企业由于价格下降不按合同收购产品的机会主义行为，减少被"敲竹杠"的成本，降低资产专用性损失。三是减少交易发生的频率。通过分工内化签订紧密型契约，可以在三大主体之间通过一次签约确定交易标准减少交易谈判频率，这种生产资料、农产品、技术、生产性服务等交易在组织内部进行，减少主体之间市场交易频率，降低交易成本。四是减少信息的不对称。通过分工内化签订紧密型契约，家庭农场、合作社与企业之间可以进行充分的信息交换，精准对接市场需求，缓解家庭农场、合作社与市场之间的信息不对称问题，减少由于信息不对称而产生的交易成本。

（2）主要困境。农业产业化联合体的内部化交易在节约交易成本的同时，伴随着大量的内部要素融合。随着农业产业化规模化发展，进一步加剧了对各种要素融合特别是资金的需求。但是，一方面，由于联合体缺少抵押物、内部管理不规范、缺乏有效的信用评估体系等因素，融资难题日益凸显，迫切需要优化资本结构和产品结构，增强发展后劲，加强抗风险能力；另一方面，联合体因不具备独立法人资格，无法以联合体名义开展融资活动，只能依赖内部成员资金周转，多为龙头企业对合作社等主体的资金支持，而龙头企业作为联合体的核心，本身已承担着产品收储、技术研发和市场营销等诸多资金压力，对前端主体资金需求更显得力不从心。

8.2.2.3　农业产业化联合体的契约选择

（1）现实表现。农业契约是指农户与农产品加工、运销、为农户提供服务和农用生产资料等企业所达成的一致承诺。相对于古典契约和新古典契约，农业产业化联合体主体之间形成的是一种关系契约。根据交易的对象与性质来看，这种关系契约又包括商品契约（农产品和生产资料等商品）、要素契约（土地、资金、劳动力、技术等要素）、服务契约（农机耕种收割、施肥喷药等服务）、超市场契约（家庭农场或合作社按照农业企业的决策进行生产的约定）。农业产业化联合体之间的契约相对于松散型和半松散型契约而言，是一种紧密型契约，通过这种紧密型契约，能在一定程度上保证主体之间的利益合理分配，规避利益风险。从家庭农场来看，选择紧密型契约可以通过"保底收购＋随行就市""市场价加成""二次返利"等方式获得稳定的产品价格和留存收益，并通过获得优质低价的生产资料、技术与服务支持，确保农产品数量与质量。从合作社来看，选择紧密型契约可以通过提供生产资料、技术与生产性服务获得稳定的相应报酬，并根据合同价格销售产品获得稳定收益。从农业企业来看，选择紧密型契约可以通过合同价格获得稳定优质产品，通过加工与销售获得利润，并通过提供生产资料、技术与服务获得稳定的相应报酬。此外，家庭农场、合作社及普通农户通过紧密型股份契约，以土地、房屋、生产设备、资金等资产入股，获得生产、加工、销售等入股分红收益，共享经营利润，同时农户可以成为员工获得工资收入。

（2）主要困境。契约的签订主要是为了维护主体之间的分工生产、顺利交易、利益合理分配以及尽量减少风险。但在契约的签订与执行过程中，由于契约的不完全性决定了可能会出现利益分配与利益保障的契约风险。一方面，契约中的利益分配不均。联合体的利益分配机制大多是遵循产业链的流程顺序一次性完成，这也同时意味着农业产业链在一个周期内完成闭环，而在主体之间签订的契约中二次收益的再分配在联合体中极少实施，故而农业龙头企业分切了利润蛋糕的绝对大头，家庭农场和农民合作社并未完全分享到合作成果，导致在利润分配中占比过低（韦德贞等，2021）。另一方面，契约中的利益风险约束不平等。农业龙头企业与家庭农场和农民合作社签订了采购合同，对其生产行为、供货数量和交货时间等作出了细致而严格的约定，并规定违约处罚条款，这就意味着家庭农场和农民合作社必须严格遵守所签协议，否则将被淘汰出联合体。相反，对于农业龙头企业而言的约束并没有那么苛刻，一般是围绕原材料分配、品牌维护和收益分成等环节做出大致的要求。同时，在联合体遭遇不可预测的市场风险时，农业龙头企业的违约动机强烈，为了保全自身的利益时常采取转嫁风险的策略，伤害了农民合作社和家庭农场的利益，造成利益约束风险不对等（韦德贞等，2021）。

8.3　结论

本章在归纳当前农村三产融合典型利益联结模式，总结其主要问题的基础上，构建以股份合作社联社为枢纽的利益联结机制，并从分工、交易、契约的视角构建农村三产融合利益联结机制理论框架，以农业产业化联合体为例，深入考察了农村三产融合利益联结在分工内化、费用节约、契约选择三个层面的现实表现与主要困境。

研究发现：①农村三产融合利益联结典型模式包括以合同为纽带的契约型利益联结模式、以合作社为中介的合作型利益联结模式和以要素融合为特征的股权型利益联结模式，存在着机会主义诱发契约型利益联结机制崩溃、股权型利益联结模式不利于保障农户利益、利益联结构建中政府与市场的职能尚未有效厘清等问题，构建以股份合作社联社为枢纽的利益联结机制，有利于利益增值和利益分配，进而驱动农村三产深度融合发展。②合理契约安排有利于产业分工内化和交易费用节约，产业分工内化与交易费用节约促使联结利益产生，合理契约方式选择保证利益合理分配降低联结风险，最终实现农村三产融合利益稳定联结；农业产业化联合体中的家庭农场、农民合作社、农业企业依据各自的资源优势进行密切分工，通过分工内化减少联合体内交易的不确定性、资产专用性、交易频率和信息不对称，从而降低交易成本，通过商品契约、要素契约、服务契约、超市场契约等紧密型契约保证主体之间的利益合理分配，规避利益风险，实现主体间利益共享；主体之间依然存在分工地位不平等、要素供给不足、利益分配不均、风险约束不对等困境。

第9章
农村三产融合数字技术赋能：
作用机制与利益联结

新经济增长理论认为，推动经济增长的核心动力是技术进步。2020年，我国数字经济规模达到 39.2 万亿元，占 GDP 的比重为 38.6%，保持 9.7% 的高位增长，是 GDP 增长率的 3.2 倍，数字经济已经成为我国经济增长的重要引擎。在农业领域，大数据、云计算、移动互联网、农业物联网、人工智能等数字技术赋能现代农业产业体系、生产体系、经营体系，能够推动农业资源利用绿色化、产业融合深度化、生产管理智能化、经营决策高效化、涉农流通智慧化、主体培育数字化，实现农业高质量发展（夏显力等，2019；杨建利等，2021）。自 2015 年农业部发布《关于推进农业农村大数据发展的实施意见》以来，国家先后制定数字乡村发展战略纲要和规划，大力推动数字农业农村发展。与此同时，学术界围绕着数字农业的现实表征与障碍（殷浩东等，2020；宋晓云等，2021）、模式创新（温涛等，2020；汪旭晖等，2020）、实践逻辑（金建东等，2022）、作用机理（张在一等，2020）、国际经验借鉴（钟文晶等，2021）、运营管理（阮俊虎等，2020）、实施路径（王小兵等，2018）及数字合作社（康孟珍等，2020）等方面开展了深入研究。

已有的文献显示，数字农业已经逐渐成为重要的学术研究领域，而且取得了较为丰硕的成果。不过通过检索文献发现，虽然学者在研究数字农业时在研究内容上也会涉及数字技术与农村产业融合，但往往分析较为简单，缺乏对数字技术赋能农村三产融合内在机理的深入探讨，更鲜有相关的系统研究，特别是没有发现数字技术赋能农村三产融合利益联结机制的相关研究。鉴于此，本章首先深入考察数字技术赋能农村三产融合的作用机理与实现路径，然后进一步分析数字技术赋能农村三产融合利益联结的理论模型与作用机制，以期为运用数字技术助推九江市农村三产融合发展提供理论借鉴。

9.1 数字技术赋能农村三产融合的作用机理与实现路径

乡村振兴的经济基础是产业兴旺，产业兴旺的关键路径是农村三产融合，通过数字技术赋能可以进一步推进农村三产融合，完善乡村产业的产业体系、生产体系和经营体系，实现农业高质量发展，最终促进乡村振兴。

9.1.1 数字技术赋能农村三产融合的作用机理

研究思路：用数字技术赋能农村三产融合，延长产业链，提升价值链，完善利益链，推进农村三产融合发展，提高农民收入水平。数字技术赋能产业链延伸，使农业生产向农业加工与营销延伸，延长产业链，同时实现价值增值；数字技术赋能多功能拓展，发挥更多农产品功能，赋能生产服务，通过信息服务提高产品数量与质量，提升价值链；数字赋能新型经营主体，培育新主体，推动产业化经营，完善利益链（图 9 - 1）。

9.1.1.1 数字技术赋能产业链延伸

（1）数字技术赋能农产品加工，使农业生产链向加工链延伸。实现农村三产融合发展，要使农业生产链向加工链延伸，提高农产品价值。但是农产品加工面临着资金、技术和市场等多方面要素约束，通过数字技术赋能可以突破生产要素瓶颈，促进农产品加工业发展，实现产业链延伸。首先在资金方面，一是将数字技术应用到农村金融，提高融资工

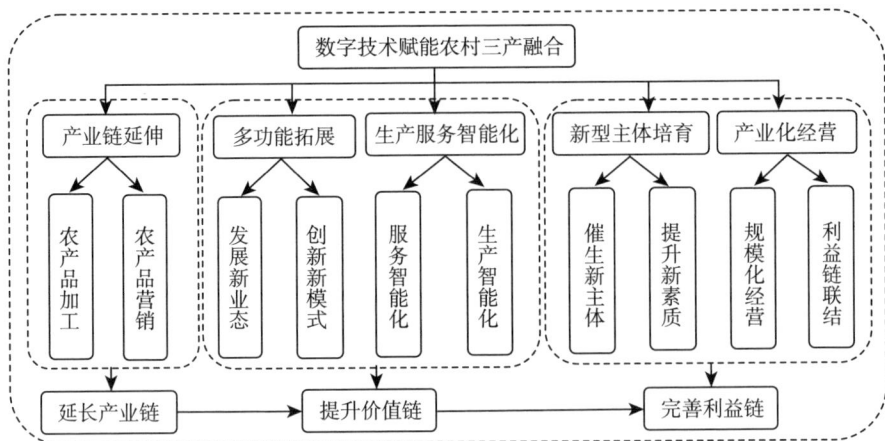

图 9-1　数字技术赋能农村三产融合

具便利性和降低贷款风险，增强资金的可获得性，满足农产品加工贷款需求；二是将数字技术应用到农村电子政务，简化政府补贴、税收减免等支持政策申报手续，增强农产品加工方面国家补贴等政策支持的易得性，破解农产品加工资金约束。其次在技术方面，建立技术创新信息网络共享平台，加强对加工技术人员网络数字培训，将新一代信息技术工业互联网引入农产品加工，提升农产品精加工水平。最后在市场方面，通过建设农产品信息数据库，开展农产品市场需求信息大数据收集与分析，使加工产品与市场需求相协调，扩大加工农产品市场。

（2）数字技术赋能农产品营销，使农业生产链、加工链向销售链延伸。由于传统营销方式落后，不但营销成本较大，而且往往营销渠道不畅，出现"谷贱伤农"的情况。利用数字技术赋能农产品营销，能克服传统营销方式的不足，使农业生产链、加工链向销售链延伸，提升农产品价值。首先，通过农村电商平台降低农产品交易成本。利用互联网、大数据智能算法等数字技术建立多种类电商平台，实现农产品生产者与消费者零距离对接，减少中间环节交易成本，畅通产业链生产端、流通端及消费端，提高生产者在全产业链的收益份额。其次，通过创新销售模式培育农产品品牌。利用数字技术创新，形成电商扶贫、新零售、淘宝村、产品直播等新型数字营销模式，积累生产、销售和用户评价数据，促进农产品分类销售、品质改进和品牌开发，提高消费者品牌信任度，实现农产品销售量价齐升。最后，通过数字物流降低农产品流通费用。通过大数据、云计算、物联网等数字技术的应用，促进农产品物流各环节与数字技术的有效融合和精准对接，精准掌握整个物流过程农产品位置和来源，根据顾客订单信息按地理位置合理安排产品配送路线，提高先期预测的准确性，有效缩短配送时间，降低农产品损耗，节约流通费用。

9.1.1.2　数字技术赋能多功能拓展

（1）数字技术赋能多功能生产端，发展农业新业态。要通过数字赋能农村三产融合，充分开发农业的生产功能、生态功能、景观功能、生活功能、示范功能、辐射功能、文化功能，推进农业与旅游、教育、文化、健康养老等产业深度融合，形成推广新业态。首先，利用物联网、人工智能等数字技术，发展多功能农业新业态。通过物联网技术实现农业生产服务智能化，使种植业、养殖业和畜牧业有机融合，将农业与旅游、教育、文化、健康养老等产业紧密结合，各个子产业之间通过融合形成绿色农业、生态旅游、休闲农业、文化创意农业、康养农业等新型业态，可以实现农业新功能，适应社会发展新需要。其次，利用互联网等数字技术，推进多功能农业社会价值实现。依托农村特色资源形成的新业态往往处于环境优美的边远地区，市场发育相对不足。要通过互联网等数字技术，实现广泛便捷的市场接入，让消费者特别是城市消费者更深入地了解多功能农业，通过这些差异化产品和服务，满足以往被忽略的"长尾需求"，从而实现农业价值增值。

（2）数字技术赋能多功能销售端，创新农业新模式。如果说利用数字技术在农业生产端可以衍生出各种新业态，那么在销售终端就可以创新各种新模式。通过互联网、大数据、云计算等数字技术，创新共享农业、云农场、定制农业、众筹农业等新模式，充分挖掘农业的生态价值、休闲价值、文化价值、教育价值、社会价值等多功能价值，提升价值链，促使农业增收。例如，共享农业可以通过互联网共享平台，集聚海量的供给方和需求方，并利用大数据、人工智能等技术实现各类涉农资源的智能化匹配，实现农业优质资源的更大价值。云农场可以通过认购农场用户的智能手机、平板电脑和计算机等终端连接互联网，应用大数据技术在云服务器上远程"打理"农场事务，并在生鲜农产品成熟时通过快递实现收获。定制农业可以由消费者通过电商平台认购商品，并凭借电商平台实时监督查看所认购产品的成长状况，农产品成熟后由电商平台负责提供采摘（屠宰）、加工、包装和配送等服务。众筹农业可以由消费者众筹资金，农户根据订单决定生产，等农作物成熟后，将农产品直接送到消费者手中，解决融资难和销售难所带来的经营风险。

9.1.1.3 数字技术赋能生产服务智能化

（1）数字技术赋能农业服务智能化，为农业生产提供服务保障。农业生产需要信息、资金、设备等服务保障，利用互联网、大数据等数字技术赋能农业决策、农资配送、金融保险，将提高生产效率，保障农业高质量生产。首先，通过数字技术提供农业信息服务提高农业决策效率。通过智能算法等数字技术对实时汇总的农业生产、产品存量等数据进行动态分析，为农业生产提供产品供给、市场需求预测，提高生产产品品种、数量、方法等方面决策准确度，消弭农业周期性问题。其次，通过互联网构建农资平台，方便农资购买。基于互联网的农资平台可以整合农资企业、经销商、农服公司、农户、金融公司等农资产业链上的参与者，深入挖掘农业市场相关数据，同时凭借平台的流量优势，为农户提供优质廉价的线上农资购买服务。然后，通过农村数字金融提高农户金融贷款的可获得性。运用大数据、云计算等数字技术推进农村数字金融，对农户数据进行收集、分析和预测，实现农业金融供给风险管控低成本，并通过手机端等移动设备，为农户提供便捷、高效和个性的金融服务，能够缓解农业金融供给，弥补农业资金不足。最后，通过信息技术赋能农业保险降低农业风险。基于大数据等数字技术建立新型农业经营主体信用评价系统，有利于提高主体信用意识，降低投保人的道德风险，同时能提高理赔信息的精确度，降低农业生产中由于自然风险带来的损失，有效地保障农业生产效率。

（2）数字技术赋能农业生产智能化，保证农产品生产量质双升。通过农业传感器技术、GPS 技术以及 RS 技术等物联网技术与设备在农业领域应用，高效利用农业资源，有效预知生产风险，实现从播种到收获全流程自动化运转。首先在种植过程中，通过物联网作物传感器不断收集光、温、水、肥等各个农业要素信息，实时了解田间信息，从而优化各项农资的投入；通过 GPS 技术精确定位和定时，针对农田中的作物苗情进行描述和跟踪，让农业机械将药、肥送到准确位置。其次在收获期，通过大数据等数字技术收集耕种数据，运用定位系统和地理信息系统精确收割作物。最后在追溯期，将互联网与物联网相结合，对作物的生产过程进行全程监控与追踪，并通过射频识别技术的追溯系统，在农产品生产全过程快速反应、追本溯源，控制农产品质量，实现产品分级。

9.1.1.4 数字技术赋能新型主体培育

（1）数字技术赋能农业经营主体数量，催生三产融合新主体。新型经营主体数量增加和素质提升是农村三产融合发展的关键。当前有五类群体活跃在农业领域：以农为生的"草根"群体、返乡创业的"回流"群体、以新型经营主体为主的"精英"群体、以驻村干部和大学生村官为主的"管理"群体以及带有乡土属性却融入城市精英阶层的"乡愁"群体（夏显力等，2019）。目前，除了要稳定"精英"群体这一现有新型经营主体，还要将其他几类群体培育为新型经营主体或服务主体。首先，通过数字技术赋能稳定"精英"群体。"精英"群体虽然已经是新型经营主体，但若经营失败就会不断退出，因此要通过互联网、物联网等技术为其赋能，提高抗风险能力和盈利能力，稳定新型经营主体的主力军。其次，通过数字技术赋能将"草根""回流""乡愁"群体转变为新型经营主体。"草根""回流"群体之所以还没有成为新型经营主体，主要是受到资金、技术、土地等要素约束。我们利用互联网、数字金融等数字技术，通过市场、政策支持等方式为这些群体取得资源支持，使其成长为新主体；"乡愁"群体之所以还没有成为新型经营主体，主要是缺乏投资机会，可以通过互联网技术让其获得投资信息与项目，从事农村三产融合。最后，通过数字赋能使"管理"群体服务于农村三产融合。"管理"群体大多从事乡村治理，通过农业生产方面的数字技术赋能可以让其更好地服务于农业生产，为其他群体提供更多的生产服务，助力农村三产融合。

（2）数字技术赋能新型经营主体质量，提升融合主体素质。新型经营主体素质的提升，需要国家形成系统培育政策体系，利用现代数字技术，借助不同层面的技术力量，开展分类培训。一方面，通过数字技术借智农业科技人才，形成稳定的培育政策体系。通过与涉农高等院校、科研院所等深度合作，邀请农业高科技领军人才、创新人才、推广人才、科技特派员等通过宽带通信网、数字电视网等数字技术定期开展讲座，向农业经营主体传授专业知识，不断提升其整体素质，形成培养、引进、考核、激励等一整套系统完备的政策体系。另一方面，针对异质性农业生产主体，进行数字技术分类赋能。对于"精英"群体，开展物联网、云计算、大数据等技术培训，强化农业种植、加工、仓储、销售等环节模拟、监测、判断和预测，提高农业生产效率；对于"草根"和"回流"群体，加强农村电商培训，使其能以淘宝、微信、抖音、快手等新型社交媒体为平台，改进农产品销售策略；对于"乡愁"群体，利用互联网、大数据进行市场决策、生产技术培训，提高其高效信息获得、科学生产决策能力；对于"管理"群体，加强互联网、大数据库等数字技术培训，建立空间化、智能化的农村新型统计信息系统，打造农业综合信息服务平台，以提高农村公共服务智能化水平。

9.1.1.5 数字技术赋能农业产业化经营

（1）数字技术赋能农业经营决策，推进适度规模经营。农村三产融合是农业产业化经营的高级形式。当前我国农业生产仍然是以小规模分散经营为主，农业经营决策效率低、生产成本高、比较效益低、生产要素不足、社会化服务不强等问题较为突出。因此，要将数字技术嵌入农业经营决策，推动适度规模经营。首先，利用大数据、云计算等数字技术推进土地集中型规模经营。通过土地确权登记颁证工作形成的数据库，引导土地出租方、承包方及时登记、完善土地出租和承包相关信息，实现土地出租方、承包方线上有效衔接，促进土地流转线上完成、线下操作，催生更多的新型经营主体，发展以农村土地集中为特征的农业规模经营，提高经营效率。其次，通过大数据、互联网等数字技术推进服务集中型规模经营。一方面，利用大农业数据库统计兼业农户的农业经营信息，对于不愿完全放弃土地经营权又没有能力完成农业生产任务的农户，通过土地股份合作、土地托管半托管等形式，为兼业农户提供农业社会化服务。另一方面，对于愿意自己经营在农忙时又劳动力不足的农户，可提供农机租赁等社会化服务，通过数字技术赋能构建"小前台＋大中后台"典型数字经济运行模式，对农机需求海量订单进行有效供需匹配，高效提供农业生产社会化服务，促进服务集中规模经营。

（2）数字技术赋能农业产业化联合，完善利益链联结机制。利益链联结机制事关农村三产融合发展的稳定性。利益链联结的方式主要包括订单农业交易模式、土地流转基地模式和资产入股经营模式。不同的利益联结模式存在着不同的风险：订单模式主要存在质量不稳的自然风险、价格波动的价格风险和违反契约的道德风险；基地模式主要存在土地流转的价值低估风险和雇佣劳动力的监管不力风险；入股模式主要存在土地、房屋等资产的价值低估风险、股份分红的利益分配不均风险和经理人的道德风险。数字技术赋能利益链联结，可以克服以上风险（表9-1）。首先，通过数字赋能降低自然风险和监管不力风险。通过物联网和人工智能技术，合作社或者公司可以对农户进行全程生产技术服务指导与监控，确保农产品标准化生产保证其质量，同时对雇佣劳动力的劳动努力程度进行评估与监管。其次，通过数字赋能降低价格风险。通过互联网技术和大数据技术，对农产品供销价格进行全面搜集、分析与研判，可以确定合适的价格，并制定价格波动机制，确保农产品交易价格合理，保证农户和公司的履约率。再次，通过数字赋能降低违约与经营道德风险。通过互联网建立信誉评价体系和机制，对农户与公司的违约行为、合作社的经理人不力经营行为进行公开网上曝光，将屡次违约者、违规经营者列入黑名单，督促其按时履约和履职，降低道德风险。然后，通过数字赋能降低资产估值风险。通过互联网和大数据技术，建立土地、房屋等交易平台，搜集相关技术资料，合理确定土地流转、房屋租赁等资产价值，确保资产不被低估，保证农户利益。最后，通过数字赋能降低利益分配风险。利用大数据、云计算技术，对合作社或公司最终的账务盈利状况进行评估，合理确定与农户的分红比例，保证农户利益不被侵蚀。

表9-1 数字技术赋能经营主体利益链连接

利益联接方式	存在主要风险	数字技术赋能
订单农业交易模式	自然风险、价格风险和道德风险	物联网和人工智能技术进行技术服务指导；互联网和大数据技术确定合理价格；互联网技术建立信誉评价体系和机制
土地流转基地模式	土地价值低估风险和劳动监管不力风险	互联网和大数据技术合理确定土地资产价值；物联网和人工智能技术进行技术服务指导与监控
资产入股经营模式	土地、房屋等价值低估、利益分配不均风险和经理人道德风险	互联网和大数据技术合理确定土地、房屋资产价值；大数据、云计算技术进行财务评估；互联网技术建立信誉评价体系和机制

9.1.2 数字技术赋能农村三产融合的实现路径

9.1.2.1 基本思路

农村三产融合是实现乡村产业兴旺的关键路径。因此，通过数字技术赋能农村三产融合推进产业兴旺的实现路径为：通过物联网、互联网、大数据、云计算、人工智能等数字技术赋能农村三产融合产业链延伸、多功能拓展、生产服务智能化、新型主体培育、产业化经营，完善农业产业体系、生产体系、经营体系，推动产业兴旺，实现乡村振兴。

9.1.2.2 具体设想

具体来说（图9-2）：首先，所有数字技术都可以通过不同形式赋能农村三产融合的各个环节，促进农村三产融合发展。通过物联网、互联网、人工智能、大数据、云计算等数字技术赋能产业链延伸、多功能拓展、生产服务智能化、新型经营主体培育及产业化经营，推动农村三产融合。其次，通过产业链延伸和多功能拓展，促进产业体系完善；通过生产服务智能化，促进生产体系完善；通过经营主体培育和利益链联结，促进经营体系完善。最后，通过完善农业产业体系、生产体系、经营体系，推动产业兴旺，实现乡村振兴。

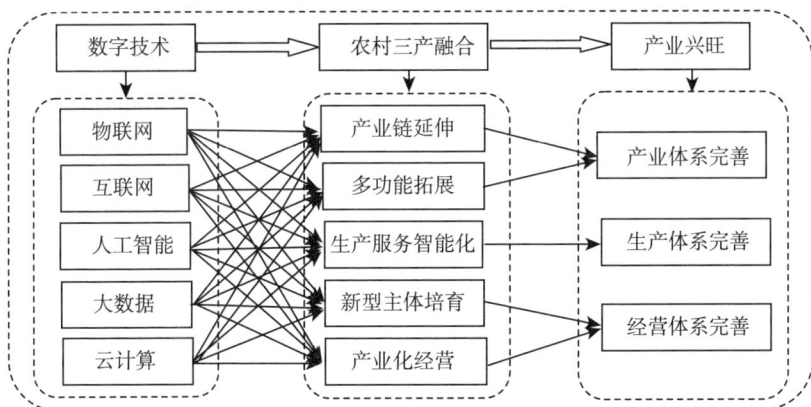

图9-2 数字技术赋能农村三产融合助推产业兴旺实现路径

9.2 数字技术赋能农村三产融合利益联结

回顾历史，创新完善经营主体之间的利益联结机制，一直是我国农业产业化发展所面临的重大研究课题（王乐君等，2019）。农村三产融合是农业产业化的高级形式，其利益联结机制内涵更丰富，目标更为细化，在促进农民增收的过程中更重视能力的培养（李明贤等，2019）。关于农户、农业合作社、农业企业之间的利益联结研究重点体现在两个方面：一是利益联结机制构建研究。一般认为，利益创造、利益分配和利益激励是利益联结机制的基本组成部分（邵科等，2013；孙崑等，2019），而完整的利益联结机制还应该包括利益约束、利益保障和利益调节（魏姗等，2014；钱森等，2018；涂圣伟，2019）。从内涵来理解，利益激励是利益分配的补充，利益约束是利益保障的组成部分，而政府调节对利益产生、利益分配与利益保障起着辅助作用。因此，本文从利益产生、利益分配与利益保障来构建利益联结机制。二是不同联结方式下的具体利益联结研究。经营主体之间会形成不同的利益联结方式，其具体的利益产生、利益分配和利益保障机制也各不相同。根据不同的标准，利益联结方式可以进行不同的分类：租赁、销售行为、产权联结（李明贤等，2019）；要素、产品、服务联结（陈慈等，2021）；合作式、加入式、入股分红式联结（林宣佐等，2020）；"市场＋农户""基地＋农户""公司＋农户""公司＋合作社＋农户"以及"双重入股"联结（李和平等，2019）；订单、服务带动、合作、企业化、股份合作制联结（张耀兰，2021）等。从发展趋势来看，订单合同、专业合作等传统模式仍占主导地位，股份合作、农业产业化联合体等新型模式蓬勃兴起，多种联结方式并存的混合模式日获青睐（王乐君等，2019），农村三产融合利益联结越来越紧密（姜长云，2019）。因此，本文根据利益联结紧密程度，将农村三产融合利益联结方式分为订单合作联结、基地租赁联结和资产入股联结。

随着信息技术的快速发展，大数据、云计算、移动互联网、农业物联网、人工智能等数字技术不断赋能现代农业，推动农业资源利用绿色化、产业融合深度化、生产管理智能化、经营决策高效化、涉农流通智慧化、主体培育数字化，实现农业高质量发展（夏显力等，2019；杨建利等，2021），数字农业已经逐渐成为重要的学术研究领域。那么，如何通过数字技术赋能农村三产融合，完善利益链联结机制？从目前研究来看，一方面，虽然学者对不同利益联结机制及其联结方式开展了丰富的研究，但依然没有形成一致的结论；另一方面，在学者大量的数字农业方面的相关研究中，数字技术赋能农村产业融合的相关研究缺乏，尚未发现有关数字技术赋能农村三产融合利益联结机制的研究。鉴于此，本节在构建农村三产融合利益联结机制的基础上，深入考察数字技术赋能农村三产融合利益联结的作用机理，以期为进一步完善利益联结机制，助推我国农村三产融合发展提供理论借鉴。

9.2.1　农村三产融合利益联结机制的构建与运行

9.2.1.1　利益联结机制构建分析框架

利益联结机制，是指利益主体间相互联系、相互作用的关系及其运行方式。因此，农村三产融合利益联结机制则是指在农村三产融合过程中，农户、农民合作社、农业企业等农业经营主体共同建立利益共同体，为了实现利益最大化而在他们之间形成的互相联结关系和运作方式。利益联结机制中最核心的问题是利益主体之间的利益如何生成、如何分配以及如何实现。因此，利益联结机制按照利益产生、发展的过程可细分为利益产生、利益分配和利益保障等3个方面。其中，利益分配是核心，利益产生是利益分配的前提和基础，利益保障是利益分配得以实现的关键。

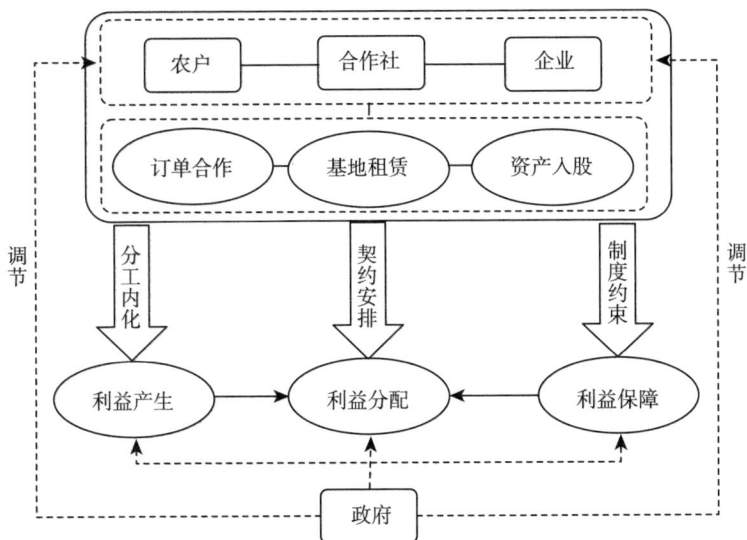

图 9-3　农村三产融合利益联结机制构建框架

农村三产融合利益联结机制的构成如图 9-3 所示。①利益联结主体。利益联结主体主要包括农户、农民合作社和农业企业，他们在农村三产融合中分工协作，共同创造利益并进行分配。政府是调节主体，通过对三者之间的利益进行调节，协助他们创造利益，合理分配并得以实现。②利益联结方式。经营主体之间的联结方式不同，其利益联结机制的运行方式便不相同。根据目前农村三产融合中利益联结紧密程度或者联结主要要素不同，可以将其分为订单合作、基地租赁和资产入股等三类不同联结方式。③具体利益联结机制。具体利益联结机制包括利益产生机制、利益分配机制和利益保障机制。利益主体之间通过分工内化产生利益，通过契约安排分配利益，通过建立各种制度约束保障利益实现，而政府调节有益于利益联结机制的完善。

9.2.1.2 利益联结机制运行过程

（1）利益产生机制。通过主体之间分工内化提高劳动生产率降低交易成本，从而提高利润。农村三产融合通过延长产业链、拓展多功能，实现纵向与横向融合，提升价值链，促进农产品价值增值。在这个过程中，农村第一、第二和第三产业的经营主体从原来的产业间分工转化为产业内分工，实现了分工内化。分工内化促进利益产生：一方面，产业间分工转化为产业内分工，主体之间的分工得到了深化，有利于提高劳动生产率；另一方面，分工必然带来交易，分工内化意味着交易成本内部化，有利于降低交易成本。可见，农村三产融合分工内化破解了分工带来生产效率提高与导致交易成本提升的"两难困境"，保证了提高生产效率的同时降低交易成本，提升了经济收益，这便是利益产生过程。

首先，充分发挥各经营主体的优势功能，密切分工协作，提高生产效率。一般来说，农户（家庭农场）拥有土地、劳动力，善于精耕细作，适合进行农业生产。农民合作社是农民的互助性服务组织，在动员和组织小农户方面具有制度优势，适合提供农业生产服务。农业企业拥有人才、技术、资金等先进资源要素，适合发展技术研发、农产品加工流通及品牌打造。例如，在农业产业化联合体中，农户农场按合同要求进行标准化生产、提供优势农产品，合作社向农户农场提供作业、信息、技术等专业化服务，农业企业高价收购农产品进行加工销售并创建品牌，进行合理分工，有利于提高生产效率。其次，通过分工内化减少农业交易的不确定性、资产专用性、交易频率和信息不对称，从而降低交易成本。一是降低不确定性。分工内化后主体间签订契约，既可以降低农户购买生产资料和出售农产品价格与渠道的不确定性，也可以降低农业企业收购农产品价格和渠道的不确定性。二是降低由于资产专用性存在所带来的损失。通过分工内化签订紧密型契约，可以避免农户由于价格上升不按合同出售产品或者企业由于价格下降不按合同收购产品的机会主义行为，减少被"敲竹杠"的成本，降低资产专用性损失。三是减少交易发生的频率。通过分工内化签订紧密型契约，不但可以通过合作社代表农户与企业交易从而减少交易频率，也可以通过一次签约确定交易标准减少交易谈判频率，这种生产资料、农产品等交易在组织内部进行，减少主体之间市场交易频率，降低交易成本。四是减少信息的不对称。通过分工内化签订紧密型契约，农户、合作社与企业之间可以进行充分的信息交换，精准对接市场需求，缓解农户与市场之间的信息不对称问题，减少由于信息不对称而产生的交易成本。

（2）利益分配机制。按照契约安排在主体之间进行利益合理分配，实现利益共享。利益分配发挥促成利益主体进行合作的激励效应，也是利益联结机制的核心。农村三产融合主体之间形成不同的联结方式，其分工不同利益分配方式也存在差异（表 9-2）。本文将联结方式分为三类。①订单合作联结方式：农户与合作社或者企业签订契约，农户以合同约定价格将农产品卖给合作社或者企业，后者按合同价格收购产品，并为农户提供技术服务支持。②基地租赁联结方式：合作社或者公司通过土地流转建立农业生产基地，雇佣其他劳动力或者土地出租者为其进行生产，或将土地返租倒包给农户进行生产经营。③资产入股联结方式：农户以土地、房屋、资金、生产设备等资产入股合作社或者企业，或者农户入股合作社后，合作社再入股企业（即"双重入股"），进行统一生产经营管理。

表 9-2　农村三产融合不同联结方式下的分工协作与利益分配

联结方式	分工协作	利益分配
订单合作联结方式	农户：生产农产品 合作社或企业：收购农产品，加工与销售；提供生产资料、技术与服务	农户：出售农产品，获得产品收入 合作社或企业：农产品加工与销售获得利润；获得资料、技术与服务收入
基地租赁联结方式	农户：流出土地；提供雇佣劳动力；返租倒包生产农产品 合作社或企业：流入土地，农产品生产、加工与销售；返租倒包后收购农产品；提供生产资料、技术与服务	农户：获得地租收入、工资收入、产品收入 合作社或企业：农产品加工与销售，获得利润
资产入股联结方式	农户：资产入股；从事生产提供劳动 合作社或企业：从事生产管理、加工与销售；从事乡村旅游等产业经营管理	农户：获得入股分红收入；工资收入 合作社或企业：农产品加工与销售获得利润；从事横向融合获得经营收入

订单合作利益分配方式。一方面，农户通过获得合作社或企业优质低价的生产资料、技术与服务支持，确保农产品数量与质量，并根据合同价格销售产品获得收益；同时也可通过"保底收购＋随行就市""市场价加成""二次返利"等方式获得留存收益。另一方面，合作社或企业根据合同价格获得稳定优质产品，通过加工与销售获得利润；同时提供生产资料、技术与服务获得相应报酬。

基地租赁利益分配方式。一方面，农户向合作社或企业流出土地，获得地租收入，同时可成为基地的雇佣劳动力，获得工资收入；或者通过返租倒包形式获得合作社或企业生产资料、技术与服务，支持产品生产，并根据合同价格销售产品获得收益。另一方面，合作社或企业通过流入土地建立生产基地，获得稳定高质的产品来源，并通过加工与销售获得利润。

资产入股利益分配方式。一方面，农户以土地、房屋、生产设备、资金等资产入股，获得生产、加工、销售等入股分红收益，共享经营利润，同时农户可以成为员工获得工资收入。另一方面，企业或合作社获得稳定的原材料供应基地，通过规模化集约化生产控制原材料质量和价格，提高经营收入；或者在横向融合中（如共享农庄）通过有效治理，实现利益最大化。

（3）利益保障机制。通过建立制度约束机制防范联结风险，保障利益实现。农业是一个具有弱质性的基础产业，面临着来自自然、社会、市场、技术等多方面的风险。不同的利益联结方式存在着不同的风险：首先，订单合作联结方式。其主要风险包括自然风险和市场违约道德风险。如果农户不能按要求进行标准化生产会导致农产品数量或者质量不合格而被拒收，产生自然风险；如果市场价格发生较大波动会导致农户违约销售或者合作社、企业违约收购，出现市场违约道德风险。其次，基地租赁联结方式。其主要风险包括土地价值低估风险、拒付租金道德风险、劳动监管不力风险和自然风险。如果土地流转价格被低估于市场真实价格将会导致农户利益受损；如果企业经营不善"跑路"，农民就有拿不到租金的风险；如果被雇佣农民劳动力不能得到较好的监管，将会导致农产品产量或者质量受到影响，降低生产效益；返租倒包方式中如果农户不能按要求进行标准化生产会导致农产品数量或者质量不合格而被拒收受到损失。最后，资产入股联结方式。其主要风险包括土地、房屋等资产价值低估风险、利益分配不均风险和经理人道德风险。如果土地、房屋等资产价格被低估于市场真实价格将会导致农户股份减少而利益受损；如果农户在联结过程中决策参与能力不足，他们在整个产业链中利益分配系数更会偏低，导致利益分配不均；如果对经理人（如土地股份合作社）约束机制不到位，会出现经理人以权谋私，组织和管理成本较高，损害农户利益的道德风险。

总体来看，农村三产融合的利益联结风险主要包括自然风险、市场违约道德风险、资产价值低估风险、拒付租金道德风险、劳动监管不力风险、利益分配不均风险和经理人道德风险。针对这些风险，要建立制度约束机制，来约束利益主体、维护合作关系，以确保利益的实现（表9-3）。对于自然风险，要通过更好的生产技术与服务来稳定数量与质量，同时可以参加农业保险，以减少风险事故一旦出现可能带来的损失；对于资产价值低估风险，要确立合理的估价标准准确估价，维护农户利益；对于利益分配不均风险，要提高农户决策参与机会和能力，通过精英代理提高利益分配中的地位；对于劳动监管不力风险，要完善监督技术手段，建立产品溯源责任机制；对于市场违约、拒付租金、经理人道德风险，既可以通过法律手段完善惩罚制度，采取列入黑名单制度、取消政策支持等措施建立信用机制，也可以针对市场违约建立"保底收购＋随行就市"等价格调节机制，针对拒付租金违约建立矛盾调解制度，针对经理人道德风险完善财务风险防范机制，实行财务公开与监督，保证生产经营效率。

表9-3　农村三产融合不同利益联结方式下的风险及其防范

利益联结方式	存在主要风险	风险防范机制
订单合作联结方式	自然风险和市场违约道德风险	通过更好的生产技术与服务来稳定数量与质量；要完善价格调节机制；通过法律手段完善惩罚信誉评价体系和机制
基地租赁联结方式	土地价值低估风险、拒付租金道德风险、劳动监管不力风险和自然风险	通过合理的估价标准确定土地资产价值；通过法律手段完善惩罚信誉评价体系和机制，进行矛盾调解；完善监督技术手段和责任溯源机制；运用更好的生产技术与服务来稳定数量与质量
资产入股联结方式	土地房屋等资产价值低估风险、利益分配不均风险和经理人道德风险	通过合理的估价标准确定土地、房屋资产价格；通过增加农户决策参与机会和能力提高利益分配份额；实行财务公开、监督与财务评估，建立信誉评价体系和机制

此外，政府通过运用政策等手段进行调节，促进利益联结机制稳定运行。在利益产生过程中，对于前期投资大回收周期长的农业项目，给

予合作社或企业以基础设施、财政税收、金融贷款等政策支持，促进企业、合作社、农户之间联合，实现分工协作，推进农村三产融合。在利益分配过程中，通过各类政策倾斜，鼓励合作社或企业提高对农户的利益分配份额，使利益分配更加合理。在利益保障过程中，通过诚信立法，建立信用制度，对失信主体进行公开曝光，并在政策支持方面予以惩罚，减少道德风险。

9.2.2 数字技术赋能农村三产融合利益联结的作用机理

9.2.2.1 数字技术赋能农村三产融合利益产生

农村三产融合利益产生与创造取决于农户、农民合作社、农业企业等经营主体之间分工协作的形成与效率。各主体之间能否实现分工协作及分工之后的效率如何，又取决于能否突破农村三产融合的要素约束。资金、技术与土地是农村三产融合的主要要素瓶颈：农业生产投资大，回收期长，没有资金保障，主体之间的合作难以维持；融合主体之中任何一方生产技术滞后，都会极大地影响整体分工的生产效率；受到土地要素流转制约，农村三产融合很难产生规模经济效益，联结利益创造会大打折扣。通过数字技术赋能农村三产融合，能克服以上要素瓶颈，推进融合利益产生与创造。

（1）数字技术赋能农村三产融合破解资金约束。一方面，通过运用农村数字金融提高经营主体金融贷款的可获得性。运用大数据、云计算等数字技术推进农村数字金融，对经营主体数据进行收集、分析和预测，降低农业金融供给风险管控成本，并通过手机端等移动设备，为经营主体提供便捷、高效和个性的金融服务，能够缓解农业金融供给，弥补农业资金不足。另一方面，通过运用农村数字政务提高获得国家资金支持的便利性。将互联网技术应用到农村电子政务，简化政府补贴、税收减免等支持政策申报手续，增强农产品生产、加工、流通、技术改造等方面国家政策支持的易得性，弥补资金不足，破解农村三产融合资金约束。

（2）数字技术赋能农村三产融合主体技术提升。一方面，通过数字技术借智农业科技人才，形成稳定的培育政策体系。通过与涉农高等院校、科研院所等深度合作，邀请农业高科技领军人才、创新人才、推广人才、科技特派员等通过宽带通信网、数字电视网等数字技术定期开展讲座，向农业经营主体传授专业知识，不断提升其整体素质，形成培养、引进、考核、激励等一整套系统完备的政策体系。另一方面，针对异质性经营主体，进行数字技术分类赋能。对农产品生产主体，开展农业物联网培训，通过农业传感器技术、GPS技术以及 RS 技术等物联网技术与设备在农业领域应用，高效利用农资资源，有效预知生产风险，实现从播种到收获全流程自动化运转。对农产品加工主体，通过工业物联网数字培训，建立加工技术创新信息网络共享平台，将新一代信息技术工业互联网引入农产品加工，提升农产品精加工水平；对农产品营销主体，加强农村电商培训，使其能以淘宝、微信、抖音、快手等新型社交媒体为平台，改进农产品销售策略。

（3）数字技术赋能农村三产融合适度规模经营。一方面，利用大数据、云计算等数字技术推进土地集中型规模经营。通过土地确权登记颁证工作形成的数据库，引导土地出租方、承包方及时登记、完善土地出租、承包相关信息，实现土地出租方、承包方线上有效衔接，促进土地流转线上完成、线下操作，催生更多的新型经营主体，发展以农村土地集中为特征的农业规模经营，提高经营效率。另一方面，通过大数据、互联网等数字技术推进服务集中型规模经营。对于无土地流转意愿的农户，可通过数字赋能服务集中规模经营克服土地约束。利用大农业数据库统计兼业农户的农业经营信息，通过土地股份合作、土地托管半托管等形式，为兼业农户提供农业社会化服务；通过数字技术赋能构建"小前台＋大中后台"典型农机租赁数字经济运行模式，对农机需求海量订单进行有效供需匹配，促进服务集中规模经营。

9.2.2.2 数字技术赋能农村三产融合利益分配

农村三产融合利益分配是否合理主要取决于两个因素：一是产

品、劳动力、土地、房屋、资金等要素价格估值是否合理，如果产品交易、劳动雇佣、土地流转、房屋租赁等出现价值低估，会导致利益分配的不合理，损害农户利益；二是农户、合作社、企业等主体之间的议价能力是否平等，特别是在资产入股方式中如果农户处于弱势地位，会导致普通农户的合理利益被侵占。通过数字技术赋能农村三产融合产品和要素价格评价及主体平等议价决策机制，能促进融合利益合理分配。

（1）数字技术赋能农村三产融合产品与要素价格决定机制。首先，通过数字技术赋能确定农产品合理价格。通过互联网技术和大数据技术，对农产品供销价格进行全面搜集、分析与研判，完善价格预测机制，合理确定农产品价格，并通过制定适当价格波动机制如"随行就市""二次返利"等，降低由于交易时价格波动而带来的利益分配不公。然后，通过数字技术赋能进行资产要素价格合理估值。通过互联网和大数据技术，建立土地、房屋等交易平台，搜集相关技术资料，合理确定土地流转、房屋租赁等资产价值，确保资产不被低估，保证农户利益。

（2）数字技术赋能农村三产融合主体平等议价决策机制。首先，通过数字技术赋能确定入股分红合理比例。通过互联网技术和大数据技术，搜集全国农村三产融合中农户资产入股分成典型案例，分析获得分成比例的科学方法，以此为依据与企业进行谈判，形成合理的分成比例。其次，通过数字技术赋能参与决策能力促进利益公平分配。可以借助互联网云平台，选出农户代表积极参与利益分配方案等重大事项决策会议，减少核心成员内部控制，实现主体之间的利益平衡。最后，通过数字技术赋能降低利益分配风险。利用大数据、云计算技术，对合作社或企业最终的经营管理和账务盈利状况进行评估，保证农户利益不被侵蚀，降低利益分配风险。

9.2.2.3　数字技术赋能农村三产融合利益保障

农村三产融合利益合理分配是否能够实现取决于利益保障机制，关键是看利益联结过程中的各类风险是否能得到有效防范。如前文所述，农村三产融合的利益联结风险主要包括自然风险、市场违约道德风险、资产价值低估风险、拒付租金道德风险、劳动监管不力风险、利益分配不均风险和经理人道德风险。通过数字技术赋能农村三产融合利益保障，可以化解利益联结风险，促进利益合理分配得以实现。其中资产价值低估风险和利益分配不均风险在利益分配中已经论述，本部分对其他风险防范数字技术赋能进行阐述。

（1）数字技术赋能农村三产融合自然风险防范。除前文提到通过数字技术赋能农业经营主体技术提升，保证产品数量与质量之外，一方面，通过数字技术赋能农业决策效率降低自然风险。通过智能算法等数字技术对实时汇总的农业生产、产品存量等信息数据进行动态分析，为农业生产提供产品供给、市场需求预测，提高生产产品品种、数量、方法等方面决策准确度，消弭农业周期性风险。另一方面，通过数字技术赋能农业保险降低农业自然风险损失。基于大数据等数字技术建立农业经营主体信用评价系统，有利于提高主体信用意识，降低投保人的道德风险，同时能提高理赔信息的精确度，降低农业生产中由于自然风险带来的损失，有效地保障农业利益。

（2）数字技术赋能农村三产融合道德风险防范。经营主体不按照合同约定价格进行产品交易和支付租金、经理人不按照合同要求履行经营管理义务、雇佣劳动力不按照生产要求进行农业生产等都属于道德风险。一方面，通过数字技术赋能降低违约与经营道德风险。利用互联网与大数据技术建立信誉评价体系和机制，对农户与企业的违约行为、经理人不力经营行为在网上进行曝光，将屡次违约者、违规经营者列入黑名单，督促其按时履约和履职，降低道德风险。另一方面，通过数字技术赋能降低雇佣劳动力生产道德风险。通过将互联网与物联网技术相结合，对作物的生产过程进行全程监控与追踪，并通过射频识别技术的追溯系统，在农产品生产全过程快速反应、追本溯源，通过甄别雇佣劳动力的生产劳动质量来进行监管，破解委托代理问题。表 9 - 4 为数字技术赋能农村三产融合利益联结机制。

表 9 - 4　数字技术赋能农村三产融合利益联结机制

利益联结机制	关键问题表征	数字技术赋能
利益产生机制	·破解资金约束 ·主体素质提升 ·适度规模经营	通过农村数字金融与数字政务破解资金约束；通过互联网、物联网和人工智能技术进行技术培训与分类技术赋能；通过互联网、大数据和云计算推动土地流转与生产服务，实现规模经营
利益分配机制	·产品与要素价格决定 ·平等议价决策	通过互联网和大数据技术合理确定农产品、劳动力、土地、房屋等价值；通过互联网、大数据、云计算技术搜集信息确定分红比例，提升议价决策治理能力，进行财务评估
利益保障机制	·自然风险防范 ·道德风险防范	物联网、大数据技术提高生产经营决策水平和农业保险效率；互联网、物联网技术建立信誉评价体系和机制，进行全程监控与追踪，建立责任溯源机制

9.3　结论

本章首先考察了数字技术赋能农村三产融合的作用机理，并探讨了数字技术赋能农村三产融合助推乡村产业兴旺的实现路径，然后构建理论框架分析了农村三产融合的利益联结机制，并深入研究了数字技术赋能农村三产融合利益联结机制的作用机理。

研究发现：①要通过数字技术赋能产业链延伸、多功能拓展、生产智能化、新型主体培育、农业产业化经营来促进农村三产融合发展，不断完善产业体系、生产体系、经营体系，推动产业兴旺，最终实现乡村振兴。②利益联结机制包括利益产生机制、利益分配机制和利益保障机制，经营主体之间不同利益联结方式下利益联结机制运行过程亦不相同；分工内化能提高劳动生产率降低交易成本促进利益产生，契约安排能实现利益共享促进利益合理分配，制度约束能防范联结风险保障利益实现；要通过数字技术赋能破解资金约束、主体素质提升、适度规模经营，助推利益产生，通过数字技术赋能要素价格决定机制、平等议价决策机制，促进利益合理分配，通过数字技术赋能自然风险防范、道德风险防范，保障利益实现，最终实现利益共享，推进农村三产融合发展，助力乡村振兴。

第 10 章
农村三产融合发展典型案例：
以瑞昌和湖口为例

前文通过搜集实地调研数据，运用计量分析方法考察了农村三产融合的驱动因素及实现路径，厘清了农村三产融合的驱动因素，也有利于找到其实现路径，二者密不可分。因此，本章基于制度变迁理论与"四＋四"驱动模式视角，利用两个典型案例来进一步分析农村三产融合的驱动因素及实现路径，以期为探索合适的农村三产融合发展道路提供借鉴。

10.1 基于制度变迁理论的农村三产融合动力机制分析：以瑞昌山药产业为例

本节以瑞昌山药这一产业作为研究对象，从制度变迁视角，考察农民合作社、龙头企业（第一行动集团）和政府（第二行动集团）在推动瑞昌山药产业三产融合过程中的动力作用机理，为发展瑞昌农村三产融合寻找依据。

10.1.1 基于制度变迁理论的农村三产融合动力机制框架

10.1.1.1 基于制度变迁理论的动力机制分析

制度变迁理论（Institution Change Theory）产生于 20 世纪 70 年代前后，旨在解释经济增长依赖于长期经济增长的机制研究，运用制度因素对经济增长问题做出解读。在制度变迁方面，其成本收益对制度变迁产生了关键性影响，预期收益比预期成本高时，行为主体才会对制度变迁产生强烈的推动意愿。制度变迁的推动力分"第一行动集团"和"第二行动集团"这两种，两者在决策过程中都占据了主体地位（道格拉斯·C. 诺思，2008）。正常情况下，制度变迁的步骤分为以下五步：第一，对带动制度改革的第一行动集团进行组建，即形成对制度改革产生主要影响的集团；第二，提出有关制度变迁的主要方案；第三，根据制度变迁的原则对方案进行评估和选择；第四，对带动制度改革的第二行动集团进行组建，即产生次要影响集团；第五，两个集团共同努力去实现制度变迁。

以第一行动集团中的经济主体差异为依据，对制度变迁进行了"由下至上"和"由上至下"两种类型的划分。"由下至上"变迁形式是指个人或群体在新制度利益的诱惑下，为实现制度变迁主动作为，这种变迁形式也被称作诱致性变迁。"由上至下"的制度变迁是指政府以第一行动集团的身份而存在，借助于行政命令和法律文化的方式推动制度的变迁，这种变迁方式具有明显的强制性（道格拉斯·C. 诺思，2008）。

10.1.1.2　农村三产融合动力机制框架构建

农村三产融合的发展动力路径一般也可以分为两类：一是通过新农人自主创业，经过国家政府相关政策扶持，从而成长为农民合作社或者农业龙头企业，最终成为农村三产融合发展的主力军；二是政府在对现有农业产业发展条件准确研判的基础上，对农业产业发展进行规划，通过制定各种优惠政策，吸引新农人、农民合作社、农业企业从事相关特色农业产业，推动农村三产融合。第一类为"由下至上"的诱致性变迁模式，第二类为"由上至下"强制性变迁。

通过对瑞昌山药产业的调研得知，第一行动集团农村能人首先对传统山药生产、销售、加工等相对独立的活动进行融合，形成了以农户主导的农村三产融合模式。但由于技术、品牌、资金、制度等要素的约束，制造落后限制了融合的进一步深化。第二行动集团提供资金支持、技术培训、品牌宣传、政策扶持等，推动专业合作社的成立，扶持龙头企业，形成了农民合作社主导和龙头企业主导的融合模式。因此，瑞昌山药产业三产融合制度变迁可归为"自下而上"的制度变迁，其融合过程中农户、合作社、龙头企业作为第一行动集团，政府作为第二行动集团。图 10 - 1 为瑞昌山药三产融合动力机制分析框架。

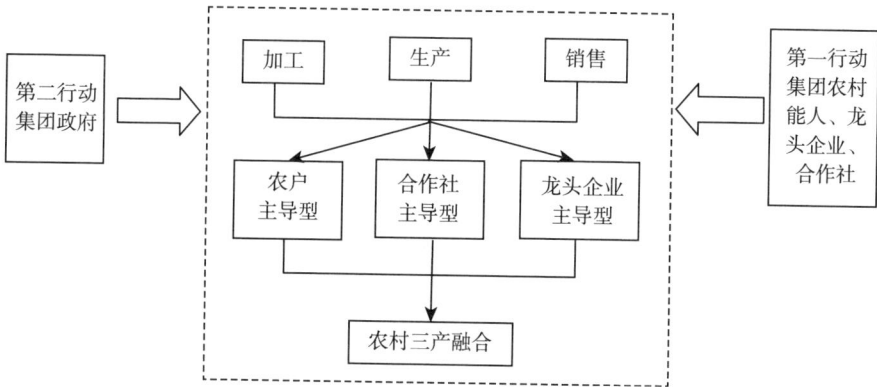

图 10 - 1 瑞昌山药三产融合动力机制分析框架

10.1.2 农村三产融合动力机制：来自瑞昌市山药产业的典型案例

10.1.2.1 瑞昌山药产业简介

瑞昌山药俗称家山药、真山药，是一种食药兼用型经济作物，深受人们的喜爱。据《瑞昌县志》记载，在明朝隆庆年间就已经开始种植，距今已有 500 年以上的历史。

1985 年 4 月，瑞昌市人民政府出台《关于促进山药发展的实施意见》，要求快速推进山药生产发展。20 世纪 90 年代，瑞昌市委、市政府提出要把山药生产作为种植结构调整的重要出路，扩大山药种植面积。同年代末，瑞昌山药种植总面积达到近万亩（柯爱群，2013）。2002 年，经瑞昌市委、市政府批准，成立了瑞昌市绿源山药产业开发中心，为全额拨款事业单位，全面负责全市发展瑞昌山药的各项事宜。2003 年，经农业部立项，由瑞昌市绿源山药产业开发中心实施瑞昌山药良种繁育项目，着力解决瑞昌山药生产过程中面临的品种退化问题。2004 年，瑞昌市成功培育出瑞昌山药无病毒种苗，并投入实际生产中。2006 年，瑞昌市山药产业协会成立。2009 年，瑞昌山药荣获国家农产品地理标志认证。2010 年，农业部批准对"瑞昌山药"实施农产品地理标志登记保护之后，瑞昌山药屡屡在国家级展会中斩获金奖。2017 年，瑞昌山药种植大户达 75 户，龙头加工企业 2 家，每年有 10% 的山药被加工成山药面、山药粉、山药片、山药酒等产品。2021 年，瑞昌市山药产业实现营收超 10 亿元。

10.1.2.2 瑞昌山药产业三产融合模式

在农村地区三大产业的融合发展离不开农村能人、家庭农场、合作社和龙头企业等新型农业经营主体的支持和配合，与常规化的现代农业相比，农村三大产业的融合发展，依赖于特定的生产经营主体，对新型经营主体的价值更为看重（龚晶，2016）。我们参考赵海（2015）等对农村三产融合模式划分方式，立足于融合主体视角来划分，结合调研实际，将瑞昌山药产业三产融合划分为农户主导、农民合作社主导和龙头企业主导三种类型。

（1）农户主导型。农户主导型是指在产业链建设中，依托农户开发当地优势资源，并逐步由农业生产向农产品加工、营销以及乡村旅游等方面拓展，最终形成一、二、三产业融合发展的态势。农户主导型主要包括农产品地产地销模式、农家乐模式、家庭手工艺品产销模式等（余凌峰，2013）。

例如，瑞昌市高丰镇青丰村刘某是山药种植大户，种植规模达到了 40 多亩，产量约 10 万斤，年销售额在 100 万元左右，除种植山药外，刘某还在九江市区开了两家山药直营店，自产自销，实现了第一和第三产业融合；白杨镇郭桥村徐某 2015 年注册公司，从银行贷款了 300 多万元在白杨镇檀山村建设厂房、采购设备。2017 年 2 月公司正式投产，先后开发出了山药片、山药粉、山药面等一系列产品，成为瑞昌第一家涉山药产品全产业链的企业，形成了山药种植、仓储、保鲜、加工、销售、品牌连锁于一体的专业化公司，实现了农户主导的三产融合。

（2）农民合作社主导型。农民合作社主导型是指在产业链建设中，依托农民合作社兴办的加工和流通组织，将产业链条逐步由生产环节向加工和流通环节延伸，最终形成一、二、三产业融合发展的态势。就此融合类型来看，其涵盖了社办加工、农超对接和农社对接等多种模式（余凌峰，2013）。

例如，瑞昌市惠农山药专业合作社以"山药"为支柱产品，以家庭联产承包责任制为基本生产单元，采用"合作社＋基地＋农户"的模式实现产业融合，合作社不仅可以为本社成员提供山药生产资料购买服务，而且可以提供山药销售、加工、贮藏、运输及种植技术与信息等服务。合作社从山药的选种、栽培、施肥、管理到深加工，严格执行国家标准。2005 年江西省将惠农合作社的山药基地认定为"省级无公害农产品基地"，2010 年江西省人民政府授予惠农合作社"优秀农民专业合作社"荣誉。

（3）龙头企业主导型。龙头企业主导型是指在创建产业链期间，在农产品加工或流通领域，以龙头企业为先导，全面推动产业链条的拓展与延伸，对生产基地进行建设，面向农民群体进行利益共享机制的创建和推行，将农产品的生产、加工和销售业务全面引入产业链条中，将三产融合的发展方向确立下来（李练军等，2021）。

例如，瑞昌市绿源山药产业开发中心是九江市农业产业化龙头企业，采取"公司＋基地＋农户"的生产模式，在主产区南阳、高丰、桂林、横立山、夏畈、白杨等乡镇建立标准化绿色食品山药生产基地，基地面积 2 万亩，带动全市生产农户 1.8 万户。企业在省内设有 54 家销售部，并在省外设有 4 个办事处，专门从事山药的市场销售。公司承诺对生产基地的商品山药按质论价、全部收购，解决了销售出路问题；为种植大户提供山药良种，解决了种植大户良种问题；提供资金扶持，为种植大户提供担保，协商解决资金短缺问题。

10.1.2.3 制度变迁理论下的瑞昌山药三产融合动力机制

（1）以专业合作社为核心的新型经营主体充当三产融合第一行动集团。根据制度变迁理论，制度的创新是由一群（个）人，在响应由制度不均衡引致的获得机会时，所自发倡导、组织和实行的制度变迁。制度给人们带来的报酬递增决定了制度变迁的方向。瑞昌山药三产融合过程中，农村能人、专业合作社、龙头企业在三产融合过程中获得超额收益从而推动制度变迁。

具备一定实力和先进经营理念的农业企业或中介组织成为构建农业产业融合的主导力量。目前瑞昌山药产业社会性分工模式实现的组织方式主要有两种，即"龙头企业＋农村能人"和"龙头企业＋专业合作社＋农村能人"。通过这种分工有利于降低交易成本和内部组织成本。对于参与企业社会性分工模式的农业生产经营主体而言，能够以契约或合同约束双方的经济行为，为双方提供稳定的市场预期，提高了交易的稳定性。

合作社是三产融合的核心主体（孔祥利等，2019），山药种植专业合作社充当了瑞昌市三产融合第一行动集团。根据企查查数据显示，瑞昌市山药种植专业合作社数量逐年增加。如表 10-1 所示，2021 年瑞昌市山药种植专业合作社达到了 103 个。

专业合作社在维持家庭承包经营模式的基础上，以托管、租赁和入股等方式聚拢了分散在不同农户手中的土地，统一经营，将土地资源全面盘活，实现了土地资源的高效利用。专业合作社让分散化的家庭生产模式积极地对接社会化大市场，为龙头企业、经纪人协会等主体搭建了良好的合作平台，优化配置了劳动力、土地和资金等一系列生产要素，推动三大产业协调发展和高度融合。

表 10-1　瑞昌山药种植专业合作社数量

年份	2009	2011	2013	2015	2017	2019	2021
合作社数（个）	8	16	37	53	85	103	103

（2）政府充当农村三产融合第二行动集团。根据产权理论，在现存技术、信息成本和未来不确定因素的约束下，在充满稀缺和竞争的世界里，解决问题成本最小的产权形式将是最有效率的。政府在提供资金支持、技术培训、品牌宣传、政策扶持等方面承担制度创新成本，从而降低了第一集团推动制度创新的成本。第一行动集团、第二行动集团推动农村三产融合作用机制如图 10-2 所示。

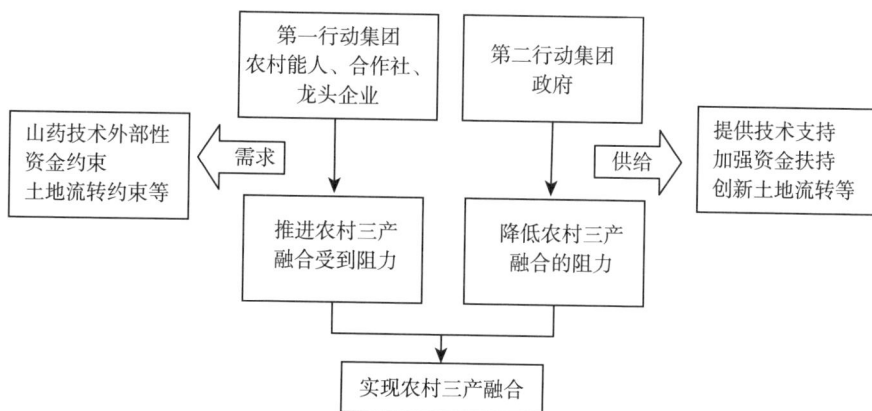

图 10-2　第一、第二行动集团推动三产融合作用机制

瑞昌山药产业三产融合过程中，政府充当第二行动集团。经济学上认为，政府的管制对降低因广泛外部不稳定因素而造成的市场失灵有重要的预防作用。在三产融合过程中，土地、资本和技术等要素发挥出了关键性的作用，此外，土地、技术、品牌等要素还呈现出了非常明显的外部性。通过政府管制的宏观介入，在规范化制造负外部性经济主体的同时，对产生正外部性的经济主体进行政策扶持与行动支持。政府在瑞昌山药标准化生产体系、山药质量监管体系、山药科技服务推广体系、品牌认定、品牌宣传及推介等方面充当了第二行动集团的角色。

例如，瑞昌市政府建立了科普惠农服务站、成立了山药专家服务小组，"面对面"为农民群众提供生产技术指导；同时依托江西农业大学和九江学院，开展山药种植技术培训，推动产业融合。在财政投入方面，瑞昌市政府在重点乡镇山药的标准化、规模化基地建设和山药种植技术研发、品牌建设等方面支持产业融合发展。政府鼓励、支持新型营销方式，在电商大厦为县级农产品电商运营平台"淘农村"免费提供了600平方米的营业场所，并安排了仓储用地。为支持"淘农村"做大做强，市财政为"淘农村"农产品网上销售提供运费补贴，即对"淘农村"通过邮政快递寄出的每个包裹提供1元补贴。

瑞昌山药产业协会在瑞昌山药三产融合中起到了非常重要的作用。主要推动方式有：注册商标用来保护瑞昌山药、将瑞昌山药带到各地的农产品展销会进行展销、对山药种植户进行补贴、大型种植户进行奖励、提供小额贷款，瑞昌山药产业协会通过与九江学院合作，建立瑞昌山药研究所，在瑞昌市建立山药一条街。

（3）两大集团同频共振促进农村三产融合发展。江泽林（2021）强调，土地、资本和技术等要素的同质化，为产业融合奠定了坚实的根基，土地促进各类生产要素向农业流动，在提高农业生产效率基础上优化各生产要素的配置。通过入股、代耕、托管等土地流转形式，不仅使农民直接参与产业融合利益分配，还提升了劳动力边际生产能力和其他要素的溢出效益。农村三产融合模式从农村能人向合作社和龙头企业发展，对土地、资本和技术等要素提出新的要求，第二行动集团致力于解决三产融合发展所遇到问题，优选更有效的融合模式。

农村三产融合产业链中的供需双方主体都期望收益大风险小，但这显然是不现实的。对农产品供给方而言需要稳定销售渠道，从而降低信息搜寻成本，如能通过制度变迁实现三产融合形成合同或契约，就解决了这一问题。对于需求方而言，通过制度创新能够获得稳定的原材料来源，降低市场信息搜寻和谈判等成本。但由于双方信息不对称，而处于弱势地位的农户缺乏相应的知识，难以预期市场趋势和企业行为，在双方博弈中，利益容易受损。如此，制度的不稳定就导致无法实现健康稳定的融合机制。第二行动集团（政府）可从劳动力、资金、技术和信息等方面降低信息不对称，增加制度稳定性。

劳动力是产业融合的主导力量。在农业生产、加工、销售等各个环节，农民是主要劳动力。瑞昌市政府在山药新品种开发、加工、品牌建设等方面做了政策和资金上的大力投入，培养了许多"乡村能人"。提高了他们认知理性，降低了有限理性导致的不稳定性。

资本是产业融合的必要条件。农业企业投资大、风险高、回报周期长，使得农业企业经营风险过高，一般经营主体很难独自承担。瑞昌市金融机构不断创新农村金融产品、服务和优惠贷款，为农村三产融合提供了资金支持。提高生产经营主体的融资水平，更容易实现农业企业一体化和合作社一体化，而降低某一环节不可控带来的产品质量问题，能够有效增强上下游环节之间的协同效应，充分发挥不同环节分工协作带来的优势，增加制度稳定性。

技术是产业融合的动力源泉。农户、农村能人和合作社缺乏技术研发能力，龙头企业由于农业技术具有较强的外部性，研发投入和收益不匹配，导致技术研发投入不足，从而导致融合主体利益不能持续获得，增加了融合模式不稳定性。瑞昌市政府（第二行动集团）在山药品种研发、种植等方面解决了这一外部性。例如，瑞昌市政府建立了科普惠农服务站、成立了山药专家服务小组，"面对面"为农民群众提供生产技术指导；同时依托江西农业大学和九江学院，开展山药种植技术培训，推动产业融合。攻克了线虫病、枯萎病等病害困扰，实现年年丰收。在政府主导下，2020 年又攻克关键技术，瑞昌山药亩产超 1 400 千克。

10.1.3　启示

瑞昌山药产业三产融合机制的三个层面都存在一定的困境：第一行动集团层面，融合主体质量不高，瑞昌市农民专业合作社数量较多但质量不高，合作社不够规范，产权制度不明晰、财务管理不够规范、缺乏科学管理，而龙头企业规模相对较小、影响力不足，存在企业产业链不够畅通等问题；第二行动集团层面，政府对三产融合的土地和人才融合要素支持不足，农村土地流转交易市场不够健全，风险保障体系不够完善，农民群众对土地流转认知程度不高，主要依靠自身意愿来实施土地流转，往往会出现政府监管不力的状况（余国庆等，2019），同时瑞昌山药产业面临乡村人才数量不足、乡村科技人才稀少、乡村人才外流严重及科技知识获取能力不足等问题；两个集团同频共振层面，融合形式创新不足，融合主体之间利益联结不稳固，经营主体与农户还是比较松散的买卖关系，没有形成一种稳固的契约关系或真正的利益共同体，山药产业与互联网融合度不高，山药产业链短、附加值不高，与乡村旅游产业融合度较低。

10.1.3.1　重视培育三产融合第一行动集团力量

首先，要规范建设农民专业合作社，以山药产品为对象，对专业合作社进行培育。建设一批示范性的合作社，培育一批经营规模、服务能力和产品质量均居全国前列的农民示范合作社，为瑞昌市的其他农业经营主体发挥带头和示范作用。其次，大力培育和发展山药龙头企业。政府要进一步通过财政、金融、人才等方面的扶持，鼓励企业通过技术创新、品牌建设、资本运作、产业扩张等途径整合资源，实现成长与创新。最后，政府要发挥引导组织作用，鼓励重点龙头企业发展农产品流通加工、电子商务，进一步拓宽农产品市场流通渠道，构建现代化的物流体系。搭建山药产品营销网络，围绕农业产业完善社会化服务的供应，引导农户通过直接投资、股份经营、长期合作等方式，形成密切的利益联结关系，适度经营，多元化发展，全面整合山药的生产、加工和销售业务，让农民和农产品能够形成良好的互动。

10.1.3.2　通过第二集团破解融合动力机制中的要素约束

政府应出台相关人才扶持政策以及财税政策，推出相关文件明确农户、基地、合作社及龙头企业主体之间的利益联合机制，实现对农村一、二、三产业融合发展的宏观调控。瑞昌市政府应针对农村三产融合推出人才扶持政策。要帮助科技人员提高创新创业能力，设立人才培养和创业扶持基金，鼓励科技人员以各种方式参与各种形式的教育、交流，开发产业融合项目，鼓励农民进行技术咨询和技术教育。面向基层的农技推广人员，应及时更新其知识和技能，划分不同的层级和类型，定期组织和开展培训活动。稳定和健全村级农技推广队伍，对从事农业产业化经营的农技推广人员给予适当补助。面向新型农业经营者，为其提供足够的支持和专业化的培训，对农业、教育和扶贫等方面的经费、设施和师资力量等资源进行高度整合，为新型经营者提供培训补助，扩大教育补助范围。搭建土地流转信息平台，探索合理的风险保障体系，加强土地用途监管，避免违规用地；加强资质资金监管，避免弃地跑路；加强流转过程监管，避免暗箱操作，致力于解决流转过程中不规范等问题。

10.1.3.3　引导创新农村三产融合形式

针对瑞昌山药产业链较短，产品附加值低的缺陷，政府需要对三产融合形式加强规划和引导，延长山药产业链。鼓励和扶持种植大户、合作社、龙头企业等主体通过农业内部的联结与融合，发展农村三产融合。探索三产融合新模式，如一、三产业融合，服务业向农业渗透，开发观光农业；一、二产业融合，利用工业技术、装备、设施改造传统农业，提高生产效率；二产业向三产业融合，通过创意、加工等手段，把山药文化资源转换为各种形式的产品；农村三产联合开发生态休闲、旅游观光、文化传承、教育体验等多形式三产融合。完善山药特色种植，大力发展山药产品精深加工、健全社会化服务体系，打造山药产业全产业链，做到对农户和农业经营主体提供生产、销售、加工、信息等服务全覆盖。发掘农业多功能性，引导一、二、三产业融合。

10.2　"四十四"驱动模式下农村三产融合的实现路径分析：以湖口县豆产业为例

本节构建内外驱动因素理论，在湖口县流芳乡豆产业发展的基础上，探索其"四化一体"和"四轮驱动"模式下农村三产融合实现路径。

10.2.1 "四十四"驱动模式下的农村三产融合实现路径理论分析框架

从影响农村三产融合的因素出发，我们构建理论分析框架（图 10-3）。以此为基础，依据农业产品产业链内和产业链外的影响因素，将影响农村三产融合的因素分为内部驱动因素和外部驱动因素。

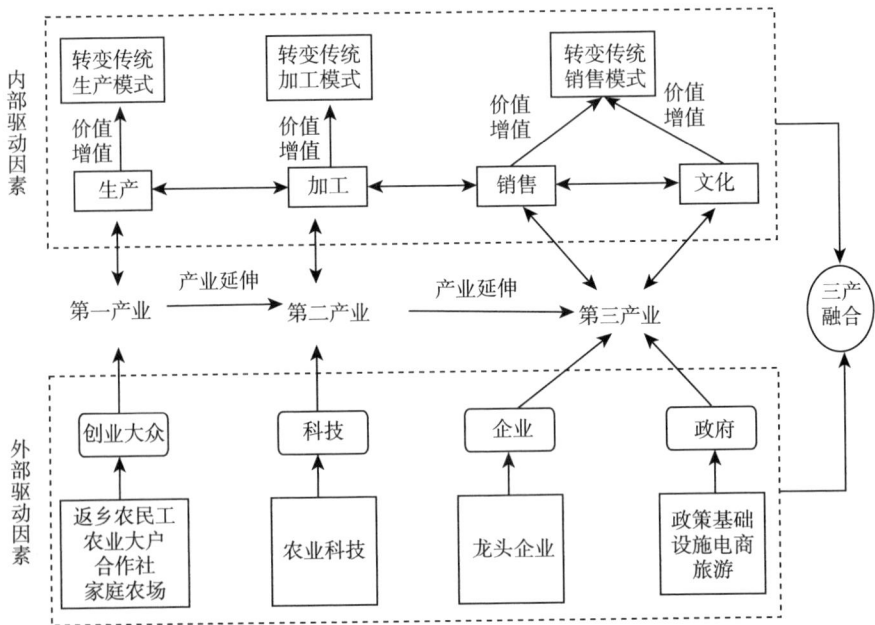

图 10-3 基于内外驱动因素理论的农村三产融合实现路径理论分析框架

10.2.1.1 内部驱动因素

农业产品产业链是指农产品从原料、加工、生产到销售等各个环节的关联。内部驱动因素作用于以上各个环节，从而转变传统生产方式、加工方式、销售方式，使农产品价值增值。农村地区产业结构相对单一，过度依赖农业，农业相关的二、三产业发展严重滞后，农业生产所提供的初级和低质农产品供过于求，无公害、绿色、有机、地理标志认证等"三品一标"产品供不应求，农产品的精深加工、分级分等、品牌营销等产业体系发展不完善，农村地区长期处于农业产业链和价值链的末端，难以获得农业加工、物流、销售等环节的产业附加值和溢价收益，致使农村居民收入增长缓慢，导致农村地区青壮年劳动力持续流失。

农村地区要实现乡村振兴，构建完整的产业链体系，就要注重产业链的延伸和产品价值的增值。农村产业融合是重要路径，从农业产品产业链本身来看，就是要转变传统种植模式、加工模式、生产模式和销售模式，注重开发农产品本身价值、生态价值、经济价值和文化价值等。

10.2.1.2　外部驱动因素

我们所指的外部驱动因素即农业产品产业链以外的因素，包含政策、技术、创业大众和龙头企业等。相关政策的出台为农村一、二、三产业融合提供制度保障，农业科学技术的不断完善进一步促进了现代农业生产体系的建设与农产品市场销售的网络化，以农业大户、合作社、家庭农场、农业龙头企业为代表的新型农业经营主体在农业生产经营中发挥着示范带头作用，返乡农民工大众创业引领农村地区产业融合发展，带动小农户融入现代农业发展，各地与农村产业融合对接的配套服务平台逐渐完善，农产品专用原材料基地、农产品品牌开发设计、农产品电商销售等服务逐步兴起，一些专业化涉农服务商和本地化综合服务商开始涌现，乡村旅游业及农村电商产业日渐流行。农业产品产业链以外的政策、技术、创业大众和龙头企业等进一步推动农村三产融合。

10.2.2　农村三产融合实现路径：来自湖口县豆产业的典型案例

10.2.2.1　案例选择与数据收集

（1）案例选择。基于前期调研和资料整理，选择江西湖口县流芳乡作为研究对象，理由如下：

首先，案例具有代表性。流芳乡原来也是一个边境乡镇，地理位置偏僻，交通闭塞，信息不畅，贫穷落后。和中国的许多农村类似，这里年轻力壮的人基本上选择外出务工，留下的都是老人和孩子，其发展经验有一定借鉴意义。

其次，案例具有典型性。近年来，流芳乡作为湖口县脱贫致富的典型代表，围绕"产业兴旺、生态宜居、乡风文明、治理有效、生活富裕"的乡村振兴战略，持之以恒发展豆产业，建立流芳豆文化产业园，打造集大豆科研试验、品种繁育、种植、加工、销售和文化旅游为一体的农创综合体。产业园坚持一、二、三产业融合发展，引进江西方洲公司、方德公司、鑫农康公司等18家豆制品生产、加工、销售、电商、配送等项目落户产业园，实现产值翻番。如今，流芳乡已是全国"一村一品"示范村镇、省级生态乡镇、省级文明乡镇、九江市特色小镇。

此外，虽然流芳乡起点低，起步晚，但是其后期利用得天独厚自然资源、出台各种惠民政策，积极引进龙头企业、鼓励科技创新，邀请专家现场指导、创建实验站和孵化基地，不断加强实用人才培养，同时，发展研学游和乡村游等，对于非资源匮乏型乡镇或村庄也具有较强的借鉴意义，因此选择湖口县流芳乡作为研究案例，希望有助于促进农村三产融合和乡村振兴，为广大农村地区实现乡村振兴和共同富裕提供有益的经验参考。

（2）数据收集。案例数据主要以座谈会、问卷调查、实地走访以及调研手册、内部资料、公开报道等方式搜集整理而来。2021年11—12月，调研组多次前往流芳乡调研，主要包括：与县人大代表、农业农村局代表、乡镇党委代表、创业带头人代表等座谈，组织30多位创业带头人现场填写调查问卷，实地走访了流芳乡豆产业园以及芳洲生态有限公司、美泉莹商贸有限公司、芳德食品科技有限公司、鑫农康食品有限公司等龙头企业，参观了农业合作社（豆工坊），与当地村民进行深入访谈，并通过在知网、江西日报、九江日报、农村百事通杂志等收集相关资料，以此对所得材料进行交叉验证，确保数据的真实性和客观性。

10.2.2.2 案例描述

流芳乡地处江西湖口县南部，土地面积50.6平方千米，辖6个行政村，98 个村民小组，户籍人口 1.1 万人，耕地面积 1.96 万亩。该地昼夜温差大，土壤富含硒元素，适宜种植农作物，但由于地理位置偏僻，经济基础薄弱，二、三产业发展不足。

从 2016 年开始，在党委政府、龙头企业和创业群众的大力支持下，流芳乡充分发挥大豆种植的优势，探索产业兴乡富民之路，将豆产业确定为主导产业，提出"一粒豆子、一个产业，致富一方百姓"的发展思路，坚持科技创新，与省农科院、华南农大、九江学院等科研院校合作，建立了博士创新创业基地，鼓励各村围绕"一乡一业、一村一品"开发和销售豆制品。流芳乡科学编制《豆产业发展十年规划》和《流芳豆香小镇品牌规划》，大力发展以大豆产业为主导的现代农业，成功创建省级现代农业示范园、市级豆香特色小镇，获批全国"一村一品"示范村镇、国家级星创天地等称号，"流芳豆参"获批国家地理标志证明商标，并成功争取现代农业示范园国债资金支持，全乡经济发展总体呈现稳中有进，持续向好的态势。

10.2.2.3　流芳乡豆产业三产融合实现路径分析

（1）内部驱动因素："四化一体"促进产业发展。第一，生态化种植。流芳乡位于鄱阳湖支流皂湖腹地，自然条件得天独厚，昼夜温差大，种植地靠近湖边，在鄱阳湖支流水系的不断冲击下，土地有机质含量高，富含硒元素，出产的大豆颗粒饱满、色泽金黄、蛋白质含量丰富，远胜周边同类大豆，加工出的豆腐花、凤凰卷、豆参等产品更是美味又可口，为产业发展奠定了先天优势。

流芳乡政府鼓励流芳百姓充分利用其优越的自然环境和鄱阳湖边独特的种植条件生态化种植大豆。2017 年，全乡打造了 100 亩以上高产试验基地一个，300 亩以上连片种植示范基地一个，每个行政村 30 亩连片种植示范基地一个。2021 年全乡大豆种植面积 5 000 余亩，核心试验基地面积约 1 000 亩。基地开展大豆品种试验，种植大豆 100 余种，进行大豆品种繁育 500 余亩，通过大豆品种对比试验，筛选出优质、高产、抗性好、适应强的大豆品种在全县乃至全省推广，大豆种质资源保护品种 440 种，旨在对全省各地大豆品种进行资源保护，为今后大豆品种选育提供材料。2021 年进行的国家大豆产业体系品种测产，流芳种植的华春六号亩产达到 263.8 千克。为了让种植户全面掌握大豆种植技术，保障种植效益和大豆品质，解决种植中出现的问题，政府还邀请了江西省农科院作物研究所研究员、华南农业大学教授等科研院校技术人员担任技术指导。

第二，标准化加工。2017 年成立的湖口县流芳豆产业发展合作社通过对"流芳豆参"制作工艺的传承、创新，在保持传统生态加工工艺的基础上，引进先进的生产设备，融入现代加工科技，集生产、包装、销售于一体化。合作社拥有 3 000 亩"国家大豆产业技术体系流芳乡综合试验基地"和"华南农业大学有机大豆流芳乡示范基地"，拥有江西缙参豆业发展有限公司、九江沙港豆制品有限公司等豆参加工企业。为了提高产品质量和产品的市场竞争力，拓宽企业发展道路，2017 年 3 月流芳乡与南昌大学食品工程学院合作，制订了流芳乡豆制品（豆参）生产标准，同时完善了"流芳豆参"统一标准、统一包装、统一检测、统一管理的"四个统一"加工工艺流程，促进流芳豆参加工规模化。

第三，品牌化营销。"流芳豆参"是江西省湖口县特产，至今有近 600 年的历史，其色泽金黄，体形溜圆，清香可口，味鲜独特，可烹制各种美食佳肴，是老幼皆宜、优质健康的食中珍品。近年来，"流芳豆参"重现江湖，影响力越来越大，2017 年"流芳豆参"获得"国家地理标志产品"称号，多次代表江西特产参加各地展销会，均获得好评。当地政府充分挖掘"流芳豆参"的经济价值和文化内涵，重在打造"流芳豆参"品牌，加快"流芳豆参"品牌产业发展，力求再续"流芳豆参"数百年的兴旺传奇。

第四，豆文化传播。近年来，流芳乡高度重视豆文化传播，不仅通过报纸杂志、电商直播的方式传播极具特色的豆香文化，同时积极承办各类文化节、美食节。美食节活动对豆制品的销售和豆文化传播都起到一个非常大的宣传作用。2021 年 10 月，全省"百县百日"文旅消费季

"中国·流芳豆香小镇特色旅游暨首届豆文化美食节"（仅 3 天）吸引客流量超 7 万人次，豆制品销售额超 200 万元。其中，江西芳洲生态农业有限公司现场销售 3 万多杯豆浆，且线上销售火爆，每天的订单比以前多了几倍。流芳乡的百姓们纷纷当起了豆文化宣传员，极大地推动了流芳乡商贸旅游消费升级。

（2）外部驱动因素："四轮驱动"助力三产融合。第一，党委政府促动。为了做大做强豆产业，从 2016 年开始，在县委、县政府的正确领导下，流芳乡坚持以党建为引领，全面推进流芳乡乡村振兴，全乡积极探索产业兴乡富民之路，将豆产业确定为主导产业，科学编制《豆产业发展十年规划》《流芳豆香小镇品牌规划》《流芳豆文化产业园规划》以及《流芳乡"十四五"工作谋划》等，大力发展以大豆产业为主导的现代农业。明确了豆产业"十个一"发展目标，即成立一个全乡豆产业发展专业合作社、申报一个国家地理标志商标、制订一个豆制品（豆参）生产标准、打造一个大豆连片种植试验基地和示范基地、建设一个豆产业博士创新创业实践基地、引进一个豆制品加工龙头企业、发展一批电商网店、培育一批豆制品营销大户、制作一批广告宣传牌、创办一个新型农民培训学校。2016 年 11 月 20 日，流芳乡与华南农业大学共建的有机农业科研工作站正式挂牌，豆产业博士创新创业实践基地、新型农民培训学校也相继成立。

此外，县乡党委政府大力支持电商发展，不断加强电子商务人才培训，通过直播购物的新消费模式，带领村民共同致富增收。目前，湖口县已经出台《关于大力推进大众创业万众创新的实施意见》，对新认定的省级电子商务示范基地或示范企业，分别给予一次性 10 万元和 5 万元奖励，对年销售收入突破 1 000 万元、2 000 万元、3 000 万元的电商企业分别给予 1 万元、2 万元、3 万元的奖励。同时对新入驻该县的电子商务企业租赁的办公用房给予每月每平方米 5 元的租金补助，激励老百姓积极投身电商直播、电商创业，让更多的人了解、宣传、销售家乡农产品，拓宽特色农产品销售渠道，加大电子商务人才培训工作。仅

2021年上半年,流芳乡就完成培训168人次,1—6月份完成网络零售额1.37亿元,同比增长28.73%,电商企业总数达到211家。

近几年,为了更好地留住新兴企业,作为乡一级的政府,出台了一系列的优惠政策,不但三年免房租,还给予40%的电费减免,同时在物流、人员培训以及融资等方面给予大力支持。流芳乡还把大豆产业发展与脱贫攻坚结合起来,为贫困户无偿提供种子、农药、化肥及技术指导,村干部与贫困户进行结对帮扶,帮助其产业脱贫。此外,流芳乡不断完善豆元素乡村旅游设施、民宿、豆制品体验工坊、百豆园科普研学基地、土培芽菜试验种植等系列项目,大力发展生态、休闲、旅游农业,推进农业与旅游、观光、采摘、体验、电商等有机结合,建立绿色生态农业生产体系,巩固提升市级豆香小镇和"双十示范乡镇"成果,不断推进产业融合。

第二,龙头企业带动。流芳乡投资1.2亿元建立了流芳豆文化产业园,打造集大豆科研试验、品种繁育、种植、加工、销售和文化旅游为一体的农创综合体。流芳豆文化产业园按照"一园三区"布局,规划建设大豆试验种植区、生产加工区、旅游商贸区。五年来共招商引资企业20余家,其中亿元以上企业9家,引进江西方洲公司、方德公司、美泉莹电商、鑫农康公司、石钟山豆豉、江西创谷、江西美翻科技等18家豆制品生产、加工、销售、电商、配送等龙头企业落户产业园,逐步形成"1+N"的抱团发展模式。

其中,江西芳洲生态农业有限公司集生态化种植、标准化加工、品牌化运营为一体,研究生产豆腐花、豆香卷等健康豆制品,可实现年产值6 000万元。江西美泉莹商贸有限公司主要从事线上销售江西特产和农产品,近几年来公司销售额稳步快速提升,从2017年年销售额300多万元,到2018年500多万元,再到2019年1 000余万元,2020年受到疫情和洪水灾害影响,年销售额依然超1 500万元,2021年线上每月销售额超300万元,带动每个村集体年增收8万元以上。江西芳德食品科技有限公司是从事豆制品研发、生产、销售的大型现代化食品企业,公司日产能 3 万~5 万斤，已获得国家豆制食品《豆乃康》自主品牌。江西流芳百世农业发展有限公司以产业园豆制品的豆渣养殖蜗牛，带动乡村发展集体经济，为流芳乡安排就业岗位 100 余个。江西芳洲"豆花、豆卷"项目、鑫农康芽苗菜项目也已完成投产，预计可实现年产值超 2 亿元，可有效帮助周边老百姓实现家门口就业，繁荣当地经济。

第三，科技创新推动。流芳乡坚持科技创新，做强特色产业，加快现代农业发展，积极申报省级豆香小镇，争创国家级特色小镇。为加快科技创新推动产业发展，流芳乡积极对接省农科院和盖钧镒院士，推进院士试验站建设，创建大豆品种繁育试验基地，在国家大豆改良中心、江西省农科院九江大豆试验站基础上，对接共建院士工作站，并加强与华南农业大学合作，推进"豆天蛾"培育项目，为流芳乡产品质量和产业发展保驾护航；流芳乡还充分利用"流芳豆谷"国家级星创天地、乡村振兴学院、新型农民培训学校等平台，不断加强产品创新，充实"豆立方"内涵，建立豆产业生态圈，增加产业集群效益。

2021 年，流芳乡与鑫农康公司合作开发百豆园科普研学基地、土培芽菜栽培和豆宴馆餐饮等项目，推动了乡域经济的发展。为推动乡村振兴，带领全乡集体脱贫致富，流芳乡指导各村做好特色豆制品开发和销售，做强流芳村"豆酒"、沙港村"豆参"、青年村"豆卷＋豆花"、联合村"豆皮"、老山村"豆芽"、红山村"豆酱"等产业。

第四，创业大众联动。流芳乡以产业振兴为抓手，鼓励大众创业，万众创新，发展壮大乡域经济和村级集体经济，完善"一乡一业""一村一品"农业产业效益共享链条，并通过成立乡域经济公司，与龙头企业合作，参与效益分红。全乡大力发展以豆产业为主导的现代农业，形成"一业三园百场"产业发展构架，培育农民合作社 25 个、家庭农场 22 个、种养大户 32 个。2021 年 11 月 28 日，调研组来到九江市湖口县，与湖口县 30 多位创业带头人交流讨论并发放调查问卷，收回有效问卷 29 份，其中流芳乡 13 份。根据流芳乡创业带头人调查结果显示：拥有大专及以上学历的占 61.54%，高中及中专以上的占 92.3%，受教育水平整体较高；从创业年限来看，8 年以上的占 30.77％，3～5 年的占 30.77％，3 年以下的占 38.46％，说明返乡创业的群众越来越多；从所从事的产业采取的三产融合模式来看，种养结合的占 38.46％，产业链延伸的占 38.46％，农村产业集聚的占 15.38％，大多集中在种养结合和产业链延伸模式。从拥有和能利用的技术资源（生产技术、网络技术等）、对乡村振兴和农村三产融合的相关政策了解情况来看，大多数创业带头人表示不缺技术资源，对相关政策也比较了解；但有一半以上的创业带头人表示比较缺乏资金和信息资源；此外，绝大多数创业带头人支持并愿意从事农村三产融合，认为从事农村三产融合对收入提高的影响比较大，认为本地县城及地方居民对自己生产的产品需求较大，并且 84.61％的创业带头人表示自己的企业可以带动超 20 人就业，15.38％的创业带头人表示可以带动超 100 人就业，92.3％的创业带头人表示其经营的产业会使农民收入水平有较大提高。

从以上数据可以看出：流芳乡创业大众总体受教育水平较高，产品定位明确，具备一定的技术水平，对农村三产融合非常认可，并且具有很高的创业热情，返乡创业的人数也越来越多，政府相关支持力度较大，注重技能培训，目前比较缺乏资金和信息资源，产品销路还有待进一步拓展。

（3）农村三产融合的实现路径。流芳乡将农业生产活动的产前、产中、产后三者结合起来，调整优化农业产业内部结构，转变传统的种植、加工和销售模式，通过产前环节产品研发、生态化种植，产中环节标准化加工，产后环节的品牌化营销和豆文化传播，促进农业产业链的延伸和农产品价值增值（图 10-4）。

产前，流芳乡建设综合试验基地、示范基地、有机农业科研工作站、院士试验站，培育优良大豆品种，建立新型农民培训学校，培育农民合作社、家庭农场、种养大户，给予技术指导，生态化种植大豆，开发了豆制品的生态价值；产中，制订流芳乡豆制品（豆参）生产标准，

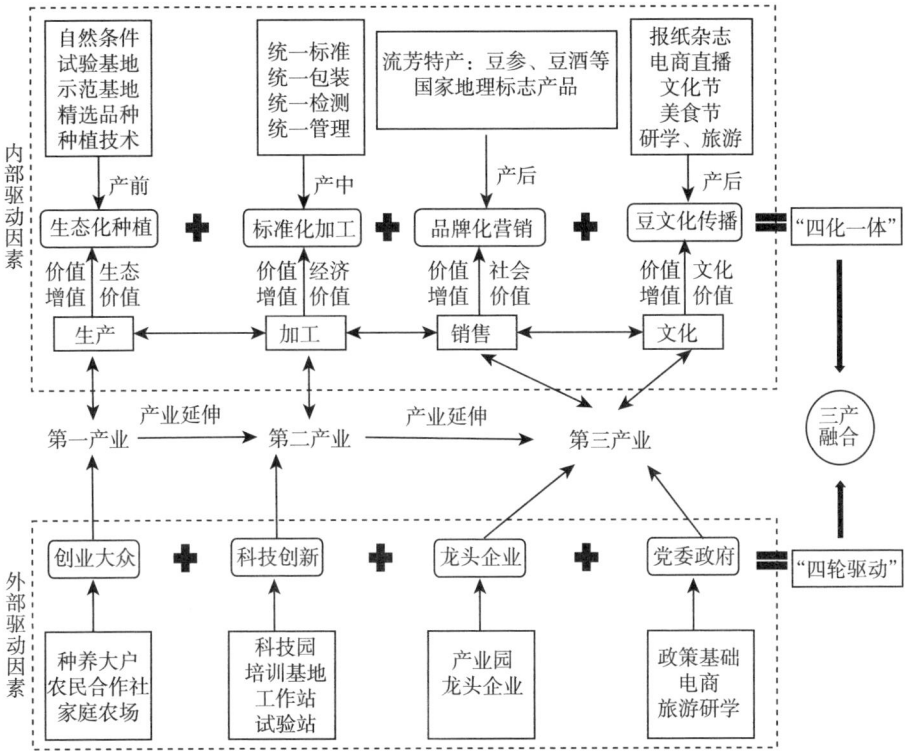

图 10-4　"四＋四"模式下流芳乡农村三产融合的实现路径

完善了"流芳豆参"统一标准、统一包装、统一检测、统一管理的"四个统一"加工工艺流程，促进流芳豆参加工规模化，并通过科技创新，生产出独具特色的"豆参""豆酒"等，进一步提升了豆制品的经济价值；产后，利用数字技术，建立特色农产品电商平台，与知名电商企业合作运营，加强电子商务人才培训，实现线上线下融合发展的新商业模式，开拓农产品电商销售渠道，提升了流芳豆的经济价值。此外，流芳乡打造流芳豆品牌，承办各类文化节、美食节，大力发展生态、休闲、旅游农业，加强豆文化传播，提升了流芳豆的文化价值和社会价值；同时，流芳乡还建立流芳豆文化产业园，打造集大豆科研试验、品种繁育、种植、加工、销售和文化旅游为一体的农创综合体，进一步推进流芳乡三产融合的实现。全乡财政收入稳中向好，由 2016 年的 7 900 余万元增长到 2020 年的 9 500 万元。

10.2.3　启示

通过湖口县流芳乡的"一粒豆，带动一个产业，致富一方百姓"的成功案例可以看出，农村地区应牢牢抓住乡村振兴的战略机遇，依托本地独特的资源禀赋优势，大力发展特色农业，夯实农村产业发展基础，既立足本地优势资源，更要结合科技创新，强化党委政府政策指引，同时积极发挥龙头企业带动和广大创业群众联动的作用，共同提高农村现代化发展水平，着力推进农村三产融合协调发展，最终实现农民致富。

10.2.3.1　突出乡村振兴，夯实产业基础

湖口县应夯实农村特色产业发展基础，围绕三产整合做大做强特色产业，发挥产业集聚效应，充分调动当地农户和周边乡镇居民的积极性，同时做好资源保护与开发，打通旅游线路，建设集旅游、商贸、民宿、美食、体验等功能为一体的特色旅游项目。应注重各类产业发展总体规划，抓好产业园区、各类项目和大基地建设，可以借鉴流芳乡"生态化种植、标准化加工、品牌化营销、豆文化传播"的可持续发展原则做大做长产业链；要因地制宜地立足于当地特色优势产业，以特色产业为融合点，促进农村三产融合发展，充分运用大数据、云计算、"互联网＋"、直播平台、微商等模式积极探索三产融合的新业态，突破地域、产业、组织间的各种壁垒；注重培育并发挥良好的产业集群效应，以本地特色产业为核心区，依靠科技创新的力量，发挥物联网等现代信息技术的纽带作用，开展农村精深加工制造，逐步实现产业纵横向链条的延伸。

10.2.3.2　突出改革创新，促进提质增效

创新作为引领发展的第一动力，对农村产业结构优化升级更具重大意义。湖口县要积极运用全面深化改革所取得的系列成果有效推动农村三产融合发展。要统筹谋划项目建设，加快补齐经济发展、基础设施、民生事业短板，全力做好产业园开发工程，争创省级、国家级产业。持

续优化营商环境，加快转变政府职能，提升服务能力和水平。发展壮大乡村集体经济。以乡村振兴为契机，千方百计发展壮大乡村集体经济，围绕"一乡一业""一村一品"，做好乡村特色产品，实施党委政府促动、龙头企业带动、科技创新推动、创业大众联动"四轮驱动"发展策略。在注重产业生态环境基础上，引入创新发展理念来进行面向市场的加工制造和创意活动，积极提供标准化、个性化、优质化产品来不断满足新的市场需求；根据优势资源创新独特的农村产业融合发展模式，差异化地选择农村生态型、服务性等多类融合方式，并且要深度挖掘农产品或产业潜在功能，由单一的生产、加工、制造向娱乐、休闲、养生、旅游、文化创意、体验等新功能转变，促进一品或一产多能的复合型发展，带动产业链和价值链结构的不断升级，实现产品或产业价值最大化。

10.2.3.3　突出三产融合，打造品牌文化

湖口县要专门设置农村三产融合组织机构，并与各行业协会、产业联盟和发展带头人达成长期战略合作伙伴关系，共同打造规模化、品质化和品牌化的农村特色产业，推进当地产业融合协调发展；注重加强贫困地区园区、专家大院和科研所等科技创新机构对农村经济发展的辐射和带动作用，完善科普交流宣传平台，积极推动企业、科技特派员深入基层，提高产业技术普及率，寻找农村产业融合增长点；注重新型职业农民、农业经理人培训，尤其是加大基层致富带头人、科技特派员的培养，应与当地企业、高校和研究院所进行产学研合作，实行定向人才培养以填补区域人才空缺，实现农村经济产业化、市场化、现代化发展。此外，要在搭建数字化、信息化、智能化服务平台基础上完善农村信息监管处罚机制和产业纠纷协调仲裁机构，保障市场经济下农村信息环境的安全可靠性；认真做好农村三产融合发展典型企业、特色城乡和先进模范人物的评选与宣传，保障产业融合发展的新理念深入人心，及时总结探索出一些成功且具复制性、推广性、可操作性的农村三产业融合发展模式或经验。

10.3　结论

本章首先运用制度变迁理论，以瑞昌山药产业三产融合为例，考察了农村三产融合动力机制，然后在从内外驱动因素构建实现路径理论分析框架的基础上，以湖口县流芳乡豆产业为例，深入探讨了农村三产融合实现路径。

研究发现：①瑞昌山药产业三产融合以农民专业合作社为主的新型经营主体为第一行动集团，政府为第二行动集团，两个集团同频共振共同促进瑞昌山药产业三产融合。②依托内部和外部驱动因素，充分发挥农产品产业链内相关的生态化种植、标准化加工、品牌化营销、豆文化传播"四化一体"的内部驱动因素，注重农产品产业链外的党委政府促动、龙头企业带动、科技创新推动、创业大众联动"四轮驱动"的外部驱动因素，可以延伸产业链，拓展多功能，实现农业价值增值，推动豆产业三产融合发展。

第 11 章
研究结论与政策建议

行文至此，我们首先对农村三产融合的文献综述进行了回顾，对其相关的理论基础进行了梳理，根据研究方案，基于产业分工理论与产业融合理论，对农村三产融合展开了全面的理论分析；然后搜集宏观数据，制定调研方案，组织大样本实地调查，对所获得的数据进行分析整理，利用所获得的调查数据，沿着"绩效评价-驱动因素-实现路径"的研究思路，对九江市农村三产融合的发展水平和融合效率、驱动因素及其影响程度、实现路径与影响因素进行了实证分析，同时还选择了两个典型案例进行剖析；最后结合当前农村三产融合的学术热点，进一步从理论上深入探索了农村三产融合发展的利益联结模式与机制、数字技术赋能农村三产融合与利益联结的作用机理。本章将以这些研究结论为依据，提出促进九江市农村三产融合的基本思路与对策建议。

11.1 农村三产融合发展的基本思路

11.1.1 研究结论

本书共 11 章，除第 1 章导言和第 11 章研究结论与政策建议外，对农村三产融合展开了全面的理论与实证分析。实证分析主要包括第 3～7 章的农村三产融合对九江乡村振兴的作用、九江市农村三产融合的绩效评价、驱动因素以及实现路径的影响因素分析以及第 10 章的典型案例分析；理论分析主要包括第 2 章的理论基础与文献综述和第 8 至 9 章的农村三产融合利益联结机制及数字技术赋能农村三产融合作用机理分析。通过大量的理论与实证分析，得出了较为可靠的结论，也能为进一步提出促进九江市农村三产融合发展对策提供借鉴。

得出的主要结论如下：

（1）运用文献与理论分析方法梳理了农村三产融合的理论基础与文献综述。理论基础与相关文献综述的研究表明：农村三产融合相关理论大多起源于西方发达国家，从工业领域研究开始，然后才慢慢延伸到农业领域；各理论之间密切关联，一脉相承，对农村三产融合发展都具有重要的指导意义；现有关于农村三产融合研究成果能为本研究提供坚实的理论基础和文献支持，但依然有较大的拓展空间，本研究将有助于促进九江市农村三产融合发展，也能为江西乃至全国三产融合发展提供经验借鉴。

（2）从农民增收与农业劳动生产率提升两个方面考察了农村三产融合在乡村振兴中的作用。农村三产融合对九江市农民增收作用的研究表明：过去十多年来，九江市农村产业融合水平稳步提升；农村三产融合对九江市农民收入增长具有显著的正向影响，但主要是提升了农民的工资性收入、经营性收入和转移性收入，对财产性收入影响不显著；农业产业结构升级和劳动力转移在农村三产融合与农民收入之间有中介作用，农村三产融合通过提升农业产业结构的合理化和高级化水平及促进农业劳动力转移促进了农民增收。农村三产融合对九江市农业劳动生产率提升作用的研究有如下结论：协整检验和 Granger 因果检验显示，九江市农村三产融合与农业劳动生产率之间存在长期稳定的均衡关系，且二者互为因果，即农村三产融合水平会促进农业劳动生产率的提高；同时农业劳动生产率的提高有利于农村一、二、三产业的融合；脉冲响应和方差分解的二者短期动态关系表明，九江市农村三产融合水平受农业劳动生产率的贡献效应推动较弱，受其自身结构冲击的影响较大，而农业劳动生产率受其自身结构冲击影响较小，受到农村三产融合水平冲击较强，且贡献效应呈现连续增长态势，这与九江市农村三产融合水平与农业劳动生产率发展的现实情况相一致。

（3）采用层次分析法和投入产出法考察了九江市农村三产融合的宏观绩效。对农村三产融合的时代内涵与现实表征研究结果表明：要从农村三产融合的基础、主体、动力、方式、目的等方面准确理解其时代内涵；农村三产融合虽然在融合水平、产业链延伸、利益链联结方式、政策支持力度、农民增收效应等方面取得一定进展，但依然存在融合水平较低、融合链条不深入、利益联接较为松散、国家支持政策落实不到位、农民增收效果不充分等痛点问题。基于层次分析法的九江市宏观农村三产融合水平研究表明：九江市农村三产融合水平总体偏低；一级指标中的融合行为贡献度高于融合效果，但融合行为呈下降趋势而融合效果一直保持上升态势；二级指标中除农业产业链延伸测度值连续下降外，其他二级指标均呈上升趋势，但农业产业链延伸贡献度最大，而农业服务业融合发展作用最小。基于数据包络分析法（DEA）下的 BCC 修正模型分析的九江市宏观农村三产融合效率研究表明：九江市农村三产融合效率总体较低，在江西各地区处于最后一位；融合效率结构中的综合效率、纯技术效率和规模效率分别为 0.637、1、0.637，说明九江市农村三产融合效率较低的原因主要是规模效率较差。

（4）采用描述性统计、层次分析法和投入产出法考察了九江市农村三产融合的微观绩效。基于描述性统计分析的九江市农村三产融合微观绩效研究表明：九江市农村三融合具有自身的特点，存在融合模式单一、融合资源不足、融合主体素质不高、融合环境不优等困境。基于层次分析法的九江市微观农村三产融合水平研究表明：九江市农村三产融合发展总体水平较低，各地区发展也不均衡；融合效应指标得分略高于融合行为指标得分；经济效应最高，社会效应偏低，农业多功能拓展和农业产业链延伸较差，有较大的发展空间。基于投入产出法的九江市微观农村三产融合效率研究表明：九江市农村三产融合效率处于中等偏下水平，综合技术水平和规模效率偏低，纯技术水平效率较高，规模效率偏低是综合技术水平融合效率偏低的主要影响因素。

（5）运用计量分析方法考察了九江市农村三产融合实现路径的影响

因素。基于扎根理论的九江市农村三产融合影响因素研究表明：九江市三产融合驱动因素主要有政策支持因素、主体特征因素、发展成长因素、市场需求因素和融合认知因素，而且政策支持因素与市场需求因素是外部环境因素，主体特征因素、发展成长因素和融合认知因素是内部因素，它们之间相互影响，共同构筑起一个稳固的三角形。基于因子分析法的九江市农村三产融合驱动力因素研究表明：九江市农村三产融合受到"政府支持力""自身资源力""风险承担力""融合意愿力""位置影响力"等五个结构因素的影响，其中政府政策支持力影响最大；经营者个体特征均会对九江市农村三产融合驱动力产生影响，文化程度越高、职业技能越强、从业年限越久的返乡创业经营主体，其农村三产融合的驱动力越大；根据驱动力差异可以将经营主体分为卓越能动型、资源匮乏型、意愿驱动型、弱驱动型等四种类型，对不同类型经营主体要采取不同措施来促进其农村三产融合发展。

（6）通过计量分析模型考察了九江市农村三产融合实现路径的影响因素。基于实现路径理论框架分析表明：农村三产融合沿着"逻辑路线（延长产业链、提升价值链、完善利益链）－实践方式（融合模式、契约方式）"路径得以实现，融合模式与契约方式的选择是关键。基于多元 logit 分析的九江市农村三产融合模式选择研究表明：九江市农业经营主体选择的融合模式依次是种养结合模式、产业链延伸模式、农村产业集聚模式、先进技术渗透模式、多功能拓展模式；种养结合模式的影响因素包括：文化程度、职业技术等级、价值认知、融合意愿、对农业科技方面技术人员和先进设备的投入、银行贷款扶持力度、银行贷款次数；产业链延伸模式的影响因素包括：职业技术等级、价值认知、融合意愿、对农业科技方面技术人员和先进设备的投入、银行贷款扶持力度；多功能拓展模式的影响因素包括：职业技术等级、价值认知、融合意愿、对农业科技方面技术人员和先进设备的投入；先进技术渗透模式的影响因素包括：文化程度、职业技术等级、价值认知、融合意愿、对农业科技方面技术人员和先进设备的投入、银行贷款次数。基于多元

logit 分析的九江市农村三产融合契约选择方式研究表明：九江市农业经营主体选择的农村三产融合契约方式依次是商品契约、要素契约、服务契约；商品契约方式影响因素有文化程度、从业年限、资金资源、价值认知、技术培训次数、政府财政补贴、贷款扶持力度、地理位置；要素契约方式影响因素有年龄、文化程度、资金资源、政策认知、价值认知、融合意愿、土地流转政策、政府财政补贴、地理位置；服务契约方式影响因素有性别、年龄、文化程度、资金资源、价值认知、融合意愿、土地流转政策、政府财政补贴、生产道路设施、地理位置。个体特征、资源禀赋、认知因素、外部条件对农村三产融合模式与契约方式的选择都产生了显著影响，但其主要影响因素各不相同。

（7）通过构建理论模型考察了农村三产融合利益联结的主要模式与实现机理。农村三产融合利益联结典型模式研究表明：农村三产融合利益联结典型模式包括以合同为纽带的契约型利益联结模式、以合作社为中介的合作型利益联结模式和以要素融合为特征的股权型利益联结模式，存在着机会主义诱发契约型利益联结机制崩溃、股权型利益联结模式不利于保障农户利益、利益联结构建中政府与市场的职能尚未有效厘清等问题，要构建以股份合作社联社为枢纽的利益联结机制，有利于利益增值和利益分配，进而驱动农村三产深度融合发展。以农业产业化联合体为例，基于分工、交易、契约视角的农村三产融合利益联结机制研究表明：合理契约安排有利于产业分工内化和交易费用节约，产业分工内化与交易费用节约促使联结利益产生，合理契约方式选择保证利益合理分配降低联结风险，最终实现农村三产融合利益稳定联结；农业产业化联合体中的家庭农场、农民合作社、农业企业依据各自的资源优势进行密切分工，通过分工内化减少联合体内交易的不确定性、资产专用性、交易频率和信息不对称，从而降低交易成本，通过商品契约、要素契约、服务契约、超市场契约等紧密型契约保证主体之间的利益合理分配，规避利益风险，实现主体间利益共享；主体之间依然存在分工地位不平等、要素供给不足、利益分配不均、风险约束不对等困境。

（8）通过构建理论模型考察了数字技术赋能农村三产融合及利益联结的作用机理。数字技术赋能农村三产融合作用机理研究表明：通过数字技术赋能产业链延伸、多功能拓展、生产智能化、新型主体培育、农业产业化经营，可以促进农村三产融合发展，完善产业体系、生产体系、经营体系，推动产业兴旺，最终实现乡村振兴。数字技术赋能农村三产融合利益联结的作用机理研究表明：利益联结机制包括利益产生机制、利益分配机制和利益保障机制，经营主体之间不同利益联结方式下利益联结机制运行过程亦不相同；分工内化能提高劳动生产率降低交易成本促进利益产生，契约安排能实现利益共享促进利益合理分配，制度约束能防范联结风险保障利益实现；可以通过数字技术赋能破解资金约束、促进主体素质提升、适度规模经营，助推利益产生，通过数字技术赋能要素价格决定机制、平等议价决策机制促进利益合理分配，通过数字技术赋能自然风险防范、道德风险防范保障利益实现，最终实现利益共享，推进农村三产融合发展，助力乡村振兴。

（9）通过案例分析考察了农村三产融合的驱动因素及现实路径。基于制度变迁理论的瑞昌山药产业三产融合案例分析表明：瑞昌山药产业三产融合以农民专业合作社为主的新型经营主体为第一行动集团，政府为第二行动集团，要充分发挥两个集团同频共振共同作用，大力推进瑞昌山药产业三产融合发展。基于"四＋四"驱动力模式的湖口县流芳乡豆产业案例分析表明：农村三产融合发展由内部和外部因素共同驱动，要挖掘农产品产业链内相关的生态化种植、标准化加工、品牌化营销、豆文化传播"四化一体"的内部驱动力，注重农产品产业链外的党委政府促动、龙头企业带动、科技创新推动、创业大众联动"四轮驱动"的外部驱动力，以延伸产业链，拓展多功能，实现农业价值增值，推动农村三产融合。

11.1.2　基本思路

本研究沿着"绩效评价-驱动因素-实现路径"的研究思路，对九江市农村三产融合发展进行了全面的考察，理论与实证研究的结论为我们提出九江市农村三产融合发展对策提供了借鉴。从研究结论来看，九江市农村三产融合对乡村振兴特别是产业兴旺发挥了重要作用，但是目前九江市农村三产融合无论是融合水平还是融合效率都比较低，因此非常有必要采取相应措施来促进九江市农村三产融合发展；从农村三产融合的影响因素来看，九江市农村三产融合受到个体特征、家庭特征、政府政策、科技进步等诸多方面因素的影响，特别是采取什么样的融合模式与契约方式，也受到诸多方面因素的影响，因此要提升九江市农村三产融合水平，就要从这些驱动因素入手，采取相应对策，助力融合发展，并采取相应的融合模式与契约方式，找到合适的实现路径；此外，现状研究表明，目前九江市还存在融合模式单一、融合资源不足、融合主体素质不高、融合环境不优等困境，类似全国层面的融合水平较低、融合链条不深入、利益联接较为松散、国家支持政策落实不到位、农民增收效果不充分等痛点问题在九江市也都可能存在，理论研究也表明通过完善利益联结机制与数字技术赋能也有利于促进农村三产融合发展，因此这也是两个重要的政策导向。九江农村三产融合发展的对策思路如图 11-1 所示。

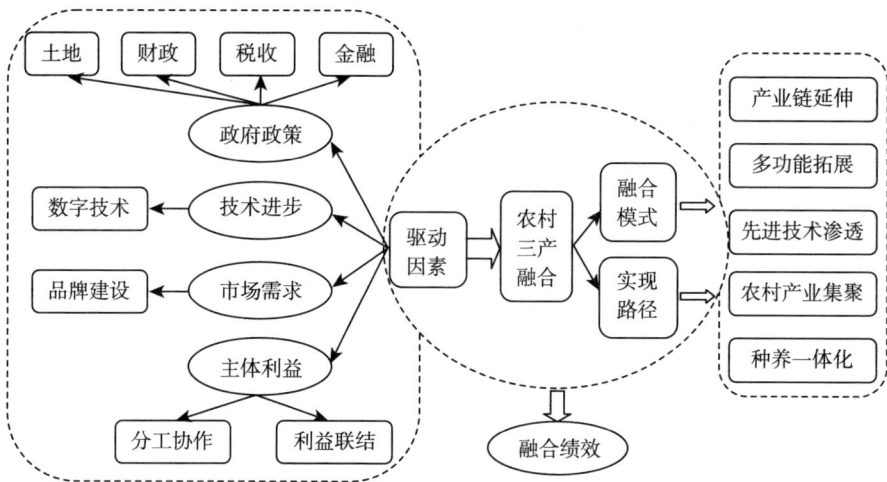

图 11-1　九江农村三产融合发展的对策思路

综合以上分析，本章提出以下对策思路：一方面，从驱动因素入手，通过强化政府政策、推动数字技术赋能、加强品牌建设推动需求、加强主体之间的分工协作与利益联结来促进农村三产融合发展。另一方面，从新型经营主体在农村三产融合发展过程中具体的融合模式入手，找到合适的实现路径，提高融合水平与效率，最终促进农村三产融合，提高农业劳动生产率，提高农民收入水平，实现乡村全面振兴。

11.2　农村三产融合的具体对策分析

根据九江市农村三产融合发展的对策思路，应该从政府、经营主体、机制与路径等方面着力，加大政府政策支持力度、加强数字技术赋能、扩大市场需求、密切主体分工协作、完善利益联结机制、创新融合模式与路径等具体措施进行设计，提出具体对策，促进九江市农村三产融合发展。

11.2.1　优化外部发展环境，加大政府政策支持力度

农村三产融合离不开国家政策的支持，只有得到充足的国家政策支持，才能确保经营主体获得足够的一、二、三产业融合要素，从一般意义上来讲，农村三产融合的要素主要包括劳动力、土地、资本、技术等要素，国家要在这些方面提高政策支持力度，促进三产融合发展。

（1）创新现有国家土地政策，鼓励土地产权入股进入农村三产融合。一方面，根据农村三产融合土地规模经营的需要，积极做好土地流转工作。在国家坚持所有权、稳定承包权、放活经营权的农地"三权"分置政策基础上，要做好经营流转工作，帮助农业企业或者合作社的土地需求得到满足，在不改变农地根本用途的前提下，使用租赁土地用于发展农田艺术和农田景观，以此促进农业、文化产业、旅游产业的紧密融合，实现规模经营，降低经营成本。另一方面，完善土地作价机制，鼓励农户以土地入股三产融合领域。在农民资金不足的情况下，可以鼓

励农民以土地使用权作价入股农民合作社，或者入股下游的农产品加工企业，依托合作社或企业发展产业融合，分享各个环节的红利。特别是村集体可以利用农村"空心村"的闲置土地、农村中小学撤并学校后留下的校舍操场等闲置土地、农村遭受重大自然灾害而没有恢复利用或废弃的原建设用地，积极盘活农村已闲置、沉淀的集体土地资产，增大农村产业融合的土地载体，进而发展产业融合。

（2）充分利用国家资金政策，加大农村三产融合金融与财政支持力度。一方面，针对农村三产融合领域资金缺乏的情况，加大金融贷款力度。农村三产融合与一般农业存在差异，其覆盖的产业领域、融合的链条、融合的环节、融合的要素相对普通农业更宽更广，而且随着时间的推移，这种跨界融合将产生越来越多的难以分离的新业态、新模式，因此需要整体上的综合性资金支持，如提供用于支持农村产业融合发展的专项贷款等特别贷款来满足农村产业融合的资金需求。另一方面，可以将农户土地承包经营权预期收益用于农户发展产业融合的抵押贷款。虽然在目前已有的实践中农户土地承包经营权预期收益的抵押贷款主要用于农业生产，但这种预期收益的抵押贷款既不涉及抵押土地用途的改变，也不涉及土地经营权的权属变更，因而这种抵押贷款用于发展农村产业融合也是可行的。此外，给予税费的优惠减免，也是对农村三产融合的支持，因此对于农业投资长、收益低、风险大的特点，应该给予税费减免，同时在各个方面给予一定的补贴，以减少其成本，增加其收益。

（3）加强技术培训与宣传，提升经营主体农村三产融合能力。一方面，强化国家对农村三产融合的政策宣传，提升经营主体的农村三产融合意愿。加强推进农村一、二、三产业融合发展方面的舆论宣传引导，让农民、合作社、企业能够切实了解党和国家推进农村产业融合的方针政策，从而使政策转变为农民和相关参与主体的自觉行动。增强推进农村一、二、三产业融合发展支持政策的透明度，使政策优惠能够公平公正，并接受农民群众和社会的监督。实证结论表明，经营主体的融合认知与意愿对农村三产融合具有重要影响，要提高农业企业、合作社、农户对三产融合的认知意识，发挥融合主体的主观能动性，加大对三产融合龙头企业、合作社、农业大户等经营主体的宣传力度，特别是强化国家对农村三产融合支持政策的宣传，引导龙头企业在三产融合过程中发挥示范作用，鼓励农户及小企业积极进行三产融合试验，提高融合意愿，鼓励更多的农民参与农村产业融合。另一方面，加强政府对农业经营主体的技术培训，提高其农村三产融合能力。政府要举办各种技术培训，通过参加各种培训、参加各种交流会议，提升经营主体的农业从业技能，成为三产融合引进者、示范者和推动者，提升经营主体的人力资本和社会资本，增强其三产融合能力。政府需要结合产业，打造专业特色，搭建农业科技服务平台，促进一、二、三产业的快速融合。同时政府要实行人才的引进政策，农村发展需要大量的人才支持，但目前我国农村地区人才储备不足，缺乏优秀管理者，因此人才引进政策至关重要。人才引进要出台激励政策，吸引和鼓励返乡农民工和高校毕业生创业、扎根农业，提倡农村大学生回乡工作，让他们成为农村三产融合的强有力推动者、生力军，以推动农村三产融合高质量发展。

11.2.2 加强农业数字技术建设，拓展数字技术赋能农村三产融合应用

（1）加快农村信息基础设施建设，完善农村三产融合信息服务。农村信息基础设施建设相对滞后，互联网普及率依然较低，公共数字信息服务缺乏。一方面，要通过"新基建"推进农村互联网、5G 网络等公共基础设施建设，着力实现农村通信网络的全方位升级扩容，满足农业生产日益增长的数字消费需求，为农村三产融合奠定数字基础。另一方面，要通过完善公共数字信息服务，促进互联网、大数据、云计算等数字技术在农业决策、金融、保险、农资、农机租赁等领域的研发和普及运用，破解当前信息技术服务农村生产过程中的技术障碍。

（2）激励农业数字技术研发，推进全产业链生态数字构建。当前农

产品销售端已经广泛使用数字化技术，而农业生产领域也需要数字化转型，推动数字技术从消费领域向生产领域全面扩张。一方面，积极推进互联网、物联网、大数据在农村地区的布局与应用，充分挖掘利用农村各类特色资源，推动生态农业、休闲农业等新业态和定制农业、众筹农业等新模式的发展，实现农业多功能拓展。另一方面，加快物联网数字技术创新与推广，全面开展农业生产设备设施、农产品加工的数字化改造，推动气象、水文、土壤、肥力、育种、加工、市场等数据在农业生产与加工领域的采集、流通与应用，助力农产品质量的提升。

（3）完善数字农业人才体系，培育新型农村三产融合经营主体。目前与数字经济相关的专业人才基本集中在大中型以上城市，有知识、懂技术、会经营、能管理的各类农业数字人才相对短缺。一方面，制定数字农业人才培养方案，重点针对家庭农场、专业合作社、农业企业等新型经营主体开展数字技术培训，提升数字技术素质，实现数字转型，将其培养成为从事农村三产融合的"新农人"。另一方面，对具有一定技能的小农户，开展数字农业知识技能专题培训，激励其使用规模中性数字技术，来提高关键生产环节决策的科学性，提升数字农业参与能力，破除技能障碍，逐渐成长为农村三产融合新型经营主体。

（4）创新利益链联结机制，让农户更多地分享农业数字红利。农村三产融合依然以合同订单的利益联结机制为主，利益联结不紧密，容易产生各种风险。一方面，通过互联网、大数据等数字技术，建立土地、房屋等农村资源交易平台，通过土地流转实现规模经营，促进农户以资产入股，构建除合同订单之外的股份分红、利润返还、就业服务带动等更为紧密的利益联结机制，让小农户成为农村三产融合发展的受益者。另一方面，通过互联网、物联网、大数据等数字技术，建立自然风险预防、失信名单公示、利益公平分配等各类风险处置机制，对农村三产融合中的自然风险、价格风险、道德风险、监管风险、财务风险进行评估与处理，让农户充分享受农业数字红利。此外，要建立有效信息沟通平台，防范农村三产融合利益联结风险。农村三产融合经营主体之间的信息不对称，是导致利益联结风险的重要因素。通过互联网、大数据、云平台等数字技术，设立专门的场所、网站等硬件措施，建立有效的信息沟通平台，形成完整的信息交流体系，为农户、合作社、企业之间有效沟通提供便利，增加农户决策管理参与能力，共同分析利益联结中的风险，预防风险发生。

11.2.3 加强农业品牌建设，扩大农产品市场需求

（1）加强绿色高质农产品品牌建设，扩大生态农产品市场需求。城乡居民的消费观念、结构和方式发生了巨大变化。消费者对农业的经济价值提出了更高的要求，希望得到更有营养、品类更丰富、卫生和质量更可靠的农产品，他们重视农产品的生产、运输、销售过程，更愿意消费包装精美、生产过程生态化、质量可追踪的绿色品牌农产品。面对这种城乡居民农产品消费结构呈现持续升级的趋势，一方面要从绿色品牌农产品建设下功夫，拓展对于农业自身功能的认识，在利用中保护农业生态环境，积极推广农业生态循环技术，开展耕地质量综合提升、畜禽养殖清洁生产等工作，不断催生集文化娱乐、绿色环保、农业废弃物资源化综合利用等为一体的农村三产融合产品与服务，积极推进绿色、健康的现代生产消费方式，引导消费者增加对农村三产融合产品与服务的消费。另一方面，要从高质量品牌农产品下功夫，将农业生产从单纯地提供初级产品向精深加工方向转变，积极发展农产品精深加工业，形成高端、品牌化农产品和服务的开发与销售，为城乡消费者提供优质品牌农产品，从而扩大市场需求。通过加快农业结构调整，推广种植结构革新，推进农林复合经营，推广农业新品种、农产品精深加工模式。延长农业产业链，支持农村特色工业发展，鼓励农产品加工、仓储物流、产地批发市场等辅助设施建设，支持农村商贸服务业和公共服务行业发展。

（2）深入挖掘多功能农产品品牌，满足消费者的农业多功能需求。随着城乡居民收入水平的提高，在工作和闲暇时间的选择上逐步出现经

济学意义上的劳动供给线向后弯曲的情况，城乡居民的闲暇时间增加，并转变为居民消费需求的增长。休闲旅游成为城乡居民精神消费和服务消费的重要内容，而目前城市地区的休闲氛围不尽如人意，且农业多功能性相关的休闲旅游、文化体验等消费需求持续扩张，促进了农业与旅游创意、文化教育等产业的深度融合。因此，要从多功能入手，建设多功能品牌农产品或服务。一方面，充分挖掘农业粮食生产、经济、社会、生态、文化功能，发挥农村地理空间广阔、生态环境优越、文化底蕴浓厚等资源优势，满足消费市场对于食品安全、休闲观光、农事体验、亲近自然等多样化需求，这不仅能为新业态的形成和发展提供产业基础，也有利于改善农村生态环境破败、文化资源流失的局面。另一方面，合理开发新型乡村旅游观光产品，保护农业遗产、农村历史遗迹，利用数字技术改进监测、统计、分析预警、信息发布的手段和方式。支持农产品品牌建设，积极发展"一乡一业""一村一品"的农业品牌化特色思路，培育乡村手工业品牌和农村土特产品牌。

11.2.4　加强经营主体分工协作，完善利益联结机制

（1）密切联合体经营主体之间的分工协作机制，真正形成利益共同体。在联合体中，家庭农场、农民合作社、农业企业要依据各自的优势密切分工协作，对于相对弱势的家庭农场与合作社来说，在严格按照合同标准来生产产品，保证产品质量的同时，也可以通过入股等形式，参与到产品的加工、销售、服务等全产业链中来，避免被边缘化，同时通过不断培训与学习，提高自身的决策参与能力，提升自身在分工协作中的地位，与农业企业形成真正的利益共同体。

（2）完善联合体经营主体之间的交易融合机制，切实破解要素融合瓶颈。作为产业、要素与利益紧密联结的联合体，重点要联结土地、资金、人才、技术与信息等要素，努力推进家庭农场（专业大户）联合组建农民合作社，以土地承包经营权入股等形式向龙头企业参股，形成综合资产进行担保融资，同时规范联合体基本认定，完善联合体的成员构

成、规范章程、建设方案、利益共享和风险共担机制等基本条件，使其成为可以融资的真正主体，而各级政府也可将优惠政策向联合体成员倾斜，降低其经营成本。

（3）强化联合体经营主体之间的契约安排机制，有效降低联结利益风险。通过合理的契约安排，建立除合同订单之外的股份分红、利润返还、就业服务带动等更为紧密的利益联结机制，让家庭农场、合作社得到更多的二次利益。建立土地、房屋等交易平台，合理确定土地流转、房屋租赁等资产价值，确保资产不被低估，保证农户、家庭农场和合作社应得的分配利益。同时制定总体章程来明确联合体内各类成员的权利和义务，形成更为正式的契约治理和关系契约理论，细化合同条文，避免农业龙头企业利用优势地位转移风险。

11.2.5 创新农村三产融合模式，拓宽实现路径

（1）依托资源禀赋，探索农村三产协同融合新模式。要改变九江市目前农村三产以种养结合模式为主的低层次融合状况，更多发展产业链延伸、多功能拓展、新技术渗透等高层次模式，开展农村三产融合发展示范区建设，通过推出不同类型的融合发展模式，在全市起典型示范带动作用。依托当地的生态资源，结合群众需求，挖掘农业的多种功能，推进农业与乡村旅游、科普教育、传统文化、康养等产业的有机融合，重点支持在环庐山都市休闲农业圈、昌九美丽休闲乡村走廊、沿长江休闲农业观光带、环庐山西海休闲农业度假区、环鄱阳湖滨水休闲农业游憩园、沿修河休闲农业康养带等地打造集智慧农业、休闲度假、田园旅游、健康养生、商业商务、人文体验于一体的数字化休闲农业，构建集生产、生活、生态功能于一体的农业产业新体系。在融合模式的运行方面，可以通过市县级农产品电商运营中心，依托特色电商平台，利用推广短视频、基地直采等新型营销模式，完善农产品网络销售体系，推动特色农产品网络化销售。

（2）构建"三三"体系，明晰农村三产融合发展路径。构建"三融

合-三层面-三产业"农村三产融合综合发展体系,建立"水平-垂直-交叉"融合网,激发"农业-农村-农户"新潜能,增强"一产-二产-三产"聚合力,最终促进农村三产融合发展。进一步明晰农村三产融合路径,具体而言:第一,构建水平-垂直-交叉融合网,延伸产业链,提升价值链。一是要坚持水平融合。将农业生产产前、产中和产后相结合,补齐产业链断点,形成"一条龙"式生产,开辟产销直通路径,打造从农田到餐桌等模式,缩减中间环节,实现"地产地销"和"地产地消"。二是要推进垂直融合。将农业与其他产业进行垂直融合,形成新型业态,提高农业产业附加值,开发农业新功能和多重价值,创新产业类型。三是要发展交叉融合。在水平延伸产业链的同时进行垂直融合,发掘农业新功能,创建农产品电商等平台,提升产品竞争力。第二,激发农业-农村-农户新潜能,带动三产融合发展。一是要激发农业潜能。将农业与服务业相结合,不仅发展农业种养产业,同时也利用种养产业发展体验、休闲农业,提供下田体验、基地观光旅游等多项服务。二是要激发农村潜能。发挥农村地域优势,发达农村地区发展现代、生态农业产业,商超对接、创建农事体验基地,促进城市购买力下乡,偏远地区利用独有的自然优势发展旅游产业和品牌产业的同时,发展历史文化产业,形成特色文化村。三是要激活农户潜能。发挥农民的"老乡"优势,以农民引领农业企业的发展,鼓励农民参与到三产融合当中,发挥农民的主体功能,推动农业与服务业的融合与发展。第三,增强"一产-二产-三产"聚合力,提升农村三产融合效果。一是要稳固"一产"。善用土地流转政策,形成规模农业,坚持举办"农民丰收节"等活动,唱响"九江农业"名号,打好九江品牌。二是要紧抓"二产"。借助工业的反哺能力,利用工业技术,研发新品种、新原料,从生产前端控制种源质量,为生产提供物质保障。三是要注重"三产"。发展电子商务和仓储物流行业与品牌营销行业,构建产品销售网络,提高产品影响力。

参考文献

包乌兰托亚，张广海，2019. 农村三产融合的驱动因素与实现路径研究——以青岛市为例 [J]. 青岛科技大学学报（社会科学版）(2)：69-76.

蔡荣，2011. "合作社＋农户"模式：交易费用节约与农户增收效应——基于山东省苹果种植农户问卷调查的实证分析 [J]. 中国农村经济 (1)：58-65.

蔡荣，祁春节，2007. 农业产业化组织形式变迁——基于交易费用与契约选择的分析 [J]. 经济问题探索 (3)：28-31.

曹菲，聂颖，2021. 产业融合、农业产业结构升级与农民收入增长——基于海南省县域面板数据的经验分析 [J]. 农业经济问题 (8)：28-41.

曹祎遐，耿昊裔，2018. 上海都市农业与二三产业融合结构实证研究——基于投入产出表的比较分析 [J]. 复旦学报（社会科学版）(4)：149-157.

曹祎遐，黄艺璇，耿昊裔，2019. 农村一二三产融合对农民增收的门槛效应研究——基于 2005—2014 年 31 个省份面板数据的实证分析 [J]. 华东师范大学学报（哲学社会科学版）(2)：172-182.

崔鲜花，朴英爱，2019. 韩国农村产业融合发展模式、动力及其对中国的借鉴 [J]. 当代经济研究 (11)：85-93.

程国强，罗必良，郭晓鸣，2015. 农业共营制：我国农业经营体系的新突破 [J]. 红旗文稿 (9)：19-21.

程莉，孔芳霞，2020. 长江上游地区农村产业融合发展水平测度及影响因素 [J]. 统计与信息论坛 (1)：101-111.

陈慈，龚晶，周中仁，2021. 农村产业融合中利益联结机制的差别化构建研究 [J]. 农业经济 (3)：87-89.

陈池波，李硕，田云，2021. 农村产业融合发展水平的统计评价［J］. 统计与决策
　　（21）：164 - 169.

陈定洋，2016. 供给侧改革视域下现代农业产业化联合体研究——产生机理、运行机
　　制与实证分析［J］. 科技进步与对策（13）：78 - 83.

陈国生，2019. 湖南省农村一二三产业融合发展水平测定及提升路径研究［J］. 湖南社
　　会科学（6）：79 - 85.

陈华彬，2019. 乡村振兴视阈下农业产业化联合体研究——产生机理、运营机制和实
　　证分析［J］. 重庆理工大学学报（社会科学）（3）：36 - 45.

陈林生，鲍鑫培，2019. 现代都市农业背景下农业产业融合水平测度及评价研究——
　　以上海为例［J］. 经济问题（12）：89 - 95.

陈学云，程长明，2018. 乡村振兴战略的三产融合路径：逻辑必然与实证判定［J］. 农
　　业经济问题（11）：91 - 100.

陈湘满，喻科，2022. 农村产业融合对农村居民收入的影响——基于空间杜宾模型实
　　证分析［J］. 湘潭大学学报（哲学社会科学版），46（2）：66 - 73.

杜鹰，2018. 小农生产与农业现代化［J］. 中国农村经济（10）：2 - 6.

冯贺霞，王小林，2020. 基于六次产业理论的农村产业融合发展机制研究——对新型
　　经营主体的微观数据和案例分析［J］. 农业经济问题（9）：64 - 76.

国家发展改革委宏观院和农经司课题组，2016. 推进我国农村一二三产业融合发展问
　　题研究［J］. 经济研究参考（4）：23 - 28.

韩长赋，2017. 大力实施乡村振兴战略［J］. 中国农技推广（12）：69 - 71.

韩俊，2017. 农业供给侧结构性改革是乡村振兴战略的重要内容［J］. 中国经济报告
　　（12）：15 - 17.

何一鸣，张苇锟，罗必良，2020. 农业分工的制度逻辑——来自广东田野调查的验证
　　［J］. 农村经济（7）：1 - 13.

何一鸣，张苇锟，罗必良，2019. 农业交易特性、组织行为能力与契约形式的匹
　　配——来自 2759 个家庭农户的证据［J］. 产经评论（11）：31 - 45.

胡平波，钟漪萍，2019. 政府支持下的农旅融合促进农业生态效率提升机理与实证分
　　析——以全国休闲农业与乡村旅游示范县为例［J］. 中国农村经济（1）：1 - 20.

胡新艳，朱文珏，罗锦涛，2015. 农业规模经营方式创新：从土地逻辑到分工逻辑
　　［J］. 江海学刊（2）：75 - 82.

胡永佳，2007. 从分工角度看产业融合的实质［J］. 理论前沿（8）：30 - 31.

黄祖辉，2018. 准确把握中国乡村振兴战略 [J]. 中国农村经济 (4)：2－12.

姜长云，2016. 推进农村一二三产业融合发展的路径和着力点 [J]. 中州学刊 (5)：43－49.

姜长云，2019. 新时代创新完善农户利益联结机制研究 [J]. 社会科学战线 (7)：44－53.

姜涛，2019. 新型农业经营主体带动农村三产融合的动因、模式和对策 [J]. 中州学刊 (10)：46－52.

姜峥，2018. 农村一二三产业融合发展水平评价、经济效应与对策研究 [D]. 哈尔滨：东北农业大学.

姜卓简，范静，黄婧玉，2018. 农户参与农村产业融合的意愿及其影响因素——基于集安市人参产业融合的调查分析 [J]. 湖南农业大学学报（社会科学版）(6)：37－42.

今村奈良臣，1996. 把六次产业的创造力作为 21 世纪农业产业 [J]. 月刊地域制作 (1)：89－95.

金建东，徐旭初，2022. 数字农业的实践逻辑、现实挑战与推进策略 [J]. 农业现代化研究 (1)：1－11.

康孟珍，王秀娟，王浩宇，华净，董永亮，徐振强，李冬，王飞跃，2020. 数字合作社：产销融合的农业智能系统 [J]. 农业现代化研究，41 (4)：687－698.

黎新伍，徐书彬，2021. 农村产业融合：水平测度与空间分布格局 [J]. 中国农业资源与区划，42 (12)：60－74.

李冰，2019. 农村社群关系、农业技术扩散嵌入"三产融合"的路径分析 [J]. 经济问题 (8)：91－98.

李灿，薛熙琳，2019. 共享农庄研究：利益联结机制、盈利模式及分配方式 [J]. 农业经济问题 (9)：54－63.

李洁，2018. 农业多元价值下的农村产业融合：内在机理与实现路径 [J]. 现代经济探讨 (11)：127－132.

李含悦，张润清，2018. 国外农业合作组织发展经验对农业产业化联合体建设的启示 [J]. 改革与战略 (12)：116－122.

李姣媛，覃诚，方向明，2020. 农村一二三产业融合：农户参与及其增收效应研究 [J]. 江西财经大学学报 (5)：103－116.

李莉，2021. 农村产业融合的测度与时空特征 [J]. 统计学报 (3)：14－19.

李莉，景普秋，2019. 农村网络式产业融合动力机制研究——基于城乡互动的视角
　　［J］. 农业经济问题（8）：129－138.

李玲玲，杨坤，杨建利，2018. 我国农村产业融合发展的效率评价［J］. 中国农业资源
　　与区划（10）：78－85.

李明贤，刘宸璠，2019. 农村一二三产业融合利益联结机制带动农民增收研究——以
　　农民专业合作社带动型产业融合为例［J］. 湖南社会科学（3）：106－113.

李俏，贾春帅，2020. 合作社带动农村产业融合的政策、动力与实现机制［J］. 西北农
　　林科技大学学报（社会科学版）（1）：33－41.

李晓龙，冉光和，2019. 农村产业融合发展如何影响城乡收入差距——基于农村经济
　　增长与城镇化的双重视角［J］. 农业技术经济（8）：17－28.

李治，安岩，侯丽薇，2018. 农村一二三产业融合发展的研究综述与展望［J］. 中国农
　　学通报（16）：157－164.

李治，王东阳，2017. 交易成本视角下农村一二三产业融合发展问题研究［J］. 中州学
　　刊（9）：54－59.

李芸，陈俊红，陈慈，2017. 农业产业融合评价指标体系研究及对北京市的应用［J］.
　　科技管理研究（4）：55－63.

李云新，戴紫芸，丁士军，2017. 农村一二三产业融合的农户增收效应研究——基于
　　对345个农户调查的PSM分析［J］. 华中农业大学学报（社会科学版）（4）：37－
　　44，146－147.

梁立华，2016. 农村地区第一、二、三产业融合的动力机制、发展模式及实施策略
　　［J］. 改革与战略（8）：74－77.

梁树广，马中东，2017. 农业产业融合的关联度、路径与效应分析［J］. 经济体制改革
　　（6）：79－84.

梁伟军，2010. 交易成本理论视角的现代农业产业融合发展机制研究［J］. 改革与战略
　　（10）：87－90.

林宣佐，陈希，2020. 龙头企业参与农村三产融合发展的利益联结模式及风险防范
　　［J］. 学术交流（1）：131－139.

林亦平，陶林，2010. 乡村振兴战略视域下田园综合体的"综合"功能研究——基于
　　首批田园综合体试点建设项目分析［J］. 南京农业大学学报（社会科学版）（1）：
　　109－116.

刘斐，蔡洁，李晓静，夏显力，2019. 农村一二三产业融合的个体响应及影响因素

［J］. 西北农林科技大学学报（社会科学版）（4）：142-149.

刘海洋，2018. 乡村产业振兴路径：优化升级与三产融合［J］. 经济纵横（11）：111-116.

刘建生，邱俊柯，方婷，2022. 乡村振兴背景下农村三产融合：样态类型、发展路径及
　　对策建议——基于中西部多案例分析［J］. 农林经济管理学报，21（1）：95-102.

芦千文，2016. 农村一二三产业融合发展研究述评［J］. 农业经济与管理（9）：
　　27-34.

芦千文，2017. 现代农业产业化联合体：组织创新逻辑与融合机制设计［J］. 当代经济
　　管理（7）：38-44.

芦千文，2019. 中国农业生产性服务业：70年发展回顾、演变逻辑与未来展望［J］.
　　经济学家（11）：5-13.

罗必良，2008. 论农业分工的有限性及其政策含义［J］. 贵州社会科学（1）：80-87.

罗必良，张苇锟，何一鸣，2019. 产权与分工的制度逻辑——来自全国9省的调研证据
　　［J］. 制度经济学研究（2）：58-88.

吕岩威，刘洋，2017. 农村一二三产业融合发展：实践模式、优劣比较与政策建议
　　［J］. 农村经济（12）：16-21.

马健，2002. 产业融合理论研究评述［J］. 经济学动态（5）：78-81.

马晓河，2015. 推进农村一二三产业深度融合发展［J］. 中国合作经济（2）：43-44.

马亚飞，吕剑平，谢小飞，2019. 甘肃省农村产业融合发展的效率评价［J］. 生产力研
　　究（4）：39-43.

聂辉华，2013. 最优农业契约与中国农业产业化模式［J］. 经济学（季刊）（1）：
　　313-330.

牛文涛，郑景露，唐轲，2022. 农村三产融合赋能农民就业增收再审视——基于河南
　　省孟庄镇、龙湖镇、薛店镇的案例分析［J］. 农业经济问题（8）：132-144.

阮俊虎，刘天军，冯晓春，等，2020. 数字农业运营管理：关键问题、理论方法与示范
　　工程［J］. 管理世界（8）：222-232.

齐文浩，李佳俊，曹建民，等，2021. 农村产业融合提高农户收入的机理与路径研
　　究——基于农村异质性的新视角［J］. 农业技术经济（8）：105-118.

钱淼，马龙波，2018. 合作社为枢纽的农企利益联结机制研究——以山东省院东头镇
　　茶产业为例［J］. 林业经济（1）：87-91.

尚旭东，吴蓓蓓，2020. 农业产业化联合体组织优化问题研究［J］. 经济学家（5）：
　　119-128.

宋晓云，洪业应，翟亮亮，2021. 数字经济与农业农村经济融合发展：机理分析与政策建议［J］. 经济论坛（7）：101-108.

苏毅清，游玉婷，王志刚，2016. 农村一二三产业融合发展：理论探讨、现状分析与对策建议［J］. 中国软科学（8）：17-28.

孙学立，2018. 农村一二三产业融合组织模式及其路径创新［J］. 沈阳师范大学学报（1）：57-63.

谭明交，2016. 农村一二三产业融合发展：理论与实证研究［D］. 武汉：华中农业大学.

谭燕芝，姚海琼，2021. 农村产业融合发展的农户增收效应研究［J］. 上海经济研究（9）：91-102.

汤洪俊，朱宗友，2017. 农村一二三产业融合发展的若干思考［J］. 宏观经济管理（8）：48-52.

汤吉军，戚振宇，李新光，2019. 农业产业化组织模式的动态演化分析——兼论农业产业化联合体产生的必然性［J］. 农村经济（1）：52-59.

涂圣伟，2019. 工商资本参与乡村振兴的利益联结机制建设研究［J］. 经济纵横（3）：23-30.

万宝瑞，2019. 我国农业三产融合沿革及其现实意义［J］. 农业经济问题（8）：4-8.

万俊毅，曾丽军，2020. 合作社类型、治理机制与经营绩效［J］. 中国农村经济（2）：30-45.

万俊毅，2008. 准纵向一体化、关系治理与合约履行——以农业产业化经营的温氏模式为例［J］. 管理世界（12）：93-102.

汪旭晖，赵博，王新，2020. 数字农业模式创新研究——基于网易味央猪的案例［J］. 农业经济问题（8）：115-130.

王乐君，寇广增，2017. 促进农村一二三产业融合发展的若干思考［J］. 农业经济问题（6）：82-88.

王乐君，寇广增，王斯烈，2019. 构建新型农业经营主体与小农户利益联结机制［J］. 中国农业大学学报（社会科学版），36（2）：89-97.

王兴国，2016. 推进农村一二三产业融合发展的思路与政策研究［J］. 东岳论丛（2）：23-28.

王志刚，于滨铜，2019. 农业产业化联合体概念内涵、组织边界与增效机制：安徽案例举证［J］. 中国农村经济（2）：60-80.

王小兵，康春鹏，董春岩，2018. 对"互联网＋"现代农业的再认识［J］. 农业经济问题（10）：33-37.

韦德贞，李冰，2021. 农业产业化联合体的范式结构、组织嬗变及增效机制探析［J］. 农业经济（9）：12-13.

温涛，陈一明，2020. 数字经济与农业农村经济融合发展：实践模式、现实障碍与突破路径［J］. 农业问题研究（7）：118-129.

吴佩君，陈松洲，2019. 广东省汕头市农业产业融合评价指数研究［J］. 南方农村（6）：16-18.

夏显力，陈哲，张慧利，赵敏娟，2019. 农业高质量发展：数字赋能与实现路径［J］. 中国农村经济（12）：2-15.

肖卫东，杜志雄，2019. 农村一二三产业融合：内涵要解、发展现状与未来思路［J］. 西北农林科技大学学报（社会科学版）（6）：120-129.

解安，周英，2017. 农村三产融合的学理分析［J］. 学习与探索（12）：155-159.

严瑞珍，1997. 农业产业化是我国农村经济现代化的必由之路［J］. 经济研究（10）：74-79.

杨建利，郑文凌，邢娇阳，靳文学，2021. 数字技术赋能农业高质量发展［J］. 上海经济研究（7）：81-90.

杨久栋，马彪，彭超，2019. 新型农业经营主体从事融合型产业的影响因素分析——基于全国农村固定观察点的调查数据［J］. 农业技术经济（9）：105-113.

杨孝伟，张秀丽，2019. 农业产业化联合体创新发展研究——基于乡村振兴战略［J］. 江苏农业科学（11）：1-5.

姚星，蒲岳，吴钢，王博，王磊，2019. 中国在"一带一路"沿线的产业融合程度及地位：行业比较、地区差异及关联因素［J］. 经济研究（9）：172-186.

叶云，汪发元，裴潇，2018. 信息技术产业与农村一二三产业融合：动力、演进与水平［J］. 农业经济与管理（5）：20-29.

尹云松，高玉喜，糜仲春，2003. 公司与农户间商品契约的类型及其稳定性考察——对5家农业产业化龙头企业的个案分析［J］. 中国农村经济（8）：63-67.

殷浩栋，霍鹏，汪三贵，2020. 农业农村数字化转型：现实表征、影响机理与推进策略［J］. 改革（12）：48-56.

余涛，2020. 农村一二三产业融合发展的评价及分析［J］. 宏观经济研究（11）：76-85.

张红宇，2019. 农业生产性服务业的历史机遇 ［J］. 农业经济问题（6）：4－9.

张林，温涛，刘渊博，2020. 农村产业融合发展与农民收入增长：理论机理与实证判定. 西南大学学报（社会科学版），46（5）：42－56.

张露，罗必良，2018. 小农生产如何融入现代农业发展轨道？——来自中国小麦主产区的经验证据 ［J］. 经济研究（12）：144－160.

张昆，王海涛，王凯，2014. 垂直协作模式与农户生产绩效：基于交易成本与风险的视角 ［J］. 江海学刊（4）：88－92.

张曙光，2014. 分工、交易和市场化 ［J］. 南方经济（11）：93－99.

张耀兰，2021. 农村一二三产业融合发展利益联接机制研究——基于安徽省 93 家合作社的调查. 安徽农业大学学报（社会科学版），30（5）：12－17.

张义博，2015. 农业现代化视野的产业融合互动及其路径找寻 ［J］. 改革（2）：98－107.

张在一，毛学峰，2020. "互联网＋"重塑中国农业：表征、机制与本质 ［J］. 改革（7）：134－144.

赵海，2015. 论农村一二三产业融合模式探讨 ［J］. 中国农民合作社（6）：26－29.

赵玲蓉，平瑛，2019. 基于扎根理论的农民专业合作社发展三产融合的影响因素分析 ［J］. 北方园艺（24）：146－153.

赵霞，韩一军，姜楠，2017. 农村三产融合：内涵界定、现实意义及驱动因素分析 ［J］. 农业经济问题（4）：49－57.

钟文晶，罗必良，谢琳，2021. 数字农业发展的国际经验及其启示 ［J］. 改革（5）：64－75.

钟真，蒋维扬，赵泽瑾，2021. 农业产业化联合体的主要形式与运行机制——基于三个典型案例的研究 ［J］. 学习与探索（2）：91－101.

周芳，朱朝枝，2021. 农村三产融合的动态演进路径分析——基于扎根理论的研究方法 ［J］. 福建论坛（人文社会科学版）（4）：92－103.

周立，李彦岩，罗建章，2020. 合纵连横：乡村产业振兴的价值增值路径——基于一二三产业融合的多案例分析 ［J］. 新疆师范大学学报（哲学社会科学版）（1）：74－83.

邹赛，郝华勇，2021. 中国农村产业融合对农民收入增长的影响研究 ［J］. 中共云南省委党校学报（6）：162－172.

Ackerberg, A., and M. Botticini, 2000. The Choice of Agrarian Contracts in Early Renaissance Tuscany: Risk Sharing, Moral Hazard, or Capital Market Imperfections? [J]. *Explorations in Economic History*, 37 (3), 241 - 257.

Alene A D, Manyong V M, Omanya G, et al, 2008. Smallholder Market Participation under Transactions Costs: Maize Supply and Fertilizer Demand in Kenya [J]. *Food Policy*, 33 (4): 318 - 328.

Athre Y S and Keeble D, 2000. Technological Convergence, Globalization and Owner-ship in the Uk Computerindustry [J]. *Technovation* (5): 227 - 245.

Batista, C., T. Mcindoe - Calder and P. Vicente, 2014. Return Migration, Self - selec-tion and Entrepreneurship in Mozambique [C]. NOVAFRICA Working Paper Series, 09.

Bellemare, F, 2009. Sharecropping, Insecure Land Rights and Land Titling Policies: A Case Study of Lac Aiaotra Madagascar [J]. *Development Policy Review*, 27 (1): 87 - 106.

Coase, Ronald, 1937. The Nature of the Firm [J]. *Economics*, 4: 386 - 405.

Cheung, S, 1968. Private Property Rights and Sharecropping [J]. *Journal of Political Economy*, 76 (6), 1107 - 1122.

Fair F. and Tunzelmann N. V, 2001. Industry - Specific Competencies and Converging Technological Systems: Evidence from Patents [J]. *Structural Change & Economic Dynamics*, 12 (2): 141 - 170.

Ferto, I. and Szabó, 2002. Gábor G.: The Choice of the Supply Channels in Hungarian Fruit and Vegetable Sector [C], paper provided to American Agricultural Economics Association Annual Meeting, Long Beach, 07.

Gambardella A., Torrisi S, 1998. Does Technological Convergence Imply Convergence in Markets? Evidence from the Electronics Industry [J]. *Research Policy*, 27 (5): 445 - 463.

Greenstein S and Khanna T, 1997. What does Industry Mean? Competing in the Age of Digital Convergence [C]. Preesident and Fellows of Harvard Press: 201 - 226.

Hare and Denise, 1999. Push' versus 'Pull' Factors in Migration Outflows and Re-turns: Determinants of Migration Status and Spell Duration among China' s Rural Population [J]. *Journal of Development Studies*, 35 (3): 45 - 72.

Hobbs, J. E, 1997. Measuring the Importance of Transaction Costs in Cattle Farming

[J]. *American Journal of Agricultural Economics*, Vol. 79, No. 4.

Hugo. G, 1982. Circular Migration in Indonesia [J]. *Population and Development Review*, 8 (2): 59.

Lei D T, 2000. Industry Evolution and Competence Development: The Imperatives of Technological Covergence [J]. *International Journal of Technology Management*, 19 (7 - 8): 699 - 738.

Lind J, 2004. Convergence: History of Term Usage and Lessons for Firm Strategies [R]. Stockholm: Stockholm School of Econom - Ics, Center of Information and Communications Research.

Mac Donald, J. M, 1985. Market Exchange or Vertical Integration: An Empirical Analysis [J]. *Review of Economics and Statistics*, Vol. 67, No. 2.

Marshall, A. , Principles of Economics, Macmillan and CO, 1920.

Martinez, S. W, 2002. Vertical Coordination of Marketing Systems: Lessons from the Poultry, Egg and Pork Industries [J]. *Agricultural Economic Report*, No. 807.

Nicholas N. P, 1978. Industry Evolution and Competence Development: the Imperatives of Technological Convergences [J]. *International Journal of Technology Management*, 19 (7 - 8): 726.

Nicholas Apergis and Christina Christou, Stephen M, 2014. Country and Industry Convergence of Equity Markets: International Evidence from Club Convergence and Clustering [J]. *Norht American Journal of Economics and Finance*, 29: 36 - 58.

Nils S. Industrial Convergence, 2003. The Evolution of the Handheld Computers Market [Z]. Edward Elgar Publishing Limited: 8.

Pingali, P, 2007. Westernization of Asian Diets and the Transformation of Food Systems: Implications for Research and Policy [J]. *Food Policy*, Vol. 32, No. 3.

Renkow, Mitch; Hallstrom, Daniel G. and Karanja, Daniel D, 2004. Rural Infrastructure, Transactions Costs and Market Participation in Kenya [J]. *Journal of Development Economics*, Vol. 73, No. 1.

Rey, D, 1963. Development Economics, Princeton, Princeton University, 1998. Rosenberg N. Technological Change in the Machine Tool Industry: 1840—1910 [J]. *Journal of Economic History* (23): 414 - 446.

Shane G and Tarun K, 1997. What does Industrial Convergencemean? [A]. Cambridge:

Harvard Business School Press: 281 – 302.

Shi, H. and Yang, 1995. A New Theory of Industrialization [J]. *Journal of Comparative Economics*, 20: 171 – 189.

Smith, A, 1776. Wealth of Nations [M]. Modern Library Edition.

Stark O, 1991. Migration In Less Development Countries: Risk, Remittance and Family [J]. *Finance and Development*, 28 (4): 431 – 452.

Tuna, 1996. Migration and Remigration of Male Householdheads in Turkey, 1963—1973 [J]. *Economic Development and Cultural Change*, 45 (1): 31 – 67.

Wang, Winnie Wenfei and Fan, C. Cindy, 2005. Success or Failure: Selectivity and Reasons of Return Migration in Sichuan and Anhui, China [J]. *Environment and Planning A*, 38 (5): 939 – 958.

Wahba, J. and Y. Zenou, 2012. Out of Sight, Out of Mind: Migration, Entrepreneurship and Social Capital, Regional Science and Urban Economics, 42 (5): 248 – 253.

Williamson, 1985. O. E. : The Economic Institutions of Capitalism [M]. The Free Press.

Williamson, O. E, 1979. Transaction Cost Economics: The Governance of Contractual Relations [J]. *Journal of Law and Economics*, Vol. 22, No. 2.

Yoffie, David B, 1997. Introduction: Competing in the Age of Digital Convergence [M]. Perseus Distribution Services.

Young A, 1928. Increasing Returns and Economic Progress [J]. *Economic Journal*. 141: 27 – 42.

附　　录

问卷编号：

九江市科技专项计划创新人才项目和九江市"双百双千"

人才工程领军人才培育计划（创新类）项目

《九江市农村三产融合发展：绩效评价、驱动因素与实现路径》

（S2021QNZZ026）

问卷调查表

您好！我们是九江市科技计划和九江市"双百双千"人才计划项目组江西农业大学南昌商学院课题调查员。为了深入了解九江市各县市区乡村振兴、农业产业发展、农村三产融合发展现状及面临的主要问题，进而为政府完善农业产业发展扶持政策提供决策依据，特邀请您参加本次问卷调查。本问卷仅用于学术研究，我们对您提供的信息严格保密，希望您抽出宝贵时间和我们一起认真完成以下问卷。非常感谢您的大力支持！

所在地址：九江市_____县（市、区）_____乡（镇）_____村

单位名称：_____

联系方式：_____　　填表日期：_____

◎**经营主体的个体特征方面**

1. 您的性别是_____。

A. 男　　　　　B. 女

2. 您的年龄是_____。

A. 20 岁以下　　B. 21～34 岁　　　C. 35～44 岁　　D. 45 岁以上

3. 您的婚姻状况是_____。

A. 已婚　　　　B. 未婚

4. 您的文化程度是_____。

A. 小学及以下　B. 初中　　　　C. 高中及中专　D. 大专及以上

5. 您拥有的职业技能等级是_____。

A. 无　　　　　B. 初级　　　　C. 中级　　　　D. 高级

6. 您是不是返乡创业_____，您的生产经营单位类型属于_____。

A. 农业企业　　B. 农民合作社　C. 家庭农场　　D. 种养大户

7. 您从事该行业的年限是_____。

A. 3 年以下　　B. 3～5 年　　　C. 5～8 年　　　D. 8 年以上

◎**经营主体的资源特征方面**

8. 您所拥有和能利用的技术资源（生产技术、网络技术等）是_____。

A. 非常丰富　　B. 比较丰富　　C. 感觉一般　　D. 比较缺乏
E. 非常缺乏

9. 您对互联网使用和熟悉程度是_____。

A. 非常熟悉　　B. 比较熟悉　　C. 感觉一般　　D. 不太熟悉
E. 很不熟悉

10. 您所拥有和能利用的资金资源（自有、借款、贷款等）是_____。

A. 非常丰富　　B. 比较丰富　　C. 感觉一般　　D. 比较缺乏
E. 非常缺乏

11. 您生产经营资金的主要来源是_____。

A. 自有资金　　B. 亲朋好友借款　C. 银行贷款　　D. 其他

12. 您所拥有和能利用的信息资源（获得产品销售、物资采购等渠道）_____。

A. 非常丰富　　B. 比较丰富　　C. 感觉一般　　D. 比较缺乏
E. 非常缺乏

13. 您生产经营的信息资源主要来自_____。

A. 互联网　　　B. 亲朋好友　　　C. 政府宣传　　　D. 其他媒体

14. 您所拥有的社会资源（与领导干部、同行、亲朋好友等关系）是_____。

A. 非常丰富　　　B. 比较丰富　　　C. 感觉一般　　　D. 比较缺乏

E. 非常缺乏

◎经营主体的融合认知方面

15. 您对乡村振兴、农村三产融合的相关政策是否了解（政策认知）_____。

A. 非常了解　　　B. 比较了解　　　C. 感觉一般　　　D. 比较不了解

E. 非常不了解

16. 您认为从事农村三产融合对收入提高的影响（价值认知）_____。

A. 非常大　　　B. 比较大　　　C. 感觉一般　　　D. 比较小

E. 非常小

17. 您觉得从事农村三产融合产业存在的风险程度（风险认知）_____。

A. 非常大　　　B. 比较大　　　C. 感觉一般　　　D. 比较小

E. 非常小

18. 您是否愿意从事农村三产融合（融合意愿）_____。

A. 非常愿意　　　B. 比较愿意　　　C. 感觉一般　　　D. 不太愿意

E. 很不愿意

◎农村三产融合的外部环境方面

19. 您认为地方政府及干部对您从事农村三产融合的技术支持力度_____。

A. 非常大　　　B. 比较大　　　C. 感觉一般　　　D. 比较小

E. 非常小

20. 您在生产过程中对农业科技方面（技术人员和先进设备）的投入_____。

    A. 非常多   B. 比较多   C. 感觉一般   D. 比较少

E. 非常少

21. 您对乡村振兴中农村三产融合的土地流转政策是否满意_____。

    A. 很不满意   B. 不满意   C. 基本满意   D. 比较满意

E. 非常满意

22. 您认为地方政府对农村三产融合的财政扶持力度_____。

    A. 非常大   B. 比较大   C. 感觉一般   D. 比较小

E. 非常小

23. 您在生产过程中获得过多少次政府财政补贴_____。

    A. 0次   B. 1次   C. 2次   D. 3次及以上

24. 您认为地方政府对农村三产融合的金融贷款扶持力度_____。

    A. 非常大   B. 比较大   C. 感觉一般   D. 比较小

E. 非常小

25. 您在生产过程中获得过多少次政府金融贷款_____。

    A. 0次   B. 1次   C. 2次   D. 3次及以上

26. 您参加过技术培训的次数为_____。

    A. 0次   B. 1次   C. 2次   D. 3次及以上

27. 您认为地方政府在完善农田水利设施方面的建设力度_____。

    A. 非常大   B. 比较大   C. 感觉一般   D. 比较小

E. 非常小

28. 您认为地方政府在完善生产道路设施方面的建设力度_____。

    A. 非常大   B. 比较大   C. 感觉一般   D. 比较小

E. 非常小

29. 您认为本地居民的收入水平_____。

A. 非常高　　　B. 比较高　　　C. 感觉一般　　D. 比较低

E. 非常低

30. 您认为本地县城及地方居民对自己生产的产品需求_____。

A. 非常大　　　B. 比较大　　　C. 感觉一般　　D. 比较小

E. 非常小

31. 您所从事生产经营的地理位置处于_____。

A. 县城　　　　B. 城郊　　　　C. 乡镇　　　　D. 乡村

◎**农村三产融合的融合绩效方面**

32. 您所从事的生产经营所涉及的产业类型包括_____。

A. 农业种植养殖B. 农产品加工　C. 农产品营销

D. 农业生产性服务业　　　　E. 其他

33. 您认为农产品加工业给您带来的经营收入占您总收入的比重为_____。

A. 1/3 以下　　　B. 1/3～1/2　　　C. 1/2 以上

34. 您认为农业生产性服务业给您带来的经营收入占您总收入的比重为_____。

A. 1/3 以下　　　B. 1/3～1/2　　　C. 1/2 以上

35. 您在生产经营过程中是否特别注重生态环保_____（是/否），产品涉及哪些功能_____。

A. 普通消费　　　B. 生态　　　C. 休闲旅游　　D. 教育

E. 医疗健康　　　F. 其他

36. 您所生产经营的第一大产品给您带来的收入占您总收入的比重为_____。

A. 1/3 以下　　　B. 1/3～1/2　　　C. 1/2 以上

37. 您所经营的第二大产品给您带来的收入占您总收入的比重为_____。

A. 1/3 以下　　　B. 1/3～1/2　　　C. 1/2 以上

38. 您所经营的第三大产品给您带来的收入占您总收入的比重为_____。

    A. 1/3 以下   B. 1/3～1/2   C. 1/2 以上

39. 您所经营的产业可以带动的农民就业数量为_____。

    A. 20 个以下   B. 20～50 个   C. 50～100 个   D. 100 个以上

40. 您所经营的产业对农民收入水平提高的作用_____。

    A. 非常大   B. 比较大   C. 一般   D. 比较小

    E. 非常小

◎农村三产融合的行为特征方面

41. 您所从事的产业所采取的三产融合模式主要是_____。

    A. 种养结合   B. 产业链延伸

    C. 多功能拓展   D. 先进技术渗透

    E. 农村产业集聚

42. 您所从事的生产与其他农户或企业合作的方式是_____。

    A. 订单型   B. 合作型   C. 股份合作型 D. 服务带动型

    E. 反租倒包型 F. 其他

43. 您认为在与其他农户或企业合作过程中的利益分配是否顺畅_____。

    A. 非常顺畅   B. 比较顺畅   C. 一般   D. 不太顺畅

    E. 很不顺畅

44. 您从事生产经营中获得土地流转的方式为_____。

    A. 支付租金   B. 土地入股   C. 雇佣劳动力 D. 其他

◎农村三产融合的投入产出方面

45. 您所从事的产业经营面积为_____。

    A. 10 亩以下   B. 10～30 亩   C. 30～50 亩   D. 50 亩以上

46. 您从事的产业劳动用工量为_____。

A. 8 人以下　　　B. 9~15 人　　　C. 16~30 人　　　D. 31 人以上

47. 您从事的产业固定资本投入为_____。

A. 20 万元以下　　　　　　　　B. 20 万~50 万元

C. 50 万~100 万元　　　　　　D. 100 万元以上

48. 您所经营产品每年的销售运输成本为_____。

A. 20 万元以下　　　　　　　　B. 20 万~30 万元

C. 30 万~40 万元　　　　　　D. 40 万元以上

49. 您希望每年能获得的经营收入为_____。

A. 30 万元以下　　　　　　　　B. 30 万~50 万元

C. 50 万~100 万元　　　　　　D. 100 万元以上

50. 您每年实际获得的经营收入为_____。

A. 30 万元以下　　　　　　　　B. 30 万~50 万元

C. 50 万~100 万元　　　　　　D. 100 万元以上

51. 您经营收中每年分红出去的经营收入为_____。

A. 20 万元以下　　　　　　　　B. 20 万~30 万元

C. 30 万~40 万元　　　　　　D. 40 万元以上

52. 如果您外出务工，您认为您每年能获得的收入为_____。

A. 20 万元以下　　　　　　　　B. 20 万~30 万元

C. 30 万~40 万元　　　　　　D. 40 万元以上

◎农村三产融合的成长绩效方面

53. 您认为您所经营产品的盈利能力_____。

A. 很强　　　B. 较强　　　C. 一般　　　D. 较弱

E. 很弱

54. 您认为您所经营的产业资产规模扩张趋势_____。

A. 很强　　　B. 较强　　　C. 一般　　　D. 较弱

E. 很弱

55. 您认为您所经营的产业成本节约能力_____。

A. 很强　　　　B. 较强　　　　C. 一般　　　　D. 较弱

E. 很弱

56. 您认为您所经营的产品销路越来越好_____。

A. 完全认同　　B. 比较认同　　C. 一般　　　　D. 不太认同

E. 完全不认同

57. 顾客对您所经营的产品满意度越来越高_____。

A. 完全认同　　B. 比较认同　　C. 一般　　　　D. 不太认同

E. 完全不认同

58. 您认为您所经营的产业收入将会越来越高_____。

A. 完全认同　　B. 比较认同　　C. 一般　　　　D. 不太认同

E. 完全不认同

59. 您认为目前全县农村三产融合的水平如何？从事农村三产融合的主要障碍或问题是什么？您最希望政府部门在哪些方面提供帮助？

后 记

这是我近 30 年从事科研工作以来出版的第三本专著。第一本专著《我国中部地区开放型经济发展问题研究——理论、实证与对策》于 2008 年出版，是我的博士论文和江西省科技厅软科学项目的最终研究成果，著作涵盖的主要成果在国家级期刊公开发表论文 7 篇（其中核心期刊 5 篇）。第二本专著《中小城镇新生代农民工市民化问题研究——基于意愿与能力的视角》于 2016 年出版，是教育部人文社科青年基金项目的最终研究成果，其主要成果在国家级期刊公开发表论文 7 篇（其中核心期刊 6 篇）。而这第三本专著《乡村振兴视域下农村三产融合绩效评价、驱动因素及实现路径——基于九江市的实证》于 2024 年出版，是九江市科技专项计划创新人才项目和九江市"双百双千"人才工程领军人才培育计划（创新类）项目的最终研究成果，完成学术论文 18 篇，其中已发表 7 篇，已录用 2 篇。

巧合的是，我的三本专著都有一个共同的特点，那就是专著的完成与出版都是在我从校外学习或锻炼归来之后。第一本专著是我从湖北武汉三年博士学习（2005—2008 年）之后，将我的博士论文成果整理出版形成的；第二本专著是我在赣州大余挂职锻炼（2012—2014 年）之后，将教育部人文社科基金项目成果整理出版形成的；第三本专著是我在省教育厅宣传部与社政处挂职锻炼（2019—2020 年）之后，将九江市科技专项计划创新人才项目成果整理出版形成的。我不禁遐想，这之间是纯粹的偶然，还是有一点点必然的联系呢？不可否认的是：虽然已经过去 16 年，读博期间对经济理论、技术与方法的艰辛学习仍历历在目，它们奠定了我从事科学研究的坚实基础；虽然已经过去 10 年，政府挂职锻炼期间基层经济社会考察、调研、座谈的切身体验仍记忆犹新，它们为我将经济理论与社会现实紧密结合提供了一个绝佳的机会；虽然已经过去 4 年，教育厅挂职锻炼期间那种上传下达、紧张有序、全面系统、严苛高效的工作作风仍然让我刻骨铭心，激励着我回校之后科研深耕探索的毅力与决心。我想，它们之间的逻辑关联读者或许自有判断。

本书是九江市科技专项计划创新人才项目和九江市"双百双千"人才工程领军人才培育计划（创新类）项目《九江市农村三产融合发展：绩效评价、驱动因素与实现路径》（S2021QNZZ026）的最终研究成果。本项目 2021 年获得九江市科技局立项，2022 年顺利完成项目研究计划，通过专家认证结题，历时两年。项目的起源主要有两个：一是 2020 年立项的国家自然科学基金项目《"城归"返乡创业与农村三产整合：内在逻辑、绩效评价与实现路径》，我发现虽然"返乡创业促进农村三产融合"的国家政策文件已经在 2015 年颁布实施，但却鲜见二者关系的研究，因此这一选题获得认可。本项目可以作为该项目的前期研究或者局部研究。二是 2020 年入选第八批九江市"双百双千"人才工程（创新类领军人才培育计划），经过层层筛选，我有幸成为共青城市高校第一个也是唯一一个入选该工程创新领军人才的学者。基于地方人才服务地方经济社会发展的考虑，结合自身的专业特点，选择九江市农村三产融合作为研究的切入点。

本项目虽然仅仅历时两年，但从细化研究方案，组织研究队伍，召开开题会议，具体落实任务分工，到设计调查问卷，开展预调研，完善问卷并全面正式调研，再到学术论文的撰写、修改和发表，最后提交研究报告，整理出版专著，其过程却是完整、艰辛和充满挑战的。在整个项目的执行中，组织效率、团队协作、人才培养、资源整合、科学探索等宝贵的精神得以全面地体现。回望整个过程，很多细节特别是团队的合作精神让人难忘：一是项目组成员踊跃参加，科研热情高涨。以江西农业大学商昌商学院小微企业研究中心和农商经济研究中心人员为骨干，吸引其他研究人员和研究生，组建16人研究团队，包括12位教师和4位研究生，在大家的大力支持下，项目组迅速组成。二是群策群力整合资源，顺利完成实地调研。项目组分成4个小组，分别负责项目的不同部分，小组成员充分挖掘各自的社会关系，在共青城市预调研后，分赴九江市不同县市区开展实地调研，通过整合资源，密切配合，顺利完成400份样本调研数据。三是克服重重困难，取得丰硕成果。经过项目开题会议、调研小结会议、论文讨论会议，项目组成员充分利用实地调研数据，运用不同的分析方法，在短期内完成了18篇高质量论文，并将近一半发表或者录用，彰显了科研团队的效率与力量。四是研究生深入参与，青年人才培养效果显著。本次参与研究的教师大多在四十岁左右，对他们的科研能力提升起到了较好的促进作用；本次项目研究初期有4位研究生参与调研和论文撰写，随后又有4位研究生参与后期研究，研究生共完成论文8篇，锻炼了他们的论文写作水平。

总之，在整个项目的研究过程中，虽然也有过会议组织的艰难、调研地联系的苦恼、论文撰写的催促、成果发表的缓慢、疫情对结题鉴定的阻碍，乃至成果整理出版的痛苦等不美满之处，但最终达到或者超过了预期的效果，获得一致好评。对于我来说，最大的收获是团队的胜利，体验到了集体力量的伟大。我为项目取得的成果而自豪，并大力宣讲，2023年先后参加全国农业经济管理学术年会、全国数字经济学术研讨会及学院的学术论坛，围绕农村三产融合开展《产业数字化：基于农业高质量发展视角》《数字技术赋能农村三产融合发展：不同视角的比较研究》《人文社科学术研究的思路与方法》学术报告。同时，利用1年的时间，独自对项目全部论文进行修改、润色、补充撰写，使之拥有更完整的体系，并付诸出版，便有了本书的产生。希望本书的出版，不但能扩大九江农村三产融合发展在全省乃至全国的影响力，而且能为国内外学者进行相关研究提供学术借鉴。

最后，我要对在本书完成过程中所有做出过贡献的人予以感谢，感谢他们的辛勤劳动与努力付出！特别要感谢我的项目组同事：感谢教务处处长潘求丰副教授、经济系主任郭江华教授、财会系主任谌种华副教授，他们担任小组长承担了更多的协调工作！感谢杨君副教授、杨华玲副教授、李其营副教授、杨高武老师、徐昂老师、董琳娜老师，他们积极参与调研并撰写论文！感谢杨石美老师和宋斌华老师，他们在项目开展过程中还承担了大量的项目组织管理和财务管理工作！也要感谢我的研究生李冬莲、龚钰、柴心梦、刘海孝、朱晓婷、谢云意、陈石金、司书钰，他们根据我的安排与要求完成了部分论文的撰写！当然，也感谢南昌商学院领导的大力支持，为本书的完成创造了良好的条件！特别要感谢我的家人：妻子曹小霞女士一如既往地给予我默默的支持，而正在此时，儿子李博禹顺利从燕山大学毕业，同时成功考上了沈阳药科大学硕士研究生，令我倍感欣慰与开心，他已经不再是那个调皮而可爱的孩子，变得愈加沉稳且睿智，而颇承其风的是女儿李弈姮，她的天真顽皮可以和儿时的哥哥相媲美，让人爱不释手！也特别感谢江西农业大学党委副书记蔡海生教授在百忙之中抽空为本书作序！感谢所有关心和帮助过我的人们！

我经常会借用著名作家周国平的一句话："生命要简单，精神要丰富，灵魂要高贵"。他说，精神层次越高的人，必定淡然于追求物质的奢华。一个安于简单的人，即使不是哲学家，也差不多了。脚踏实地，仰望天空！接近知天命的年龄，依然在科学研究的道路上行走，也许更多的是为了精神的丰富……

由于作者水平有限，本书肯定有许多不足之处，也期望得到广大专家、学者及同仁中肯的批评指正！

2024 年 6 月于赣江新区南湖之滨

图书在版编目（CIP）数据

乡村振兴视域下农村三产融合绩效评价、驱动因素及
实现路径：基于九江市的实证 / 李练军著. -- 北京：
中国农业出版社，2024. 6. -- ISBN 978-7-109-32202-8

Ⅰ. F327.563

中国国家版本馆 CIP 数据核字第 202481MZ83 号

中国农业出版社出版

地址：北京市朝阳区麦子店街 18 号楼
邮编：100125
责任编辑：王秀田　　　文字编辑：张楚翘
版式设计：小荷博睿　　责任校对：张雯婷
印刷：北京中兴印刷有限公司
版次：2024 年 6 月第 1 版
印次：2024 年 6 月北京第 1 次印刷
发行：新华书店北京发行所
开本：700mm×1000mm　1/16
印张：16.25
字数：226 千字
定价：88.00 元